FRÉDÉRIQUE DAVID

Préface de **Hervé Novelli**,
créateur du régime de l'auto-entrepreneur

Je suis auto-entrepreneur !

Ma micro-entreprise, elle a tout d'une grande

2e édition

Vuibert

Je suis auto-entrepreneur !, 2e édition
par Frédérique David

Site Internet : **www.vuibert.fr**

ISBN : 978-2-311-62530-1

Couverture : Valérie Le Roux
Illustration couverture et entrées de chapitre : Aurélie de la Pontais
Mise en page intérieure : Hervé Soulard

Sommaire

PARTIE 2 - L'AUTO-ENTREPRENEUR ET SA PROTECTION SOCIALE

Préface

Malgré toutes les modifications législatives et réglementaires qu'il a connues, par-delà les attaques et les remises en cause, le régime auto-entrepreneur continue d'exister ! Et cette révolution a généré en onze ans plus de 19 milliards d'euros de chiffre d'affaires, un résultat dont peu d'entreprises peuvent se targuer...

La raison en est simple : devant le parcours du combattant du créateur d'entreprise classique, l'auto-entrepreneur est apparu comme un régime de simplification de la création d'activité. Il a depuis connu un succès grandissant, poussé par sa simplicité administrative, ainsi qu'une volonté d'entreprendre des Français et la survenance de la révolution numérique.

Lorsqu'il a fallu trouver un nom au dispositif, *auto-entrepreneur* est apparu évident : il symbolise l'idée d'entreprendre de son propre chef et de générer son revenu par soi-même. À ceux qui lui préfèrent le vocable technique de micro-entrepreneur, je redis qu'il n'est ni aussi valorisant, ni aussi reconnu que l'auto-entreprise. Elle continue certes d'être accusée de tous les maux, souvent d'ailleurs sans justification et sans fondements. C'est faire mauvaise justice à ce système dont les études ont prouvé qu'il fait baisser le travail au noir, qu'il relance l'activité et l'emploi des personnes plus fragiles, qu'il redonne du pouvoir d'achat, et qu'il ne crée pas de concurrence déloyale.

Au-delà de tout, je suis persuadé que ce régime apporte des solutions à l'économie de demain. Le modèle d'organisation sociale qui correspondait à la réalité industrielle du siècle dernier s'efface peu à peu ; dans une économie de services, les besoins sont différents. On le constate chaque jour avec la révolution numérique galopante, les mutations massives dans les entreprises, l'émergence des plateformes qui se construisent dans tous les secteurs... Pendant la pandémie, les auto-entrepreneurs ont encore une fois démontré qu'ils étaient en première ligne et une arme pour lutter contre la crise et développer l'entrepreneuriat.

Si on choisit de gérer cette nouvelle économie avec les outils du XXe siècle, on tue toute capacité d'innovation et de développement. J'appelle de mes vœux que cette nouvelle économie se dote de ses propres règles, de ses propres normes et de son propre dialogue plutôt que de mettre un couvercle sur ce qui bouillonne. Cherchons à accompagner et à développer le régime auto-entrepreneur dans des conditions de régulations satisfaisantes ! À cette croisée des chemins, prenons vite les résolutions qu'il convient pour faire en sorte que tout cela se développe à notre profit. Construisons de nouvelles normes sociales en dotant l'indépendant d'outils de protection adaptés !

C'est dans ce contexte qu'il faut s'engager, se mobiliser pour que les intérêts de chacun soient préservés et que ceux qui ont envie d'entreprendre se regroupent : le travail de la Fédération nationale des auto-entrepreneurs va dans ce sens, et cet ouvrage rédigé par sa déléguée générale, Frédérique David, y contribue largement ! Bonne lecture à tous !

Hervé NOVELLI
Créateur du régime de l'auto-entrepreneur

Introduction

Au départ créé pour lancer ou tester une activité, le régime de l'auto-entrepreneur a répondu à un manque que le législateur n'avait pas anticipé et a ainsi dopé la création d'entreprise avec, par ricochet, la naissance de vocations.

L'auto-entrepreneur est étudiant, mère ou père au foyer, retraité, ou encore actif souhaitant vivre de son activité. Il a 20 ans, 45 ans, ou même 75 ans.

C'est le voisin, l'oncle, la nièce, et le lecteur de ce livre.

Il y a un avant et un après le régime de l'auto-entrepreneur.

À regarder en arrière, la SARL à 1 € annonçait déjà les prémices de l'auto-entreprise : la création d'entreprise avait une réputation de lourdeur, d'un parcours du combattant qui en dissuadait plus d'un. Et c'était sans compter avec un RSI aux dysfonctionnements importants qui sonnaient le glas de la sérénité du chef d'entreprise. Il fallait un capital important pour créer une société, jusqu'à ce que soit mise en place la possibilité de créer une SARL avec 1 € de capital. La simplification était en marche.

Le régime de l'auto-entreprise, renommé depuis « micro-entreprise », a marqué la poursuite de cette volonté de simplifier la création d'entreprise. Il donne des envies de simplification aux autres régimes sociaux et fiscaux : l'autoliquidation[1] qui devrait, on l'espère, s'appliquer aux entreprises individuelles au régime réel va dans ce sens.

Créer une micro-entreprise permet ainsi de démarrer avec une prise de risques minimale et de révéler des talents qui, si ce régime social et fiscal n'avait pas existé, ne se seraient pas épanouis. Comme Sylvie qui a décidé d'arrêter progressivement son activité dans une administration de la fonction publique pour se lancer dans la fabrication et la vente de confitures maison. Ou comme Lætitia qui a entrepris de vendre ses créations de bijoux avec sa propre boutique en ligne.

1. Qui permettrait de payer ses charges au fil de l'eau.

Ou encore comme Samuel qui, après une reconversion, s'est installé dans le petit bricolage et le métier de jardinage pour ensuite embaucher et créer une SASU.

L'auto-entrepreneur est parfois rêveur, parfois pressé, impatient, prudent et à la fois sans peur, fonceur, téméraire et posé. Il devra apprendre à se connaître et accepter ses défauts, mais aussi à mettre en avant ses qualités pour rebondir de ses échecs et vivre de son travail tout en se révélant.

Le point commun de ces profils disparates ? Le besoin de se former, la nécessité d'accepter l'idée de devenir son propre chef d'entreprise, d'embrasser même avec des doutes le métier le plus complet de sa carrière. L'entrepreneur, auto-entrepreneur ou non, occupera à la fois le poste de comptable, de communicant, de commercial ; il devra apprendre à utiliser les réseaux sociaux, à rédiger ses contrats de prestation, à faire des factures conformes, à s'informer sur la législation… Et ensuite il pourra exercer son métier de graphiste, électricien, naturopathe, etc.

S'il ne se sent pas encore prêt à assumer seul autant de rôles, il pourra, le temps de mieux prendre ses marques, commencer son activité d'indépendant en portage salarial ou *via* une coopérative, qui sauront lui apporter un cadre sécurisant avant de se lancer en solo.

Lancé au 1er janvier 2009, le régime de l'auto-entrepreneur avait alors un chiffre d'affaires limité à 32 000 € pour la prestation de service et 80 000 € pour une activité d'achat revente. Onze ans plus tard, les seuils atteignent respectivement 72 600 € et 176 200 €. Quant au nombre d'auto-entrepreneurs, il dépasse le million. Les chiffres parlent d'eux-mêmes. Le législateur, sous l'impulsion d'Hervé Novelli, fondateur du régime, a encadré un régime simple et facile que de nombreux pays nous envient. Le *made in France* dont nous sommes si fiers, ne se retrouve désormais plus uniquement dans le prêt à porter et les accessoires, il est créateur de talents !

Créer son entreprise, qu'elle soit sous le régime de la micro-entreprise, au régime réel ou en société, c'est se lancer, faire le grand saut. Le créateur ne devra pas se laisser guider par ses peurs, mais pourra s'en servir : il peut trembler devant l'inconnue d'une situation, avoir l'impression de sauter d'un avion sans certitude de voir son parachute s'ouvrir, craindre de quitter le statut de salarié sécurisant avec sa bouée de secours que constituent les droits au chômage, s'inquiéter (à tort) de ne pas avoir la même couverture sociale en cas d'accident ou de maladie… Pour, au bout du compte, vivre une aventure unique dès lors qu'il y est bien préparé.

Si sa témérité peut lui donner des ailes, l'auto-entrepreneur doit savoir prendre le temps de la réflexion et se poser avant de créer son activité. Ce chef d'entreprise en puissance a besoin de bien se renseigner sur ses droits, ses obligations, la législation. Il doit préparer son lancement, savoir comment soigner ses futurs clients, anticiper les difficultés… Autant de points qui, une fois validés, lui apporteront un environnement de travail solide et serein.

Auto-entreprise ou micro-entreprise ? Il faut savoir que le terme « auto-entrepreneur » n'existe pas dans la loi, c'est le nom donné à l'entreprise individuelle au régime micro-fiscal et micro-social, aussi appelée « auto-entreprise » ou « micro-entreprise ». D'autant qu'il existait déjà, avant 2009, une autre forme de micro-entreprise forte de 400 000 indépendants ! C'est ainsi que depuis 2016, Laurent GrandGuillaume – alors député PS en charge des négociations avec les artisans sur le sujet de l'auto-entreprise vivement critiqué – propose pour harmoniser les deux régimes micro-sociaux, leur fusion en un seul régime. Fusion qui, cependant, n'est pas toujours effective. Depuis on parle de micro-entreprise.

Mais c'était sans compter sur l'état d'esprit de l'auto-entreprise. Comme « frigidaire » qui est devenu l'antonomase du réfrigérateur, le terme « auto-entrepreneur » perdure. Il symbolise, ni plus ni moins la simplicité de la création d'entreprise. Nous avons fait le choix dans cet ouvrage de parler d'auto-entrepreneur au régime de la micro-entreprise, main tendue vers les artisans en guise de réconciliation.

À travers cet ouvrage, nous abordons en détail tous les points importants du régime, en centrant notre propos sur des sujets trop souvent survolés comme l'action sociale, la médiation de la consommation (obligatoire pour tous ceux qui facturent des particuliers), les services à la personne et ses limites avec des astuces pour les contourner, les règles différentes dans les départements d'outre-mer ou encore une explication détaillée du fonctionnement du régime de la TVA pour les auto-entrepreneurs.

1

Créer sa micro-entreprise

De nos jours, lorsque l'on demande aux indépendants quel métier ils exercent, certains répondent « auto-entrepreneur ». Un terme qui, si l'on s'en tient à la définition de la loi, est inapproprié, car il ne fournit pas d'information sur la profession exercée par cette personne. Le terme « auto-entrepreneur » est devenu le reflet du succès du régime de la micro-entreprise ; en d'autres termes, il montre à quel point un régime social et fiscal est devenu un **état d'esprit**.

Quel que soit son projet avant de se lancer, que ce soit sur une activité plaisir d'une dizaine d'heures par semaine en complément d'un travail salarié, ou à temps plein pour créer son activité, en substitution d'un job étudiant ou pendant sa retraite afin de rester actif et compléter un revenu, il est important de connaître et de comprendre le B-A.BA de la micro-entreprise.

Dans « micro-entreprise », il y a le mot « entreprise ». On ne saurait trop le répéter, **l'auto-entrepreneur est avant tout un chef d'entreprise** : qu'il ou elle réalise son activité au fond de son garage, les week-ends ou à temps plein toute l'année, c'est un chef d'entreprise, plus précisément un **entrepreneur individuel**.

Il doit donc se renseigner, s'informer pour bien comprendre ses droits, devoirs et obligations. Dans le cas contraire, les conséquences peuvent être lourdes.

Trop souvent, les créateurs choisissent de créer une micro-entreprise avant même d'en avoir défini les contours ou l'offre de services. Or, devenir auto-entrepreneur n'est ni un métier ni une fin en soi, le plus important est de trouver la forme juridique adaptée à son projet, à ses charges, et qui correspondra à son caractère et à sa personnalité.

Le créateur ne doit pas, à ses dépens, choisir le régime de l'auto-entrepreneur si une autre forme s'avère plus intéressante pour lui (bien souvent, le choix final se fait en fonction du taux de charges de fonctionnement et des investissements nécessaires).

BON À SAVOIR

Il existe différentes formes pour entreprendre : créer une entreprise individuelle, une société, travailler en portage salarial, rejoindre une coopérative. Ces autres formes d'entrepreneuriat sont à étudier avant de se lancer pour faire le bon choix et peuvent même parfois se cumuler !

La différence entre une entreprise individuelle et une société se situe dans la personnalité juridique (personne physique ou personne morale), la forme juridique pour les sociétés ainsi que le régime social et le régime fiscal.

Cette première partie donnera toutes les clés pour créer son entreprise, faire le bon choix de son régime social et fiscal et comprendre les fondamentaux du régime de la micro-entreprise.

Chapitre 1

LES SOLUTIONS POUR ENTREPRENDRE EN FRANCE

LES PRINCIPALES DIFFÉRENCES ENTRE UNE ENTREPRISE INDIVIDUELLE ET UNE SOCIÉTÉ

Une entreprise se compose d'une forme juridique, d'un régime fiscal et d'un régime social. La combinaison de ces éléments donne des **entreprises individuelles** ou des **sociétés.**

L'entreprise individuelle et l'entrepreneur ne forment qu'une seule et même personne, alors que pour une société on parle de personne morale : **l'entrepreneur et la société** sont ainsi **deux personnes distinctes**.

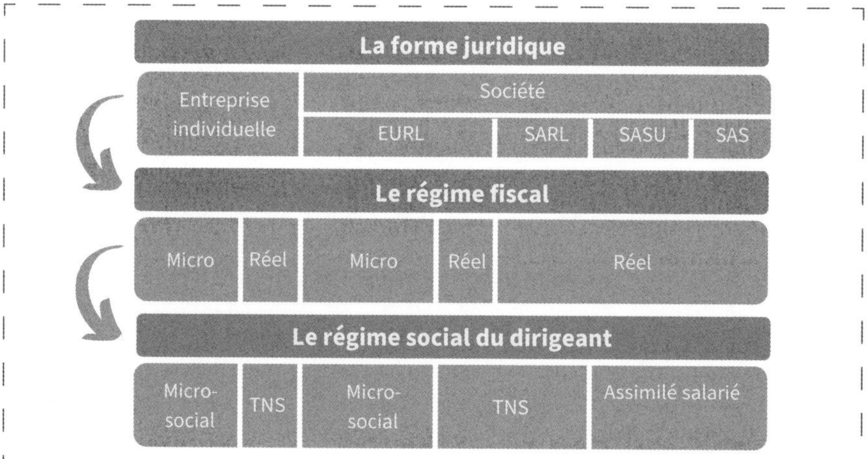

L'entreprise individuelle

L'entreprise individuelle, sans le savoir, tout le monde la connaît : lorsque l'on demande à un avocat sous quelle forme d'entreprise il exerce, il répond souvent à tort « en profession libérale », une erreur de langage qui sera expliquée plus loin dans cet ouvrage. En réalité, beaucoup de ces professionnels ont une entreprise individuelle au régime dit « réel » (on parle alors de TI[1] classique), alors que l'auto-entrepreneur a une entreprise individuelle au régime micro-social. La différence ? Les charges sociales du TI classiques sont calculées sur leur bénéfice et celles des auto-entrepreneurs sur leur chiffre d'affaires, de plus la gestion d'une entreprise individuelle au régime réel est plus complexe que celle d'une micro-entreprise : s'ils peuvent, dans le cadre de leur régime fiscal, déduire de leur chiffre d'affaires tous les frais inhérents à leur activité, ils doivent tenir une comptabilité plus contraignante et faire annuellement valider leurs comptes par une association de gestion agréée (pour les professions libérales) ou par un centre de gestion agréé (artisans et commerçants). En revanche, ils peuvent désormais, et c'est une nouveauté, mettre en place une modulation de leurs cotisations et déclarer chaque mois ou trimestre leur revenu.

De plus, dans un esprit de simplification des formalités déclaratives des travailleurs indépendants (artisans, commerçants et professions libérales), les revenus servant de base au calcul des cotisations et contributions sociales personnelles sont collectés directement à partir de la déclaration fiscale personnelle des revenus (déclaration 2042 et ses annexes 2042 C PRO et 2042 C). Une seule déclaration au lieu de trois initialement !

Les entreprises individuelles soumises au régime d'imposition réel simplifié tiennent une comptabilité classique : un bilan simplifié, un compte de résultat et des annexes.

Tous les bénéfices nets peuvent soit être **ajoutés aux revenus du foyer fiscal** (et donc ajoutés aux revenus du conjoint, partenaire, etc.) et donc reportés dans la déclaration annuelle de revenus du foyer, soit faire l'objet d'une **déclaration distincte au titre du prélèvement à la source** (PAS).

Aujourd'hui, avec le **doublement des plafonds pour les auto-entrepreneurs** (72 600 € en prestation de service et 176 200 € en achat-revente (plafonds en

1. TI pour « travailleurs indépendants ».

vigueur depuis le 1er janvier 2020)), il devient impossible pour un client de savoir si un prestataire est en micro-entreprise ou au régime de la déclaration contrôlée/réel simplifié, surtout depuis que le régime de la TVA s'est invité dans la micro-entreprise.

> **BON À SAVOIR**
>
> Si le fait d'exercer sous le régime de la micro-entreprise peut représenter un frein pour certains prospects ou clients, l'auto-entrepreneur a le droit de tout simplement dire qu'il est en entreprise individuelle. Qu'il paye ses charges sociales au régime réel ou sous le régime micro-social ne regarde que lui.
>
> La micro-entreprise n'est pas une « sous-entreprise », c'est une forme d'entreprise comme une autre.

Plus de souplesse avec l'entreprise individuelle

Créer une entreprise individuelle est plus souple et moins onéreux que créer une société. Dans le cas de la société, il faudra constituer des statuts et faire appel aux services d'un expert-comptable, alors qu'une **entreprise individuelle** (EI) peut se créer en ligne et, en fonction de son régime fiscal et social, ne nécessite aucun acteur extérieur (c'est le cas de la micro-entreprise). Sinon, on peut, si on le souhaite, adhérer à un OGA (organisme de gestion agréé) : soit une association de gestion agréée (AGA), soit un centre de gestion agréé (CGA), et faire appel à un expert-comptable. Le créateur peut aussi se former et choisir de tenir lui-même sa comptabilité et la faire contrôler chaque année par son OGA.

Le fonctionnement est également différent de celui d'une société : l'entrepreneur individuel n'a pas de compte à rendre, alors que l'entrepreneur en société doit *a minima* faire un dépôt des comptes annuels avec clause de confidentialité, s'il est gérant et associé unique d'une petite structure.

La loi Macron pour protéger son patrimoine

Dans le cas de **l'entreprise individuelle**, l'entrepreneur est responsable de son patrimoine et de ses dettes professionnelles, alors qu'une société a son propre patrimoine. En cas de pertes, l'entrepreneur ou les associés sont protégés (sauf en cas de faute de gestion). Cependant, la loi Macron, adoptée en juillet 2015, est venue renforcer la protection de l'entrepreneur individuel (et donc de l'auto-entrepreneur) qui voit d'office sa résidence principale protégée, sans la nécessité de faire appel à un notaire ou de créer d'EIRL[1].

La différence entre société et entreprise individuelle sur le plan fiscal

La différence se note aussi sur le plan fiscal : le revenu de l'entrepreneur individuel est reporté sur sa **déclaration de revenus personnelle**[2], alors que la société, elle, est **assujettie à l'impôt sur les sociétés** (que l'on appelle l'IS), avec une option possible pour l'**impôt sur le revenu** (l'IR).

BON À SAVOIR

Les tranches d'imposition de l'impôt sur le revenu et de l'impôt sur les sociétés

- Si une entreprise est soumise à l'**impôt sur le revenu** (IR), son bénéfice[3] est imposé à un impôt « progressif » de six tranches comprises entre 0 et 41 %.
- En revanche, si elle est soumise à l'**impôt sur les sociétés** (IS), son bénéfice est imposé à un impôt « progressif » avec des tranches entre 15 % et 31 %.
- Le taux de l'impôt sur les sociétés sera progressivement amené à 25 % d'ici 2022.

Cependant, les sommes qui ont été soumises à l'IS ne sont pas de même nature que celles soumises à l'IR : dans le premier cas, elles appartiennent à l'entreprise et dans le second cas à l'entrepreneur.

Pour que les sommes qui appartiennent à l'entreprise soient transférées à l'entrepreneur, cela ne peut se faire que de deux façons : soit par l'attribution d'une rémunération à l'entrepreneur (dans ce cas, les sommes ne sont pas soumises à l'IS mais à charges sociales et à IR), soit par la distribution de dividendes (ce sont alors les sommes après IS, mais elles sont soumises à l'IR, à contributions sociales et le cas échéant à charges sociales (SARL)), dans le cadre de la *flat tax* ou dans le cadre du régime classique des valeurs mobilières (abattement de 40 %).

1. Voir l'EIRL, chapitre 18, page 201.
2. À l'exception de l'EIRL qui permet de choisir l'option de l'impôt sur les sociétés.
3. Que le bénéfice représente ou non le prélèvement de l'exploitant.

Les sociétés

Bien appréhender l'univers des sociétés

Une société nécessite de déposer des statuts, faire un apport en capital, définir une raison sociale, un siège social et nommer un ou plusieurs dirigeants...

On distingue les sociétés unipersonnelles avec un seul associé (l'entrepreneur est seul à bord de son entreprise) et les sociétés pluripersonnelles (avec plusieurs associés, l'entrepreneur s'associe alors à plusieurs pour créer une société).

Dans les sociétés unipersonnelles, on trouve :

- l'EURL (entreprise unipersonnelle à responsabilité limitée) ;
- la SASU (société par actions simplifiée unipersonnelle).

Dans les sociétés pluripersonnelles (plusieurs associés), on trouve :

- la SARL (société à responsabilité limitée), qui peut prendre la forme coopérative (SCOP) ;
- la SAS (société par actions simplifiée) ;
- la SNC (société en nom collectif) ;
- la SA (société anonyme), qui peut également prendre la forme coopérative (SCOP) ;
- la SCP (société civile professionnelle) et la SEL (société d'exercice libéral) qui regroupent des membres de professions libérales réglementées souhaitant exercer leur profession en commun.

Entreprendre seul ou en société : choisir entre la SARL et la SASU

Lorsqu'un entrepreneur individuel crée seul une société, on parle alors d'EURL, mais si on veut utiliser ce terme correctement, il faut savoir que l'EURL à proprement parler n'existe pas ; il s'agit en fait du nom donné à la **SARL à associé unique**.

> Attention, à ne pas confondre EIRL (entrepreneur individuel à responsabilité limitée) et EURL (entreprise unipersonnelle à responsabilité limitée). Dans le premier cas, il s'agira d'une entreprise individuelle et dans celui de l'EURL d'une société.

Les fondamentaux de la SARL à associé unique (EURL)

L'EURL est une aventure dans laquelle on se lance en solo : l'entrepreneur est seul à bord de sa société. Il n'y a pas de capital minimum exigé : on peut créer une société avec 1 € de capital.

Les démarches de création sont plus fastidieuses que pour une entreprise individuelle : rédaction de statuts, dépôt du dossier au greffe du tribunal de commerce, publication d'une annonce dans un journal d'annonces légales.

L'entrepreneur et l'entreprise représentent deux personnes : une personne morale (la société) et une personne physique (l'entrepreneur). Cela permet à l'entrepreneur de **distinguer son patrimoine personnel de son patrimoine professionnel**, seul patrimoine pouvant être saisi par d'éventuels créanciers professionnels.

Il devient alors **gérant de société.**

Soit il choisit d'être associé unique, soit il devient dans le cas contraire assimilé salarié.

Sur le plan fiscal, par principe, la SARL à associé unique **(EURL) est imposée à l'impôt sur le revenu** : l'entrepreneur est donc imposé en son nom pour le compte de la société. Il est toutefois possible de choisir l'option de l'impôt sur les sociétés, mais il n'est pas possible de revenir en arrière par la suite.

Gérant de SARL et micro-entrepreneur

Il n'est pas possible de créer une micro-entreprise si l'on est gérant majoritaire d'une SARL. Cependant **on peut cumuler EURL au régime micro-fiscal et micro-social avec une micro-entreprise...**

Depuis l'entrée en vigueur de la loi Sapin en date du 9 décembre 2016, il est possible pour le gérant, associé unique d'une EURL, d'opter pour le régime micro-fiscal.

Ce choix ouvre droit au régime social de la micro-entreprise. Un gérant associé unique d'EURL exerçant sous le régime du micro-fiscal peut ainsi parallèlement créer une micro-entreprise, sous réserve de respecter les plafonds de chiffre d'affaires pour le cumul des deux activités.

Un cumul qui peut être intéressant, par exemple, pour une personne ayant une activité de service à la personne et souhaitant facturer des entreprises.

Parmi les différentes possibilités pour entreprendre sous la forme d'une société, il y a également la **SASU**, qui a le vent en poupe auprès des créateurs ; le gérant est dans ce cas assimilé salarié.

La SASU (société par actions simplifiée unipersonnelle)

Avec tous les maux attribués à l'ex-RSI, la SASU a connu un essor important auprès de ceux qui souhaitaient ne pas y être affiliés : ils restaient au régime général.

Depuis la suppression du RSI au 1er janvier 2018 et le fait que désormais les travailleurs indépendants et gérants de société ont tous rejoint au 1er janvier 2020 le régime général (la CPAM), il faut bien réfléchir au choix de la SASU tant le montant des charges sociales du dirigeant est important (environ 65 %).

Dans le cas d'une SASU, le capital est librement fixé par les actionnaires, en fonction de la taille, de l'activité, et des besoins en capitaux de la société.

50 % des apports en espèce sont versés obligatoirement au moment de la constitution, le solde devant être libéré dans les cinq ans.

La SASU est dirigée par un seul président qui est soit une personne physique, soit une personne morale.

La responsabilité des associés est limitée au montant de leurs apports. Les bénéfices sont soumis à l'impôt sur les sociétés (il est possible de choisir l'impôt sur le revenu sous certaines conditions). Le président est assimilé salarié, mais attention, il y a 65 % de charges sur sa rémunération sous forme de salaire. L'intérêt réside dans le fait qu'il peut avoir deux formes de rémunération : au titre de son rôle de président, ou par la perception de dividendes s'il est associé. Ainsi que celui d'être parallèlement entrepreneur individuel pour des activités complémentaires ou distinctes.

Depuis le 1er janvier 2018, les dividendes sont taxés à un taux unique de 30 % qui correspond à 12,8 % d'impôt sur le revenu et 17,2 % de prélèvements sociaux[1].

Chaque associé peut choisir soit ce type d'imposition, soit le régime commun des valeurs mobilières.

1. Ces taux ne constituent qu'un petit bout des différentes modalités possibles de taxation des dividendes (comme la *flat tax*).

Ainsi, en fonction des situations, il peut être intéressant d'opter pour les deux solutions de rémunération que propose la SASU et ainsi cumuler dividendes et rémunération. Mais cela ne doit pas se faire au détriment de ses droits à la retraite et de sa couverture sociale. Il est important que le créateur pèse le pour et le contre de chaque situation et se renseigne bien en amont.

Le portage salarial

Le portage salarial est une solution pour être indépendant, travailler en free-lance, tout en conservant les droits du salarié comme **l'accès aux indemnités chômage**.

La personne « portée » qui exerce *via* une entreprise de portage salarial facture ses interventions sous forme d'honoraires. Vigilance cependant : au-dessous d'un seuil minimum journalier de facturation, l'entreprise de portage pourra refuser de « porter » la prestation ; ainsi facturer une prestation à 100 € la journée est mission impossible en portage salarial ! Lorsque l'indépendant fait le choix de son entreprise de portage salarial, il est donc important de se renseigner sur le montant minimum journalier de facturation. Ce point ne doit pas être perçu comme une contrainte, mais plutôt comme un garde-fou pour éviter les abus et pour éviter que l'indépendant accepte des missions par défaut, qui ne lui permettent pas de gagner sa vie.

Le « porté » délègue le traitement administratif, juridique, fiscal et comptable à l'organisme de portage et est autonome dans le choix de ses clients et de son activité (tant que celle-ci reste dans le domaine des prestations intellectuelles).

Ce statut permet à ceux qui le souhaitent d'éviter la création d'une entreprise tout en travaillant de manière autonome. En contrepartie, l'entreprise de portage prend une commission sur les honoraires, paye les charges sociales et leur reverse un salaire.

Le plus pour les formateurs

BON À SAVOIR

Cette solution peut permettre à un formateur de proposer ses formations *via* l'organisme de formation de l'entreprise de portage salarial et bénéficier de ses certifications (comme le DATADOCK ou la certification Qualiopy, indispensable aux formateurs dès le 1er janvier 2021).

Il est important de faire appel à une entreprise de portage salarial qui adhère à la Fédération des entreprises de portage salarial ou au PEPS (professionnels de l'emploi en portage salarial), les structures affiliées sont ainsi signataires d'une charte qualité qui sécurise le porté.

Le cumul portage salarial et micro-entreprise

Le cumul portage salarial et micro-entreprise est possible et peut être intéressant pour ceux qui exercent une activité de service à la personne en micro-entreprise. Sous le régime de la micro-entreprise, ils ne peuvent pas facturer d'entreprises ou d'associations. L'entreprise de portage salarial leur permet justement de proposer des services aux entreprises. Les deux activités sont alors distinctes, comme dans le cas d'Anne-Sophie (voir chapitre 4, page 56) qui propose des cours d'anglais dans le cadre des services à la personne (qu'elle facture avec sa micro-entreprise) et de la traduction pour des entreprises dans le cadre du portage salarial.

BON À SAVOIR

La coopérative

Il s'agit plus précisément d'une **coopérative d'activité et d'emploi** (CAE). Elle permet au créateur de tester son activité, sans prise de risque, dans un environnement sécurisant.

Les coopératives sont constituées en différents réseaux nationaux comme Coopérer pour entreprendre ou Copéa. C'est une entreprise partagée, constituée d'entrepreneurs salariés en phase de développement, d'entrepreneurs salariés associés et d'une équipe permanente.

On y parle coopération et mutualisation des services comme la comptabilité, la gestion, la trésorerie, des espaces de travail…

Comme pour une entreprise de portage salarial, une partie du chiffre d'affaires de l'entrepreneur est reversée à la coopérative. La contribution constatée va de 11 % à 14 %.

Les CAE sont financées par les pouvoirs publics et répondent à un objectif du service public : accompagner et accueillir tous types de projets sans chiffre d'affaires minimum en activité principale ou secondaire.

La loi sur l'économie sociale et solidaire de 2014 a créé juridiquement le statut d'entrepreneur salarié. Un entrepreneur peut rester au maximum trois ans dans une coopérative. À l'issue de ces trois ans, il peut choisir soit de voler de ses propres ailes en créant sa propre structure, soit d'interrompre cette activité, soit encore de devenir associé (sociétaire) de la coopérative et d'en acheter des parts sociales.

Le cumul coopérative et micro-entreprise est possible et peut s'avérer intéressant dans les mêmes cas que le portage salarial, si le créateur a besoin de séparer deux activités qui ne sont pas compatibles en micro-entreprise (comme, par exemple, des activités dans le domaine des services à la personne).	**BON À SAVOIR**

Sortir du dispositif

La micro-entreprise n'est pas limitée dans le temps, tant que l'on déclare du chiffre d'affaires. Depuis le doublement des plafonds en 2018 on peut imaginer qu'elle a une longue vie devant elle !

La limite du chiffre d'affaires

La seule limite imposée est donc celle du chiffre d'affaires :

- Tant que l'auto-entrepreneur ne dépasse pas les seuils de 72 600 € pour la prestation de service et 176 200 € pour l'achat-revente, il peut continuer à bénéficier du régime de la micro-entreprise.
- S'il dépasse les seuils de tolérance, il sera assujetti à la TVA, sauf s'il appartient aux professions exonérées de TVA (comme les psychologues ou les formateurs[1]).
- En revanche, il est tenu de déclarer son chiffre d'affaires même si celui-ci est égal à 0 €, mensuellement ou trimestriellement en fonction de son choix initial lors de la création de son entreprise : la déclaration de chiffre d'affaires doit être complétée en indiquant le montant 0 dans la colonne chiffre d'affaires de sa déclaration.

1. Voir chapitre 15, page 163.

- Dans le cas contraire, il devra s'acquitter de pénalités pour toute déclaration manquante, et surtout son entreprise serait radiée au bout de huit trimestres consécutifs à 0 € de chiffre d'affaires.

Trois raisons de sortir du dispositif auto-entrepreneur

- L'auto-entrepreneur fait le choix de sortir du dispositif parce qu'il arrête son activité ou parce qu'il change de régime social (passage au régime réel, création d'une société).
- Il dépasse les seuils de chiffre d'affaires : la sortie du dispositif est automatique en cas de dépassement pendant deux années consécutives des seuils de 72 600 € pour la prestation de service et 176 200 € pour le commerce. Au 1er janvier de l'année suivante, l'auto-entrepreneur bascule automatiquement au régime réel.
- Il cumule huit trimestres consécutifs de déclaration de chiffre d'affaires à 0 €.

Chapitre 2

La micro-entreprise : statut, régime et activités

Doit-on dire : « Je voudrais créer sous le statut d'auto-entrepreneur ou être au régime de l'auto-entrepreneur » ?

Quand on parle de micro-entreprise, on met le terme tour à tour à la sauce « statut » ou à la sauce « régime ». Si l'on ne parle pas ici d'aliments, cela s'apparente néanmoins à une vraie tambouille ! Démêlons le vrai du faux.

Quand on parle de **statut**, on aborde la **forme juridique** de l'entreprise. Il existe deux grandes catégories de statuts juridiques : l'entreprise individuelle et la société. En revanche, on parlera de **nature d'activité** pour les termes **artisan, commerçant ou profession libérale**.

La notion de régime, dans l'univers de l'entreprise, constitue les règles qui régissent les relations de l'entreprise avec l'État (les règles fiscales, sociales).

Ainsi, un auto-entrepreneur aura un **statut d'entreprise individuelle, inscrit auprès du Répertoire national des établissements** (RNE) au **régime fiscal et social simplifié**. On parle alors du **régime de la micro-entreprise.**

Auto-entreprise ou micro-entreprise ?

En 2009 a été créé le régime de l'auto-entrepreneur, qui trouvait ses fondements dans le régime de la micro-entreprise, créé dans les années 1980 (minimum de charges sociales à verser, chiffre d'affaires limité à 33 000 €) avec des différences majeures : le micro-social et la règle du « pas de chiffre d'affaires, pas de charges ». Suite à la gronde des artisans lors du lancement du régime, et pour calmer les esprits, il a été décidé que l'auto-entreprise allait être renommée micro-entreprise en 2016. Depuis, deux types de micro-entreprises cohabitent, cependant les « anciennes micro » peuvent demander à basculer au régime de l'auto-entrepreneur directement sur le site urssaf.auto-entrepreneur.fr. Cette démarche peut être réalisée à tout moment, mais ne sera mise en place qu'au 1er janvier de l'année suivante. Si leur suppression a été un temps évoqué, elles continent d'exister même si leur nombre est très faible.

Pour plus de compréhension, on parlera donc de « l'ancienne micro-entreprise » et de la « nouvelle micro-entreprise » ou « auto-entreprise ».

Pourquoi faire simple quand on peut faire compliqué… ? Mais, c'était sans compter sur ce que représente aujourd'hui l'auto-entrepreneur : une façon simple d'entreprendre, un état d'esprit. L'expression a une longue vie devant elle : même l'Urssaf Caisse nationale[1] a choisi, lors de la refonte de son site Internet (**auto-entrepreneur.urssaf.fr**) de **garder le nom auto-entrepreneur**. Les médias, après quelques tergiversations, semblent opter en majorité pour l'auto-entrepreneur et le gouvernement dans ses communications utilise les deux appellations. Espérons qu'à terme, l'appellation d'origine redevienne le nom officiel, symbole d'une liberté et d'une facilité de création.

(!) Pour résumer, un **auto-entrepreneur** est un **entrepreneur individuel** au régime **micro-social et micro-fiscal**, bref en **micro-entreprise** ! Simplification quand tu nous tiens.

Les points forts du régime

Mise en place pour faciliter la création d'entreprise et permettre à tous de se lancer dans l'aventure entrepreneuriale sans prise de risque financier, la micro-entreprise a su séduire au départ par ses démarches d'inscription simples grâce au principe clair du « pas de chiffre d'affaires, pas de charge » et par une grande clarté dans les prélèvements obligatoires (les versements à l'Urssaf pour les cotisations sociales et aux impôts pour les versements fiscaux).

Depuis, au travers des évolutions de la législation, le régime a connu une série de mutations qui ont parfois complexifié le processus, mais son fondement reste simple :

1. Anciennement l'ACOSS : Agence centrale des organismes de Sécurité sociale.

- une inscription simple, qui peut se faire en ligne ou directement auprès de son centre de formalité des entreprises (CFE) ;
- des coûts et une complexité de gestion réduits ;
- la maîtrise en temps réel des charges sociales et fiscales qui en découlent.

Le régime se complexifie légèrement avec l'arrivée de la gestion de la TVA à partir des seuils de 34 400 € (prestation de service) et 85 800 € (achat-revente) : le chapitre sur la gestion de la TVA apportera toutes les clés de compréhension.

Charges sociales et fiscales : les différents taux de cotisation

L'auto-entrepreneur paye ses charges sociales et fiscales, mensuellement ou trimestriellement, directement sur son chiffre d'affaires encaissé. Les taux appliqués sont liés à sa nature d'activité (artisan, commerçant ou profession libérale).

Les charges sociales

- 6 % pour les activités de locaux d'habitation meublés de tourisme classés.
- 12,80 % pour une activité d'achat-revente, de vente de denrées à consommer sur place et de prestations d'hébergement (BIC[1]), à l'exception de la location de locaux d'habitation meublés dont le taux est de 22 %.
- 22 % pour les prestations de services (BIC et BNC) y compris la location d'habitation meublée sans y élire domicile.
- 22 % pour les professions libérales réglementées relevant de la Cipav (BNC) et les professions libérales non réglementées.

Les charges sociales sont à régler en même temps à un seul interlocuteur, l'Urssaf Caisse nationale (anciennement **Acoss**), qui les redistribue auprès des différents organismes et de la **CGSS** (Caisse générale de la Sécurité sociale) pour les départements d'outre-mer.

Quand l'auto-entrepreneur paye ses charges sociales, cela comprend toutes les cotisations liées à sa protection sociale : la maladie-maternité (y compris la

1. BIC, bénéfices industriels et commerciaux, et BNC, bénéfices non commerciaux.

cotisation indemnités journalières[1]), l'invalidité et le décès, la retraite de base, la retraite complémentaire obligatoire, les allocations familiales et la CSG-CRDS.

Il doit également payer une **contribution à la formation professionnelle** qui lui ouvre des droits chaque année (entre 900 € et 1 500 € par an en moyenne), soit :

- 0,10 % pour les commerçants et les professions libérales non réglementées affiliées au régime général pour leur retraite (les Carsat[2]) ;
- 0,20 % pour les professions libérales réglementées et les professions libérales non réglementées affiliées à la Cipav ;
- 0,30 % pour les artisans.

S'ajoute pour les artisans ou commerçants, une **taxe consulaire** (pour frais de chambre de commerce et d'industrie ou de métiers et de l'artisanat) :

- prestation de service commerçant : 0,044 % (chambre compétente CCI) ;
- prestation de service artisanales : 0,48 % (chambre compétente CMA) (0,65 % en Alsace et 0,83 % en Moselle) ;
- vente de marchandises, restauration, hébergement : 0,015 % (chambre compétente CCI) ;
- achat-revente par un artisan : 0,22 % (chambre compétente CMA) (0,29 % en Alsace et 0,37 % en Moselle) ;
- artisan en double immatriculation (CCI-CMA) : 0,007 %.

Les taxes consulaires — FOCUS

Les micro-entrepreneurs qui bénéficient du régime micro-social doivent s'acquitter des taxes consulaires dont ils sont redevables auprès de l'Urssaf Caisse nationale et non de la DGFiP[3]. Dans cette hypothèse, ces taxes n'apparaissent pas sur l'avis de CFE.

Par conséquent, un contribuable micro-entrepreneur peut voir apparaître sur son avis de CFE la mention de ces taxes consulaires à verser à la DGFiP dans deux situations :

- Il a perdu le bénéfice du régime micro-social et ne verse plus ses taxes consulaires auprès des organismes sociaux : dans ce cas, la DGFiP procède alors au recouvrement de ces taxes consulaires par voie de rôle sur l'avis de CFE.

1. Équivalent des arrêts maladie pour les salariés.
2. **www.lassuranceretraite.fr**.
3. Direction générale des finances publiques.

- La DGFiP n'a pas connaissance du fait que le contribuable bénéficie du régime micro-social : dans ce cas le contribuable doit prendre contact avec son SIE (service des impôts des entreprises) en présentant un justificatif des versements effectués auprès des organismes sociaux de ses taxes consulaires pour mise à jour de son dossier.

L'activité de location meublée non professionnelle

L'activité de location meublée non professionnelle nécessite une inscription auprès d'un centre de formalités des entreprises. Il s'agit en l'occurrence du greffe du tribunal de commerce dont dépend le bien en location (CERFA 11 921). Le seuil de 23 000 € de recettes définit la notion d'activité professionnelle.

L'exception de la location de meublés

Dans la location de meublé, on distingue plusieurs règles quand au taux de cotisations sociales et au chiffre d'affaires maximum.

Les logements de meublés de tourisme classé

	Taux de cotisation sociale	CA maximum	Abattement	TFC[1]
Logements de meublés de tourisme classé	6 %	176 200 €	71 %	0,15 %
Chambre d'hôte/gîte	12,8 %	176 200 €	71 %	0,15 %
Autres locations	22 %	72 600 €	50 %	0,44 %

Le classement en meublé de tourisme permet d'indiquer au client un niveau de confort et de prestation et permet de bénéficier de certains avantages fiscaux.

Le classement comporte 5 catégories allant de 1 à 5 étoiles, il est volontaire et a une validité de 5 ans.

1. Taxe pour frais de chambre.

La grille de classement contient 112 critères. L'interlocuteur est Atout France, opérateur de l'État. Le meublé devra faire l'objet d'une visite de contrôle par un organisme accrédité entre-autre, par le COFRAC[1].

Plus d'informations : **www.classement.atout-france.fr/le-classement-des-meubles-de-tourisme.**

L'importance de déclarer son meublé de tourisme

La déclaration d'un meublé de tourisme, que celui-ci soit classé ou non, est obligatoire. Toutefois, si le meublé de tourisme est la résidence principale du loueur, il est dispensé de « déclaration simple ».

Les chambres d'hôtes ont-elles une déclaration simple en mairie à faire par formulaire CERFA, en application de l'article L. 324-4 du Code du tourisme.

Les plafonds de chiffre d'affaires

On distingue deux plafonds de chiffre d'affaires en fonction de l'activité de l'auto-entrepreneur, s'il exerce une activité d'achat-revente ou une activité de prestation de service, ou encore les deux.

On peut ainsi réaliser de la prestation de service en tant qu'artisan, profession libérale ou commerçant.

Pour chaque activité, il faut distinguer deux plafonds :

- Celui en franchise de TVA (on ne la facture pas et on ne la récupère pas) :
  - 34 400 € pour la prestation de service
  - 85 800 € pour les activités d'achat-revente
- Celui assujetti à TVA :
  - 72 600 € pour la prestation de service
  - 176 200 € pour les activités d'achat-revente

Attention, dans le cas d'une activité mixte, où l'auto-entrepreneur cumule une activité d'achat-revente et de prestation de service, les chiffres ne s'additionnent pas.

- L'auto-entrepreneur est limité à 176 200 € dont 72 600 € en prestation de service.
- Il sera assujetti à TVA dès 34 400 € de chiffre d'affaires.

1. Comité français d'accréditation.

Le prorata temporis et la première année

Le prorata temporis consiste à effectuer une règle de 3 pour recalculer un chiffre d'affaires sur un an (12 mois) sur une durée plus courte. C'est souvent le cas de la première année d'activité car il est rare de commencer son activité le 1er janvier, la durée d'exercice de l'activité ne se composera ainsi pas de 12 mois complet.

La réforme a changé la gestion du dépassement de seuil, puisqu'il faut dépasser son seuil de chiffre d'affaires deux années consécutives pour basculer au régime réel. Ainsi, donc, la première année le prorata temporis ne s'applique que pour savoir si vous avez dépassé une fois le seuil de chiffre d'affaires.

Quel que soit le chiffre d'affaires que réalise l'auto-entrepreneur, cela n'aura aucun impact la première année ! Par exemple, il est donc possible de réaliser exceptionnellement une fois jusqu'à 100 000 € de chiffres pour un auto-entrepreneur en prestation de service au lieu de 72 600 €.

Les différentes natures d'activité : commerçant, artisan, profession libérale

Les auto-entrepreneurs peuvent être commerçants, artisans ou professionnels libéraux.

L'artisan est par exemple un travailleur indépendant inscrit au Répertoire des métiers, qui travaille à son propre compte.

Au début de la création de la micro-entreprise, l'un des principaux points de crispation avec le monde de l'artisanat venait du fait que les auto-entrepreneurs artisans n'avaient ni l'obligation de s'immatriculer au Répertoire des métiers ni les mêmes obligations de diplômes ou d'assurance. En 2009, tout le monde pouvait s'improviser plombier, par exemple ! Ce qui n'était pas rassurant pour le consommateur dont le prestataire n'avait pas d'assurance en cas d'un éventuel dégât des eaux consécutif à son intervention.

Ce point est réparé, les personnes relevant de l'artisanat et créant une micro-entreprise doivent désormais remplir les mêmes obligations que leurs pairs exerçant sous d'autres formes juridiques.

L'artisan, le commerçant ou le professionnel libéral peut donc exercer son activité en entreprise individuelle (régime réel ou micro-entreprise), en SASU, en SARL (EURL).

La nature de l'activité n'a ainsi pas de lien avec le régime fiscal ou social.

RAPPEL — FOCUS

Les commerçants : selon le Code de commerce, sont commerçants les personnes qui effectuent des actes de commerce et en font leur profession habituelle.

Les artisans : un artisan est une personne qui n'emploie pas plus de dix salariés et qui exerce à titre principal ou secondaire une activité professionnelle indépendante de production, de transformation, de réparation ou de prestation de service relevant de l'artisanat.

Les professions libérales : l'expression « profession libérale » n'est pas définie par la loi. Sur un plan pratique, l'activité libérale se caractérise par une activité non salariée, imposée selon le régime fiscal des bénéfices non commerciaux (BNC) et pour laquelle l'aspect intellectuel est souvent prépondérant.

Les notions de prestation de service, BIC et BNC

On pense à tort que la **prestation de service** est uniquement du ressort des commerçants. Il est important de comprendre que l'on parle de prestation de service artisanale, de vente ou libérale. Il s'agit simplement d'une qualification. Ce n'est qu'au moment de payer les charges sociales de l'entreprise qu'intervient cette notion de prestation de service. En effet, le taux de charges ne sera pas le même si l'auto-entrepreneur réalise des prestations de service ou vend des marchandises.

Une prestation de service est une **prestation assurée par un prestataire**, qu'il soit une personne morale ou physique, pour une entreprise ou un particulier.

Pour les **activités artisanales, industrielles et commerciales**, ainsi que les activités de location meublée, le principe est simple : l'entreprise relève de la catégorie des BIC (bénéfices industriels et commerciaux).

Les BNC (bénéfices non commerciaux) concernent, eux, les **activités libérales**.

Chapitre 3

QUI PEUT DEVENIR AUTO-ENTREPRENEUR ?

Tout le monde dans l'absolu ! Avec parfois des exceptions de durée ou de nature d'activité, notamment pour les fonctionnaires.

Ainsi, si le créateur est salarié, demandeur d'emploi, étudiant, retraité, femme ou homme au foyer, fonctionnaire, ce régime lui est accessible, sous réserve de respecter les règles et obligations liées à son statut ainsi qu'éventuellement à la réglementation de l'activité.

La micro-entreprise est accessible à toute personne désireuse d'exercer une activité professionnelle en toute indépendance, sans lien de subordination avec une autre personne physique ou morale. La micro-entreprise n'est pas une alternative à une forme de salariat et ne saurait s'y substituer. La phrase : « Mon patron m'a proposé de m'embaucher en micro-entreprise » fera se dresser les cheveux sur la tête de tous les inspecteurs de l'Urssaf et tout entrepreneur qui se respecte.

LES MÉTIERS QUE NE PEUVENT PAS EXERCER LES AUTO-ENTREPRENEURS — FOCUS

Il est possible de créer une micro-entreprise pour exercer de nombreux métiers, cependant certaines activités ou certaines situations personnelles s'avèrent incompatibles avec la création d'une micro-entreprise :

- les activités rattachées au régime social de la MSA (la Sécurité sociale agricole) ;
- les professions libérales réglementées ne relevant pas de la caisse de retraite de la Cipav ;
- les activités relevant de la TVA immobilière ;

- les activités artistiques qui relèvent de la Sécurité sociale des artistes auteurs ;
- les activités de dirigeant majoritaire d'une entreprise ;
- le cumul avec une activité de travailleur indépendant non salarié déjà immatriculé.

Retrouvez la liste complète des métiers accessibles sur le site **jesuisauto-entrepreneur.fr.**

Attention aux risques de requalification en contrat de travail ! L'auto-entrepreneur doit exercer son activité en totale indépendance et être responsable de ses actes (chapitre 22, page 227).

Être auto-entrepreneur et salarié

C'est tout à fait possible, mais il est interdit de proposer des prestations facturées par la micro-entreprise à son employeur ! Il est important de bien distinguer et séparer les deux activités.

L'auto-entrepreneur doit exercer en dehors de ses heures de travail et est tenu à un devoir de loyauté à l'égard de son employeur : il ne peut pas utiliser les locaux, le matériel de son employeur (sauf accord particulier), ne peut pas démarcher les clients de son employeur et doit vérifier son contrat de travail.

Concernant les clauses de non-concurrence : il ne faut pas oublier que leurs applications ont évolué et que toute clause de non-concurrence doit comporter une contrepartie financière, être limitée dans le temps, être justifiée par les intérêts légitimes de l'entreprise et tenir compte des spécificités de l'emploi du salarié et de sa possibilité de retrouver un emploi.

Il est possible de choisir de créer une micro-entreprise dans le cadre d'un congé sans solde, tout en respectant l'obligation de loyauté vis-à-vis de son employeur.

Être auto-entrepreneur et fonctionnaire

Tout dépendra de sa nature d'activité (artisan, commerçant ou profession libérale) : la loi Lebranchu du 20 avril 2016 relative à la déontologie et aux droits des fonctionnaires a modifié la situation de ces derniers en matière de cumul d'activités. Elle rappelle qu'ils sont tenus de consacrer l'intégralité de leur activité professionnelle aux tâches fixées dans le cadre de leur emploi. **Les**

règles sont ainsi différentes si la personne est fonctionnaire à temps plein ou à temps partiel.

Le fonctionnaire à temps plein

Il lui est interdit de créer ou de reprendre une entreprise commerciale ou artisanale sous le régime de la micro-entreprise.

Il peut donc exercer, **à titre accessoire** et avec l'autorisation de sa hiérarchie, en tant que **profession libérale** sous le régime de l'auto-entrepreneur, sans limitation dans le temps. Un enseignant de l'Éducation nationale pourra ainsi avoir une activité indépendante de formateur, mais pas de fabricant de bijoux.

Dans la pratique, on constate qu'en fonction des régions, l'administration est parfois plus souple et permet à des fonctionnaires à temps plein d'exercer une activité artisanale comme la fabrication de bijoux. Dans tous les cas, il faut en faire la demande à sa hiérarchie en précisant bien son projet.

Le fonctionnaire à temps partiel

On parle ici des fonctionnaires travaillant à temps incomplet ou non complet inférieur à 70 % de la durée légale de travail.

Ils peuvent exercer une activité indépendante, quelle que soit sa nature, sans limitation dans le temps, si l'activité n'est pas incompatible avec les obligations de service et si cette activité ne porte pas atteinte au fonctionnement normal, à l'indépendance ou à la neutralité du service public.

Elle doit être déclarée à l'autorité hiérarchique. Tous les métiers sont dans ce cas accessibles au fonctionnaire.

L'auto-entrepreneur qui devient fonctionnaire

Il peut poursuivre son activité pendant un an renouvelable une fois, à compter de son recrutement, si celle-ci est compatible avec ses obligations de service. L'activité poursuivie ne doit pas porter atteinte au fonctionnement normal, à l'indépendance, à la neutralité du service.

Le fonctionnaire stagiaire doit présenter à son autorité hiérarchique, dès sa nomination, une déclaration écrite mentionnant la forme, l'objet social et le secteur d'activité de sa micro-entreprise. Lorsqu'il est recruté en qualité d'agent contractuel, cette déclaration est transmise avant la signature de son contrat.

Rien n'empêche par la suite que l'auto-entrepreneur se retrouve dans le cas d'un fonctionnaire à temps partiel et puisse poursuivre l'activité. Dans le cas d'un temps plein, il devra saisir la commission de déontologie et se situer dans la liste des activités éligibles.

La procédure d'autorisation de cumul d'activités

Le cumul d'activités est soumis à l'autorisation préalable de l'autorité administrative, laquelle se prononce après saisine de la Commission de déontologie. Ce cumul peut être refusé s'il est incompatible avec les obligations de service de l'intéressé.

> **LA SAISINE DE LA COMMISSION DE DÉONTOLOGIE** — FOCUS
>
> En cas de création ou de reprise d'entreprise, l'avis de la commission de déontologie est obligatoire. Depuis le décret du 20 janvier 2011, la commission peut rendre des avis tacites (l'absence de réponse vaut avis favorable), ce qui simplifie la procédure.

L'administration peut également revenir sur son autorisation si le cumul devient incompatible avec l'exécution des missions de service public ou nuit au bon fonctionnement du service.

L'agent public désireux d'exercer une activité accessoire doit en faire la demande par écrit à l'autorité dont il relève. Celle-ci a un mois pour lui répondre. Le défaut de réponse vaut acceptation.

ÊTRE AUTO-ENTREPRENEUR ET RETRAITÉ : LES CONDITIONS DU CUMUL EMPLOI-RETRAITE

Le cumul emploi-retraite est possible, mais il faudra avant le départ en retraite (après liquidation) cesser toute activité, qu'elle soit salariée ou non.

Il faudra fournir à sa caisse de retraite une **attestation sur l'honneur indiquant avoir cessé son activité rémunérée, salariée ou non salariée** donnant lieu à un régime de retraite de base.

Attention, **pour les commerçants et artisans, les règles sont différentes** : contrairement aux autres actifs, ils sont autorisés à maintenir et poursuivre leur activité quand ils demandent la liquidation de leur retraite et ne sont pas dans l'obligation de produire un justificatif de cessation d'activité de travailleur indépendant (cette règle s'applique aux professions libérales ayant demandé à quitter la Cipav).

Cumul libre ou cumul emploi-retraite (CER)

Afin de pouvoir cumuler retraite et revenu généré par une micro-entreprise, le retraité doit :

- bénéficier d'une retraite à taux plein :
  - il a atteint l'âge légal de départ à la retraite et a validé le nombre nécessaire de trimestres permettant de percevoir une retraite à taux plein,
  - il a atteint l'âge permettant de bénéficier d'une retraite à taux plein automatique (entre 65 ans et 67 ans – pour les assurés nés à partir de 1955) ;
- liquider l'ensemble de ses pensions de retraite.

Cumul plafonné

Si le retraité ne remplit pas les conditions lui permettant de bénéficier du CER, il pourra bénéficier d'un cumul plafonné, dans la limite d'un plafond défini par chaque régime de retraite.

S'il dépasse le plafond, il doit en informer sa caisse de retraite, ce qui aura pour incidence de réduire le montant de sa pension.

La pension de retraite de base et complémentaire d'un artisan ou d'un commerçant retraité reprenant ou poursuivant une activité artisanale ou commerciale sera maintenue si les revenus professionnels sont inférieurs à la moitié du plafond annuel de la Sécurité sociale (soit 20 568 € pour 2021), ou au plafond annuel de la Sécurité sociale (soit 41 136 € pour 2021) lorsque l'activité est exercée dans une zone de revitalisation rurale (ZRR) ou dans un quartier prioritaire de la politique de la ville (QPV).

Professionnel libéral qui reprend ou poursuit une activité libérale

On parle de cumul partiel dans le cas où il n'a pas liquidé toutes ses pensions de retraite.

Pour que sa pension de retraite de base soit maintenue, les revenus de son activité professionnelle doivent être inférieurs au plafond annuel de la Sécurité sociale. En cas de dépassement, la pension est « écrêtée à due concurrence ».

> Les cotisations sont non génératrices de droits.

Les revenus tirés de l'activité de l'auto-entrepreneur retraité sont soumis à l'ensemble des cotisations obligatoires, comme pour les autres statuts. Si la première pension personnelle d'un régime de base prend effet à compter du 1er janvier 2015, il ne pourra plus, en cas de poursuite ou de reprise d'activité, acquérir des droits dans quelque régime légal de retraite que ce soit, de base ou complémentaire.

Dans le cadre de la réforme des retraites, il se peut que le retraité puisse acquérir de nouveaux droits. À surveiller !

Être auto-entrepreneur et exploitant agricole

Il est possible pour un exploitant agricole relevant de la MSA (sécurité sociale agricole) d'exercer parallèlement une activité artisanale, commerçante ou une profession libérale sous le régime de la micro-entreprise.

Être auto-entrepreneur et gérant majoritaire de SARL, associé de SNC

À l'exception de l'EURL (entreprise unipersonnelle à responsabilité limitée) en micro-fiscal, il n'est pas possible pour les gérants majoritaires de SARL (société à responsabilité limitée) ou associé de SNC (société en nom collectif) de créer une micro-entreprise.

Être auto-entrepreneur et président de SAS ou de SASU

Un président de SAS (société par actions simplifiée) ou de SASU (société par actions simplifiée unipersonnelle) peut créer une micro-entreprise. En tant que président, il est en effet **assimilé salarié**, ce qui lui permet de **cumuler avec une activité d'entrepreneur individuel**.

Être auto-entrepreneur et étudiant

Un étudiant peut créer sa micro-entreprise, sans aucune restriction.

Le statut d'étudiant entrepreneur mérite d'être étudié, sans lien avec la micro-entreprise.

> **Le statut d'étudiant entrepreneur**, mis en place par le ministère de l'Éducation nationale, de l'Enseignement supérieur et de la Recherche, permet aux étudiants de construire dans le cadre de leurs études leurs projets de création d'entreprise. Sont concernés les étudiants ayant intégré un pôle étudiant pour l'innovation, le transfert et l'entrepreneuriat (programme Pépite).
>
> **BON À SAVOIR**

L'alternative : le statut d'étudiant entrepreneur

Le Pépite met à disposition de l'étudiant une information sur les étapes d'un projet de création d'entreprise ainsi qu'un dossier de demande de candidature pour le statut national d'étudiant-entrepreneur (téléchargeable sur le site du ministère de l'Enseignement supérieur).

Les pôles étudiants (Pépite) recouvrent tout le territoire français (y compris les DROM).

Les avantages du statut d'étudiant entrepreneur

Ce statut permet de bénéficier de prestations dans le cadre du Pépite, par exemple une meilleure visibilité et **crédibilité** auprès des acteurs économiques comme les banques, un **accompagnement individualisé** par deux tuteurs, le

diplôme d'établissement étudiant-entrepreneur (D2E), l'accès à des modules de formation sur mesure, la signature d'un contrat d'appui au projet d'entreprise (CAPE), le bénéfice d'une bourse d'enseignement supérieur sur critères sociaux sous réserve de remplir les conditions d'éligibilité...

Être auto-entrepreneur et mineur

Créer une micro-entreprise pour un mineur non émancipé

Un mineur peut à partir de 16 ans créer une micro-entreprise, mais sa création reste néanmoins encadrée par la loi dans le but de protéger le jeune créateur.

Il faudra une autorisation de ses parents ou de son représentant légal. Celle-ci doit mentionner les actes nécessaires à la création et la gestion de l'entreprise : ouverture d'un compte bancaire, réalisation de devis et factures, signatures de contrats d'assurance...

Le mineur restant attaché au foyer fiscal de ses parents, ses revenus entreront dans leur assiette d'imposition. Il est néanmoins possible de réaliser une déclaration séparée et être imposé en direct.

Créer une micro-entreprise pour un mineur émancipé

Le mineur émancipé a les mêmes droits qu'un créateur majeur ; il peut donc créer une micro-entreprise, sans autorisation de ses parents. Il déclare lui-même ses revenus et paye ses impôts. Il peut néanmoins, s'il a moins de 21 ans (ou moins de 25 ans s'il est encore étudiant), demander à être rattaché au foyer fiscal de ses parents, si ces derniers l'acceptent.

Le cas spécifique de l'AERL (auto-entreprise à responsabilité limitée)[1]

C'est une possibilité offerte depuis le 1er janvier 2011 au mineur qui souhaite créer une auto-entreprise : **un dispositif issu de la micro-entreprise et de l'EIRL** (entrepreneur individuel à responsabilité limitée).

1. Le terme AERL est un terme récurrent mais il ne jouit pas d'une reconnaissance législative.

Cela lui permet de dresser la liste du patrimoine personnel affecté à son activité tout en fournissant l'autorisation de ses deux parents ou de ses administrateurs légaux et ainsi de mieux se protéger.

Quelques cas particuliers

Skipper en micro-entreprise ?

Un skipper ne peut pas exercer son activité sous le régime de la micro-entreprise, car il est affilié à l'ENIM (régime social des marins) et il y a incompatibilité entre le statut de marin professionnel et le régime de l'auto-entrepreneur.

En application de l'article L. 5551-1 du Code des transports : « Sont affiliés au régime d'assurance-vieillesse des marins, lorsqu'ils exercent une activité directement liée à l'exploitation du navire, au sens de l'article L. 5511-1 : 1) Les gens de mer embarqués sur un navire battant pavillon français et exerçant leur activité dans les secteurs du commerce, de la pêche et des cultures marines et de la plaisance professionnelle [...]. »

Les marins peuvent accéder au statut de travailleur individuel (régime réel) et doivent, pour ce faire, s'adresser à l'Urssaf qui est leur CFE.

L'affiliation au recouvrement maritime auprès de l'Urssaf Poitou-Charentes est obligatoire au titre de chaque personne « salariée » ou « indépendante » occupant à bord un emploi permanent relatif à la marche, à la conduite, à l'entretien et à l'exploitation du navire, avec statut d'inscrit maritime auprès de l'ENIM.

Le numéro de téléphone à joindre pour l'Urssaf AREMA est le 0806 803 232 (appel gratuit) du lundi au vendredi de 9 heures à 16 heures.

Site dédié : **https://www.urssaf.fr/portail/home/espaces-dedies/recouvrement-maritime.html**.

Livreur de plateforme et auto-entrepreneur

Le livreur à vélo sous le régime de la micro-entreprise a les mêmes droits que les autres auto-entrepreneurs. Il bénéficie ainsi d'une protection sociale, d'indemnités journalières en cas de maladie ou d'accident (celles-ci sont fonction du montant du chiffre d'affaires réalisé[1]) et de l'accès à l'action sociale du CPSTI[2] en cas de difficultés.

Cependant la plupart des plateformes offrent à leurs coursiers partenaires une assurance qui viendra compléter les indemnités perçues en cas d'accident lors des livraisons (protection qui intervient en cas d'accident ou d'arrêt de travail dû à une maladie ou à des blessures corporelles survenues pendant et en dehors des courses), ainsi que tout dommage corporel, matériel et immatériel causé à une tierce personne dans le cadre d'une livraison.

Les dégâts sur le vélo ne sont, en revanche, pas couverts ; il est ainsi conseillé au livreur de prendre également une assurance en son nom propre pour parer à toute difficulté.

PRENDRE L'ACRE OU LA PRÉSERVER POUR PLUS TARD ? FOCUS

C'est une question que doit se poser le futur livreur s'il a pour projet dans les 3 ans de créer une entreprise dans un autre domaine. En effet, s'il choisit de conserver le bénéfice de l'ACRE sur son activité de livreur à vélo, il ne pourra plus y prétendre pendant 3 ans et que sur un nouveau projet.

Jardinier-paysagiste et auto-entrepreneur

S'il est possible d'exercer l'activité de jardinier en micro-entreprise, celle-ci est soumise à des conditions bien spécifiques : il ne doit pas s'agir d'une activité exclusive. En effet, l'activité de jardinage est une activité agricole gérée par la MSA (Mutuelle sociale agricole) et, dans ce cas, il est impossible d'avoir une micro-entreprise tout en étant affilié à la MSA.

Ainsi si un indépendant souhaite exercer l'activité de jardinier ou de paysagiste en exclusivité (ou les deux ensemble uniquement), il lui est interdit de le faire sous le régime de la micro-entreprise. Il pourra, en revanche, le faire soit sous forme d'entreprise individuelle au régime réel[3], soit sous forme de société[4].

---

1. Voir chapitre 11, page 118.
2. Voir chapitre 13, page 133.
3. Voir la présentation du régime réel, chapitre 1, page 21.
4. Voir les différentes sociétés, chapitre 1, page 24.

COMMENT FAIRE POUR ÊTRE JARDINIER EN MICRO-ENTREPRISE ? — FOCUS

Dans un premier temps, il s'agira de créer une micro-entreprise relevant des services à la personne et regroupant plusieurs activités. Néanmoins, le champ d'action du créateur sera limité à l'entretien courant des jardins ou des potagers comme les travaux de tonte, le désherbage et proposera en plus une activité supplémentaire relevant des services à la personne comme du petit bricolage, du ménage.

Enfin il devra respecter les conditions d'accès aux activités de service à la personne (ne facturer que des particuliers et intervenir uniquement à domicile). 5 000 € par an de facturation sont ouverts au crédit d'impôts par particulier.

Faire les marchés en auto-entrepreneur

L'auto-entrepreneur qui se lance comme marchand ambulant doit demander la carte de commerçant ambulant, sésame qui lui permettra de vendre ses produits sur les marchés. Cette carte lui donne l'autorisation d'exercer son activité.

Cette carte permet de vendre dans d'autres communes que celle où est domiciliée son entreprise. En revanche, l'auto-entrepreneur qui est commerçant dans un marché couvert de manière permanente n'est pas concerné par cette obligation.

COMMENT OBTENIR LA CARTE DE COMMERÇANT ? — FOCUS

La démarche se fait directement auprès du CFE de l'auto-entrepreneur (la CCI pour les commerçants et la CMA pour les artisans). Son coût est de 15 €.

Il faudra se munir d'un ensemble de documents dont le formulaire Cerfa n° 14022*02 rempli. Il faut compter un mois pour obtenir la carte et il est possible en cas d'urgence d'obtenir un certificat provisoire.

Avoir un *food truck* en auto-entrepreneur

Pour établir un *food truck* sur la commune où est domiciliée la micro-entreprise, il suffira d'un permis de stationnement.

Tenir une chambre d'hôte en auto-entrepreneur

L'auto-entrepreneur qui souhaite louer une chambre meublée dans son logement, doit dans un premier temps remplir différents critères définis par le Code du tourisme et respecter une réglementation précise : fournir du linge de maison, l'accès aux toilettes et une salle de bains, proposer une chambre contenant un lit et une commode, et faire quotidiennement le ménage, le tout dans le respect des normes d'hygiène et de sécurité.

Il n'est pas possible d'avoir plus de cinq chambres d'hôtes et d'accueillir plus de quinze personnes.

QUELLES SONT LES ÉTAPES POUR DÉCLARER SON ACTIVITÉ DE CHAMBRE D'HÔTES ? FOCUS

Il suffit de remplir le Cerfa n° 13566*02 et de le déposer en mairie (il est possible de l'envoyer par courrier ou par e-mail). Cette déclaration est obligatoire pour ouvrir sa chambre d'hôte.

Créer une micro-entreprise de transport

Afin de créer une activité de transport de marchandises ou de personnes, il est impératif de **s'immatriculer au Registre des transports**. À cet effet, il faut obtenir une attestation de capacité professionnelle et justifier de sa capacité financière.

(!) Cette étape doit s'accomplir avant la création de la micro-entreprise !

L'attestation de capacité professionnelle

Pour l'obtenir, il existe trois possibilités : passer un examen, valider son expérience professionnelle, ou avoir un diplôme équivalent au BTS dans les transports.

L'examen se réalise auprès de la DREAL (ou DRIERA en Île-de-France et DEAL en outre-mer) après 105 heures de formation. Une fois la demande d'attestation professionnelle envoyée, il s'agira de se procurer l'attestation de capacité financière.

L'attestation de capacité financière

Il s'agit d'un montant entre 1 500 € et 9 000 € qui doit être bloqué sur le compte de l'entreprise en fonction du nombre de personnes transportées.

> Attention, cette démarche est encadrée et doit s'effectuer avec un commissaire aux comptes, un centre de gestion ou un expert-comptable. La somme est ainsi bloquée tout au long de la vie de l'entreprise et il faudra en apporter la preuve tous les ans.

Exigence d'honorabilité

C'est la dernière condition, il ne faudra pas avoir fait l'objet de condamnation judiciaire ou d'infractions répétées au Code de la route !

Une fois ces documents en poche, il est possible de créer la micro-entreprise et d'obtenir sa licence auprès du Registre des transports.

Ce n'est que la licence définitive en poche que l'auto-entrepreneur pourra commencer à exercer !

Vendre du mobilier d'occasion en micro-entreprise

De plus en plus, les décorateurs et décoratrices d'intérieur souhaitent vendre du mobilier d'occasion à leurs clients. Une activité qui nécessite, en plus de la création de la micro-entreprise, de respecter les conditions suivantes : la déclaration préalable et la tenue d'un registre de brocante.

Une fois la micro-entreprise immatriculée, le futur vendeur d'objets mobiliers usagers doit faire une déclaration préalable valant demande d'inscription sur le registre des revendeurs d'objets mobiliers. Cette démarche se réalise auprès de la préfecture. Le récépissé est ensuite à transmettre à la chambre de commerce.

Ensuite, il s'agit de faire parapher par le maire ou le commissaire de police, le registre de police (également appelé « registre de brocante »). Un registre papier qui sera à conserver pendant 5 ans.

Il présente entre autres la description de l'objet, sa date d'achat, les coordonnées du vendeur, son prix… Il est facile d'en trouver sur Internet ou dans tous magasins de fournitures.

Auto-entrepreneur en Alsace et en Moselle

Sur le plan de la couverture sociale

L'Alsace et la Moselle bénéficient d'un régime social spécifique dont l'historique remonte à 1884. Ce régime permet à ses adhérents de bénéficier de versements complémentaires, en plus de ceux alloués par le régime général. La prise en charge est donc meilleure. Ce régime spécifique est réservé aux salariés, retraités, ayant droits ; les travailleurs indépendants en sont exclus.

Sur le plan des taxes pour frais de chambre

Le montant des taxes pour frais de chambre de métiers et de l'artisanat qui concernent les artisans et les commerçants diffèrent entre le reste de la France et l'Alsace-Moselle.

	Hors Alsace-Moselle	Alsace	Moselle
Prestation de service	0,48 %	0,65 %	0,83 %
Achat-vente	0,22 %	0,29 %	0,37 %

Être étranger et créer sa micro-entreprise en France

Pour créer sa micro-entreprise en France, lorsqu'on est étranger, il faut détenir un **titre de séjour** permettant l'exercice d'une **activité non salariée en France** ou relever de l'un des cas de dispense comme les **ressortissants d'un État membre de l'Union européenne** ou d'un autre État parti à l'accord sur l'Espace économique européen ou de la Confédération suisse (hors Roumanie et Bulgarie).

C'est auprès de la **préfecture du département** dans lequel le créateur désire exercer son activité (préfecture de police pour Paris) que l'on trouve toutes les informations sur les visas nécessaires pour exercer une activité en France.

Pour avoir des informations sur les visas nécessaires, rendez-vous sur le site : **diplomatie.gouv.fr/fr/venir-en-france**

Créateurs étrangers résidant en France et souhaitant y exercer une activité

Ils sont dispensés d'accomplir des formalités en préfecture s'ils sont ressortissants :

- d'un État membre de l'Union européenne ;
- d'un autre État signataire de l'accord sur l'Espace économique européen ;
- de la Confédération suisse.

> Les ressortissants de la Bulgarie et de la Roumanie restent soumis à un régime transitoire et relèvent des mêmes obligations que les ressortissants tiers.

Ils sont aussi dispensés de formalités en préfecture, s'ils sont titulaires :

- d'une carte de résident ;
- d'une carte de résident « longue durée-CE » ;
- d'une carte de résident algérien de 10 ans ou « vie privée et familiale » ;
- d'une carte de séjour temporaire « vie privée et familiale » ;
- d'une carte « compétences et talents ».

Dans tout autre cas, il faudra posséder une carte de séjour temporaire portant la mention de l'activité exercée.

Créateurs étrangers non-ressortissants UE ne résidant pas en France et souhaitant y exercer une activité

Désormais, **tout étranger non-ressortissant de l'Union européenne** et résidant hors de France, qui souhaite **exercer en France une activité professionnelle à titre personnel** ou en qualité de **dirigeant d'une société,** doit solliciter les autorités diplomatiques et consulaires compétentes dans son pays d'origine pour obtenir un visa long séjour.

Il doit ensuite solliciter l'obtention d'une **carte de séjour temporaire** portant la mention de l'activité, sauf dans les cas de dispenses.

> **BON À SAVOIR**
>
> Les ressortissants des États ayant intégré l'Union européenne avant le 1er mai 2004 ainsi que les ressortissants de l'Espace économique européen et de la Confédération suisse peuvent librement exercer une activité professionnelle et résider en France sans détenir un titre de séjour.

Créateurs étrangers exerçant sur le territoire français sans y résider

L'exercice d'une activité commerciale ou artisanale en France par un **étranger non-résident en France** est soumis à une **déclaration préalable** auprès du **préfet du département** dans lequel le demandeur envisage d'exercer pour la première fois son activité.

Chapitre 4

SERVICES À LA PERSONNE ET MICRO-ENTREPRISE

RÈGLES GÉNÉRALES DES ACTIVITÉS DE SERVICES À LA PERSONNE (SAP)

Par **services à la personne**, on entend les activités qui contribuent au mieux-être des particuliers à leur domicile et à améliorer leur quotidien : comme permettre à une personne âgée de rester vivre chez elle, déléguer des tâches ménagères, la liste des activités est vaste.

LA LOI BORLOO

FOCUS

Promulguée le 26 juillet 2005, soit quatre ans avant la création du régime de l'auto-entrepreneur, elle a permis d'établir les règles fiscales et de réglementer les services à la personne.

Les activités rentrant dans le cadre des services à la personne permettent ainsi au client de **bénéficier d'avantages sociaux et fiscaux**. Pour ce faire, l'auto-entrepreneur, dans le cas présent, doit faire l'objet d'une déclaration d'activité le contraignant à respecter certaines règles. Cette déclaration permet aux clients de bénéficier des mêmes avantages que s'ils avaient fait le choix d'embaucher une personne et de la payer en chèque CESU. Sans cette déclaration, les clients des entrepreneurs en services à la personne ne peuvent bénéficier des avantages sociaux et fiscaux.

Il s'agit donc d'un argument de vente qui, entre deux prestataires à prestation identique (l'un n'ayant pas fait cette déclaration et l'autre oui), fera mouche auprès du client !

Cependant, tant que le législateur n'aura pas fait évoluer la loi Borloo, cette possibilité met des freins au développement de l'activité de l'entrepreneur s'il souhaite se diversifier et étendre ses prestations en dehors du prisme prévu par la loi.

En effet, le cadre de la loi est strict : l'auto-entrepreneur ne pourra pas facturer d'autres prestations aux particuliers dès lors qu'elles sortent du cadre des services à la personne ; il n'a pas le droit de facturer d'entreprises ou d'association et est limité dans le nombre d'heures qu'il peut facturer en bricolage. Par exemple, un coach sportif, donnant des cours au domicile d'une cliente, ne pourra pas proposer des cours dans un parc et encore moins facturer une entreprise qui souhaiterait faire appel à ses services pour ses salariés. Il existe cependant des solutions, plus ou moins lourdes pour cumuler les deux types de clientèle (voir exemple ci-dessous).

EXEMPLE

Anne-Sophie est **traductrice et professeur d'anglais**. Elle souhaite donner des cours à domicile aux enfants et adultes et proposer des cours à l'extérieur dans une salle qu'elle louera, ainsi que des services de traduction aux entreprises.

Elle ne pourra pas réaliser ces trois activités sous sa micro-entreprise. S'offrent alors à elle différentes solutions :

- choisir de se faire payer en CESU pour les cours à domicile ;
- facturer son activité de traductrice *via* le portage salarial ;
- donner des cours de langue à l'extérieur et les facturer en micro-entreprise.

Ou par exemple :

- facturer avec sa micro-entreprise les cours à domicile ;
- créer une EURL au régime micro-social et micro-fiscal pour facturer les cours de langue à l'extérieur et son activité de traductrice[1], avec toute la lourdeur d'une EURL.

Dans tous les scénarios, elle aura plusieurs sources de facturation.

1. Voir chapitre 1, page 25, la présentation de l'EURL au micro-social et micro-fiscal.

La déclaration, l'agrément et l'autorisation

L'ensemble des activités qui relèvent des services à la personne peuvent faire l'objet d'une déclaration ; cela inclut également les activités qui nécessitent au préalable un agrément ou une autorisation pour pouvoir exercer.

Liste des activités éligibles aux services à la personne — FOCUS

La liste des activités de services à la personne est définie par l'article D. 7231-1 du Code du travail.

Les activités de services à la personne qui relèvent de la déclaration sont :

- l'entretien de la maison ;
- les petits travaux de jardinage ;
- les travaux de petit bricolage ;
- la garde d'enfants de plus de trois ans à domicile ;
- le soutien scolaire ou cours à domicile ;
- les soins esthétiques à domicile pour les personnes dépendantes ;
- la préparation de repas à domicile (y compris le temps passé aux courses) ;
- la livraison de repas à domicile ;
- la livraison de courses à domicile ;
- la collecte et la livraison à domicile de linge repassé ;
- l'assistance informatique à domicile ;
- les soins et promenades d'animaux de compagnie pour les personnes dépendantes ;
- la maintenance, l'entretien et la vigilance temporaires à domicile ;
- l'assistance administrative à domicile ;
- l'accompagnement des enfants de plus de 3 ans dans leurs déplacements ;
- la téléassistance et la visio-assistance ;
- l'interprétariat en langue des signes, technicien de l'écrit et codeur en langage parlé complété ;
- la prestation du véhicule de conduite personnel des personnes qui présente une invalidité temporaire ;
- l'accompagnement des personnes qui présentent une invalidité temporaire en dehors de leur domicile ;
- l'assistance aux personnes qui ont besoin temporairement d'une aide personnelle à leur domicile, à l'exclusion des soins relevant d'actes médicaux ;
- la coordination et la délivrance des services.

Les activités de SAP (en mode prestataire uniquement) soumises obligatoirement à autorisation :

- l'assistance dans les actes quotidiens de la vie ou l'aide à l'insertion sociale aux personnes âgées, handicapées ou atteintes de pathologies chroniques qui ont besoin de telles prestations à leur domicile ou l'aide personnel à domicile aux familles fragilisées ;
- la prestation de conduite du véhicule personnel des personnes âgées, handicapées ou atteintes de pathologies chroniques du domicile au travail, sur le lieu de vacances, pour les démarches administratives ;
- l'accompagnement des personnes âgées, handicapées ou atteintes de pathologies chroniques dans leurs déplacements en dehors de leur domicile (promenades, aide à la mobilité et au transport, actes de la vie courante).

La déclaration pour toutes les activités et pour le bénéfice des avantages fiscaux et sociaux

C'est la déclaration qui ouvre le droit aux avantages fiscaux et sociaux. Sans elle, une entreprise qui demande un agrément pour exercer ne pourra faire profiter ses clients de ces avantages.

Certaines prestations passent ainsi obligatoirement par l'obtention d'un agrément ou d'une autorisation ; sans l'un ou l'autre (en fonction de la prestation), l'auto-entrepreneur sera hors la loi.

Si l'entrepreneur fait le choix de ne pas déclarer son activité qui ressort des services à la personne, il ne pourra pas faire profiter ses clients de ces avantages et sera ainsi moins compétitif que ses concurrents.

Vers la fin du 1er trimestre de 2022, un « crédit d'impôt instantané » devrait entrer en vigueur : ainsi les usagers devraient bénéficier d'un système de « tiers payant » sur les prestations relevant du service à la personne ; les modalités de fonctionnement ne sont pas encore connues à ce jour.

Certaines prestations ouvrent droit à l'avantage fiscal dans des limites spécifiques :

- Les prestations de petit bricolage dites « hommes toutes mains » sont limitées à 500 €/an de prise en charge, la durée de l'intervention ne devant, en outre, pas dépasser 2 heures

- L'assistance informatique et Internet à domicile limitée à 3 000 €/an ;
- Les petits travaux de jardinage limité à 5 000 €/an.

Les activités pour lesquelles il faut un agrément

Ce sont principalement les activités auprès de **publics fragiles** qui sont concernées (enfants de moins de trois ans). Pour les personnes âgées ou handicapées, l'agrément n'est pas ouvert aux auto-entrepreneurs, car celui-ci s'exerce uniquement en mode mandataire (l'organisme mandataire sélectionne et présente au particulier l'intervenant qui effectue la prestation au domicile).

L'agrément est délivré pour une durée de cinq ans.

ACTIVITÉS SOUMISES À AGRÉMENT — FOCUS

- Garde d'enfants de moins de 3 ans à domicile (au(x) domicile(s) des parents, au domicile de deux, voire trois familles en cas de garde partagée, pour les trajets domicile/crèche...).
- Assistance aux personnes âgées ou aux personnes qui ont besoin d'une aide personnelle à leur domicile, sauf les actes médicaux :
  - aide dans l'accomplissement des actes essentiels de la vie quotidienne (toilette, habillage, alimentation...) ;
  - accompagnement dans les activités de la vie sociale à domicile ou à partir du domicile.
- Garde-malade, sauf les soins : il s'agit d'assurer de jour comme de nuit une présence auprès des personnes malades, en assurant leur confort physique et moral. Le garde-malade peut aider à la prise de médicaments sur la base d'une ordonnance si celle-ci ne fait pas référence à l'intervention d'un auxiliaire médical.
- Assistance aux personnes handicapées, y compris les activités d'interprète en langue des signes, de technicien de l'écrit et de codeur en langage parlé complété :
  - aide dans l'accomplissement des actes essentiels de la vie quotidienne (toilette, habillage, alimentation...) ;
  - accompagnement dans les activités de la vie sociale à domicile ou à partir du domicile ;
  - garde d'enfants handicapés.
- Prestation de conduite du véhicule personnel des personnes dépendantes.
- Aide à la mobilité et transport de personnes ayant des difficultés de déplacement.
- Accompagnement des enfants de moins de 3 ans, des personnes âgées ou handicapées dans leurs déplacements hors du domicile.

Les activités soumises à autorisation

Depuis l'entrée en vigueur de la **loi n° 2015-1776 du 28 décembre 2015** relative à l'adaptation de la société au vieillissement (ASV), les activités exercées auprès des personnes âgées et des personnes handicapées ou atteintes de pathologies chroniques sont possibles en mode prestataire ; les auto-entrepreneurs sont donc concernés. Une autorisation est délivrée par les conseils départementaux.

Les obligations réglementaires concernant les auto-entrepreneurs qui proposent des activités de SAP

En contrepartie des avantages fiscaux et sociaux du secteur, l'auto-entrepreneur s'engage à respecter certaines obligations.

La condition d'activité exclusive

Pour être éligibles à la déclaration, les entrepreneurs individuels s'engagent à se consacrer exclusivement à l'exercice d'une ou plusieurs activités de service à la personne (le fameux point abordé préalablement sur les limites de la loi Borloo, voir encadré p. 55-56).

Elles doivent être exercées uniquement au profit de particuliers, à leur domicile ou, pour certaines activités de livraison ou d'aide aux déplacements, à partir ou à destination du domicile, ou dans son environnement immédiat.

La condition d'offre globale de service

Les activités de transport et de livraison effectués hors du domicile, mais à partir ou vers celui-ci, ne peuvent être exercées qu'à condition d'être comprises dans une offre globale de service incluant une activité exercée au domicile.

Les activités concernées sont :

- la prestation de conduite du véhicule personnel des personnes âgées, handicapées ou atteintes de pathologies chroniques ;
- l'accompagnement des personnes âgées, handicapées ou atteintes de pathologies chroniques dans leurs déplacements en dehors de leur domicile ;

- l'accompagnement des enfants de moins de 3 ans ;
- la livraison de repas ou de courses à domicile ;
- la collecte et la livraison à domicile de linge repassé ;
- l'accompagnement des enfants de plus de 3 ans en dehors de leur domicile ;
- la prestation du véhicule de conduite personnel des personnes qui présentent une invalidité temporaire ;
- l'accompagnement des personnes qui présentent une invalidité temporaire en dehors de leur domicile.

Il ne faut pas oublier, dans le cadre de transport occasionnel de personnes, de bien être assuré !

Les prestations extérieures comprises dans une offre globale

L'avantage fiscal s'applique aux prestations rentrant dans le cadre des SAP, réalisées à l'extérieur du domicile, dès lors qu'elles sont comprises dans une offre de services incluant un ensemble d'activités effectuées à domicile.

Par exemple, rentre dans ce cadre l'accompagnement des enfants sur le parcours école/domicile ou sur le lieu d'une activité périscolaire dès lors qu'il est lié à la garde d'enfant à domicile.

Il en va de même pour l'aide à la mobilité et le transport des personnes ayant des difficultés de déplacement qui figurent au nombre des activités de services à la personne à l'extérieur du domicile[1]. La prestation de transport doit être accessoire. Il est donc possible d'accompagner les enfants dont on s'occupe à l'école et que cela rentre dans le cadre des services à la personne, même si l'activité a lieu en dehors du domicile.

Quand la TVA s'invite dans les activités de services à la personne

Depuis le doublement des plafonds, si l'activité de l'auto-entrepreneur se développe, il se peut que celui-ci se retrouve assujetti à la TVA. Dans ce cas, il pourra bénéficier de la TVA à taux réduit dans le cadre des services à la personne

1. Article D. 7231-1 du Code du travail.

uniquement si les activités sont comprises dans une offre globale dont la plus grande partie est effectuée au domicile de la personne.

Imaginons le cas d'un auto-entrepreneur agréé qui propose à ses clients une prestation de livraison de repas à domicile et une activité d'entretien de la maison et de travaux ménagers. Si certains de ses clients ne font appel à lui que sur la partie de la livraison de repas à domicile, mais la plus grande partie de l'activité de l'auto-entrepreneur est constituée de prestations de travaux ménagers avec ses autres clients, alors il pourra appliquer le taux réduit de TVA.

La création d'un organisme de services à la personne[1]

Il existe donc deux types d'activités :

- les activités de services à la personne relevant de la seule déclaration ;
- les activités de services à la personne soumise à agrément préalable, plus exigeant et plus difficile à obtenir pour un auto-entrepreneur.

Faire sa déclaration d'activité

Avant toute chose, l'auto-entrepreneur doit déjà avoir créé son entreprise et avoir son numéro de SIRET ; dans le cas contraire, il ne pourra aller au bout de sa déclaration.

La déclaration est facultative que ce soit pour une activité d'assistance à la personne soumise à agrément ou non, mais elle est obligatoire pour pouvoir bénéficier, ou faire bénéficier ses clients, des avantages fiscaux et sociaux du secteur.

Elle tient lieu d'enregistrement d'activité et est à durée illimitée.

La déclaration doit être adressée, par voie électronique ou par lettre recommandée avec avis de réception, à l'unité départementale de la DIRECCTE[2] où est implanté le siège social.

1. Pour en savoir plus : **www.servicesalapersonne.gouv.fr**
2. Directions régionales des entreprises, de la concurrence, de la consommation, du travail et de l'emploi.

Elle doit être accompagnée de justificatifs et, notamment, la raison sociale de l'entreprise, les services à la personne proposés, l'engagement d'exercer l'activité à titre exclusif.

À sa réception, la DIRECCTE envoie un courrier électronique au prestataire pour valider son adresse courriel et vérifie que l'entrepreneur est correctement enregistré (avis Insee).

Le dossier est ensuite enregistré dans la base de données NOVA. La déclaration est valable sans limitation de durée.

Les démarches se font par téléprocédure sur le site NOVA : **nova.entreprises.gouv.fr/site/inscription**

Lorsque, dans le formulaire, il est demandé le numéro de SIRET, celui-ci se compose du numéro de SIREN + les cinq chiffres du NIC.	**BON À SAVOIR**

Dans le processus d'inscription, il faudra préciser le type d'activité ; sélectionner uniquement celles que l'auto-entrepreneur compte exercer, et remplir les différentes catégories : l'identité de l'organisme/son siège/le service administratif/le siège local, les différents types d'adhésion/les coordonnées e-mail, téléphone, nom et prénom de l'auto-entrepreneur.

Le formulaire prévoit deux champs pour le statut : soit entrepreneur individuel, soit micro-entrepreneur. Il faut bien choisir micro-entrepreneur même s'il est également un entrepreneur individuel, car les pièces comptables qui seront demandées en fin d'année ne seront pas les mêmes.

Le contrôle et le retrait de la déclaration

La déclaration peut être retirée dans trois cas :

- le non-respect de la condition d'offre globale ;
- le non-respect de la condition d'activité exclusive ;
- la non-transmission au préfet ou en ligne de l'état trimestriel de l'activité et du bilan annuel (tableau statistique).

Une mise en demeure motivée est d'abord envoyée au prestataire qui dispose de 15 jours pour régulariser la situation. Un contrôle est ensuite effectué pour vérifier la fin des dysfonctionnements ou, à défaut, prononcer le retrait de la déclaration.

Le prestataire doit alors en informer ses clients par lettre individuelle.

L'entrepreneur doit attendre un délai de 12 mois avant d'effectuer une nouvelle déclaration.

La procédure pour demander l'agrément service à la personne

Il est possible de demander l'agrément en ligne sur le site NOVA. Si l'auto-entrepreneur ne peut utiliser la procédure en ligne, il lui faut dans ce cas adresser sa demande d'agrément par lettre recommandée avec avis de réception à l'unité territoriale de la DIRECCTE du département où est implantée son activité.

S'il souhaite exercer plusieurs activités soumises à agrément dans plusieurs départements, il doit indiquer dans son dossier tous les départements et toutes les activités concernées.

Dès réception de son dossier, il recevra un accusé de réception et, le cas échéant, en cas de dossier incomplet, un courrier précisant les pièces ou informations manquantes.

Lorsque le dossier est complet, le délai d'instruction est de trois mois. Une absence de réponse de la part du préfet pendant plus de trois mois vaut décision d'acceptation ; l'agrément prend alors effet le lendemain de l'expiration du délai d'instruction.

La demande peut être totalement acceptée, acceptée en partie, ou refusée. Tout refus, partiel ou total, sera motivé et indiquera les voies de recours qui sont accessibles.

La décision est alors enregistrée dans NOVA et publiée au recueil des actes administratifs de la préfecture.

Valable cinq ans et renouvelable, il faut pour l'obtenir :

- exercer son activité au domicile de ses clients ;
- disposer de moyens humains matériels et financiers nécessaires, d'une charte qualité ;
- ne pas faire l'objet d'une condamnation pénale ou civile ;
- administrer ou diriger une personne morale ou exercer une activité.

S'il est difficilement accessible aux auto-entrepreneurs, c'est que la DIRECCTE privilégie des établissements avec pignon sur rue. De plus, posséder cet agrément suppose d'être en mesure d'intervenir 7 jours sur 7, 24 heures sur 24, même pendant les vacances, ce qui est difficilement réalisable pour un entrepreneur individuel.

Ne pas oublier de demander le renouvellement de l'agrément trois mois avant son terme.	**BON À SAVOIR**

Transmettre les données dans l'extranet NOVA

L'extranet NOVA regroupe les informations sur les organismes de services à la personne et permet également d'avoir un suivi statistique pour le secteur.

L'auto-entrepreneur y déclare son chiffre d'affaires et plus largement des données d'activités, soit trimestriellement soit annuellement.

Le choix du trimestre est le plus judicieux pour l'auto-entrepreneur, choix qui coïncide avec la déclaration trimestrielle de chiffre d'affaires.

Si l'auto-entrepreneur ne fait pas ses déclarations, il sera, après mise en demeure, retiré de l'annuaire des organismes de services à la personne et perdra son agrément ou l'enregistrement de sa déclaration.

Une obligation à ne pas prendre à la légère !

Les avantages fiscaux pour le client des services à la personne

Les particuliers qui font appel à des prestataires d'aide à la personne (ménage, courses, assistance quotidienne…) peuvent déduire de leurs impôts une partie du coût.

- Soit avec un **crédit d'impôt de 50 %** pour les particuliers exerçant une activité professionnelle ou les demandeurs d'emploi depuis au moins trois mois (un crédit d'impôt est une réduction d'impôt sur le revenu pouvant donner lieu à un remboursement).

- Soit avec une **réduction d'impôt de 50 %** pour les contribuables n'exerçant pas d'activité professionnelle ou pour les demandeurs d'emploi depuis moins de trois mois (la réduction d'impôt est le montant pouvant être déduit de l'impôt à payer).

> Le bénéfice des avantages sociaux et fiscaux attachés aux activités de SAP suppose que l'organisme procède également à sa déclaration. **BON À SAVOIR**

Les modes de paiement

Seules les factures acquittées soit par carte de paiement, prélèvement, virement, titre universel ou interbancaire de paiement ou par chèque, soit par chèque emploi service universel peuvent ouvrir droit à l'aide prévue par l'article 199 *sexdecies* du Code général des impôts.

Lorsqu'ils assurent la fourniture de prestations de service aux personnes physiques, les organismes agréés (entreprises individuelles ou sociétés) doivent produire une facture faisant apparaître :

- le nom et l'adresse de l'entreprise agréée ;
- la nature exacte des services fournis ;
- le montant des sommes effectivement dues au titre de la prestation de service ;
- le nom et le numéro d'immatriculation de l'intervenant ;
- le taux horaire TTC ;
- la durée horaire de l'intervention ;
- le montant TTC ;
- le cas échéant, les frais de déplacement.

Les sommes facturées et ouvrant droit à une exonération ou réduction d'impôt sont acquittées soit par :

- prélèvement ;
- virement ;
- chèque bancaire ou postal ;
- CESU préfinancé.

> Les règlements en espèces ne donnent en aucun cas droit à l'aide fiscale. **BON À SAVOIR**

Se faire régler avec les CESU préfinancés

Le CESU préfinancé est un moyen de paiement pour rémunérer tout ou partie du salaire d'un employé à domicile ou d'un prestataire en service à la personne. Il s'agit uniquement d'un moyen de paiement.

Pour que sa prestation puisse être réglée en titre CESU préfinancé, l'auto-entrepreneur devra respecter certaines conditions :

- s'affilier au centre de remboursement du chèque emploi service universel, en téléchargeant le formulaire d'adhésion à partir du site Web **cr-cesu.fr** ;
- proposer exclusivement des prestations à des particuliers ;
- avoir fait la déclaration ou la demande d'agrément obligatoire, pour l'exercice de certaines activités de services.

Cependant, la question du coût se pose, car le service CRCESU (centre de remboursement des CESU) prend des commissions. Il n'est ainsi pas très intéressant de se faire ponctuellement régler en CESU préfinancé.

Une fois les titres CESU reçus de son client, l'auto-entrepreneur a le choix entre trois modes de remise détaillés ci-dessous.

Le contrat ColiSUR®

Il s'agit de l'envoi des titres CESU dans une enveloppe pré-affranchie et pré-imprimée, sécurisée avec prise d'une assurance en cas de perte calculée en fonction du montant global que souhaite envoyer l'entrepreneur. Le coût des enveloppes dépend donc de la somme que l'entrepreneur souhaite faire parvenir.

Une fois les démarches effectuées, il suffira d'insérer dans l'enveloppe les titres CESU endossés (avec au verso du titre : cachet commercial, signature et code NAN[1]), de joindre un bordereau de remise complété et de déposer le tout au guichet de La Poste.

1. Numéro d'affiliation nationale au service CESU.

L'auto-entrepreneur a le choix du virement : au bout de 7 jours ou de 21 jours.

Il existe six formules :

Formules	Montant garanti par enveloppe	Prix unitaire 2021 HT* par envoi
Formule 750	750 €	10,00 €
Formule 1 500	1 500 €	13,80 €
Formule 3 500	3 500 €	19,00 €
Formule 4 500	4 500 €	20,00 €
Formule 6 000	6 000 €	22,00 €
Formule 7 500	7 500 €	24,50 €

*Taux de TVA : 20,00 %, applicable selon l'émetteur.

Autant dire que si l'entrepreneur veut se faire régler 100 € reçus en CESU préfinancé, il aura intérêt à attendre pour que cela commence à être rentable, car il ne faut pas oublier que ce n'est qu'un moyen de paiement et qu'il devra également régler ses cotisations sociales sur ces sommes.

Cette offre n'est ouverte qu'aux auto-entrepreneurs résidant en métropole ; les départements d'outre-mer ne sont pas concernés.

Le règlement direct sur Internet

Ce moyen concerne les auto-entrepreneurs qui ne sont pas en possession de titres CESU en papier.

Il suffit que les clients se rendent sur leur espace personnel sur le site de l'émetteur de leurs titres CESU. Ils y saisissent toutes les informations du ou des titres en papier (ou CESU dématérialisé) ainsi que le code NAN (numéro d'affiliation nationale au service CESU) de l'auto-entrepreneur, créditant ainsi son compte CRCESU.

L'auto-entrepreneur peut alors visualiser ces paiements, aussi appelés « dépôts », sur son compte CRCESU. Il lui suffira d'un simple clic pour déclencher la remise, donc le remboursement, suivant les délais auxquels il aura souscrit : immédiats, 7 jours ou 21 jours.

Auparavant l'auto-entrepreneur devra avoir choisi son pack parmi les offres, allant de 3,50 € à 9,90 € HT par mois.

Là encore, pour des règlements ponctuels cette solution, à laquelle s'ajoutent les frais d'inscription au CRCESU (40 € HT), n'est pas adaptée.

Les tarifs d'inscription CRCESU
Prestations CRCESU – tarifs au 1er janvier 2021

Frais CRCESU	Tarifs HT (1)
Frais d'inscription	40,00 €
Frais de traitement de la remise (uniquement pour les titres papier)	9,00 €

CRCESU en ligne		Tarifs HT (1)
Pack Express (service de base)	Le prestataire reçoit un e-mail à chaque dépôt par un client, ainsi que le solde de son compte.	3,50 €/mois
Pack Relax (incluant alerte et déclenchement automatique)	La remise est déclenchée automatiquement dès que les montants déposés dépassent un seuil que définit le prestataire.	5,50 €/mois
Pack Optimal (incluant mise à disposition de fichiers)	Il permet la mise à disposition des fichiers de dépôt, c'est-à-dire les règlements des clients et le détail quotidien des dépôts.	9,90 €/mois

Le dépôt en ligne

Si le prestataire en SAP choisit d'être réglé avec les titres papier par ses clients, il peut, par le dépôt en ligne, enregistrer directement ses titres sur le site du CRCESU, afin de se faire rembourser suivant le délai auquel il aura souscrit : immédiat, 7 jours ou 21 jours.

Le remboursement est plus rapide, plus pratique (le service est disponible 24 heures sur 24 et 7 jours sur 7), plus économique (aucun frais d'envoi, aucun coût d'investissement supplémentaire), et plus sécurisé.

Les CESU préfinancés peuvent être déposés *via* le smartphone sur l'application mobile du CRCESU. L'auto-entrepreneur doit juste scanner les codes-barres de chaque chèque CESU avec son smartphone et déclencher sa remise en un clic.

Tarifs du service dépôt en ligne

Dépôt en ligne		Tarifs HT frais de dépôt
0,01 € à 249,99 €	Montant de la remise en EURO	7,00 €
250,00 € à 499,99 €		12,00 €
500,00 € à 3 999,99 €		18,00 €
4 000,00 € à 7 500,00 €		25,00 €

C'est la solution la plus adaptée pour les auto-entrepreneurs qui ont des règlements ponctuels ; il ne faut pas oublier les frais d'inscription au service CRCESU.

> Bonne nouvelle, le service est accessible aux auto-entrepreneurs des départements d'outre-mer ! **BON À SAVOIR**

Chapitre 5

Les métiers du graphisme et la micro-entreprise

Graphistes ou auteurs, quelle forme d'entreprise choisir entre une entreprise individuelle affiliée à la Sécurité sociale des artistes auteurs et le régime de la micro-entreprise ?

Certaines professions comme les graphistes, les auteurs de logiciel par exemple ont le choix entre créer une micro-entreprise ou s'immatriculer auprès de la Sécurité sociale des artistes auteurs (où l'on retrouve la Maison des artistes ou l'Agessa). Afin d'avoir toutes les clés en main pour faire le choix entre ces deux formes d'entrepreneuriat, le créateur doit maîtriser les règles de fonctionnement de chacune.

La sécurité sociale des artistes auteurs

L'Agessa (auteurs) et la Maison des artistes (arts graphiques et plastiques) sont deux associations agréées placées sous la double tutelle du ministère des Affaires sociales et de la Santé et du ministère de la Culture et de la Communication. Les deux associations sont amenées à fusionner.

Le régime de la Sécurité sociale des artistes auteurs dépend du régime général des salariés : les droits y sont donc similaires. Les artistes auteurs ont ainsi accès aux indemnités journalières en cas d'accident ou de maladie, indemnités qui n'étaient pas par le passé, accessibles aux professions libérales affiliées à la Cipav (dont un certain nombre était ressortissant en tant qu'entrepreneur individuel)[1].

1. Les professions libérales non réglementées affiliées à l'Assurance retraite ont accès aux IJ depuis le 1er janvier 2019 et les professions libérales affiliées à la Cipav devraient y avoir accès en juillet 2021 voir chapitre 11, page 118.

Depuis le 1er janvier 2019, les cotisations ne sont, en revanche, plus recouvertes par les deux associations, mais directement par l'Urssaf Limousin, qui reverse ensuite les cotisations aux organismes du régime général (CPAM, CAF, Carsat/CNAV).

Le fonctionnement est donc très similaire avec la micro-entreprise où l'Urssaf est l'organisme collecteur.

Les activités concernées

Agessa	Maison des artistes
Photographes Écrivains, traducteurs, illustrateurs, auteurs d'œuvres dramatiques Auteurs-compositeurs, chorégraphes, pantomimes Auteurs d'œuvres cinématographiques et audiovisuelles Metteurs en scène Auteurs d'œuvres multimédias Auteurs de logiciels Activités accessoires Collaborations avec la presse Agences photographiques ou d'illustration Agents d'auteur	Arts graphiques et plastiques. Peintures, dessins. Illustrations. Maquettes de dessins originaux pour le textile, le papier, les arts de la table… Gravures, estampes, lithographies. Sculptures. Réalisations de plasticien. Scénographies. Tapisseries et œuvres d'art textiles. Maquettes de fresques, trompe-l'œil, décorations murales, mosaïques, vitraux. Créations graphiques. Créations uniques de céramique, émaux sur cuivre. Œuvres du design relatives à la création de modèles originaux

Certaines de ces professions peuvent être également exercées sous le régime de l'auto-entrepreneur.

Depuis le 1er janvier 2019, le numéro de Sécurité sociale du créateur lui permet d'ouvrir ses droits sociaux en tant qu'artiste auteur comme le métier de graphiste (MDA) ou d'auteur (Agessa).

Les régimes sociaux accessibles aux artistes

Comme tous les travailleurs indépendants, les artistes qui dépendent de l'une de ces deux entités ont le choix entre trois régimes sociaux :

- la possibilité de déclarer fiscalement les revenus artistiques en traitements et salaires ;
- celle de déclarer fiscalement les revenus artistiques en BNC (Bénéfices non commerciaux) le régime micro BNC limité au plafond de 72 600 € HT (avec gestion de la TVA à partir de 34 400 €) avec un l'abattement de 34 % ;
- le régime de la déclaration contrôlée, où il devra également adhérer à une association de gestion agréée (AGA).

Les barèmes sociaux 2021

Barème	Montant brut
Smic horaire	10,25 €
Plafond annuel de la sécurité sociale	41 136 €
Revenu validant un trimestre de retraite (assiette sociale de 150 Smic horaire)	1 537,50 €
Revenu ouvrant droit aux indemnités journalières (assiette sociale de 900 Smic horaire)	9 225,00 €

Les rôles de la Maison des artistes de l'Agessa

Si c'est désormais l'Urssaf Limousin qui assure la collecte des cotisations sociales, les deux associations continuent d'assurer les missions relatives à :

- la prononciation de l'affiliation des artistes-auteurs ;
- leur rôle d'information sur la protection sociale des artistes-auteurs ;
- la gestion de l'action sociale ;
- les déclarations et paiements relatifs aux revenus antérieurs à 2019 (hors contentieux géré par l'Urssaf Limousin).

L'avantage d'être à la Maison des artistes ou à l'Agessa

Il réside dans le fait que les cotisations sociales ne sont pas réglées sur le chiffre d'affaires mais sur le revenu, soit le chiffre d'affaires après abattement. Cependant, les cotisations sociales ont été majorées de 15 % afin d'homogénéiser la fusion avec le régime général.

L'artiste bénéficie aussi d'autres avantages comme des tarifs réduits dans les théâtres de la scène contemporaine et l'entrée gratuite dans les musées ! Et, avantage non négligeable, une exonération de la CFE que paient les auto-entrepreneurs.

Les cotisations pour l'année 2021

Cotisations ou contributions	Taux
Sécurité sociale (vieillesse déplafonnée)	0,40 %
Assurance-vieillesse plafonnée	6,90 %
CSG (contribution sociale généralisée)	9,20 %
CRDS (contribution au remboursement de la dette sociale)	0,50 %
CFP (contribution à la formation professionnelle)	0,35 %
Total	17,35 %

Afin d'aider à calculer le montant de vos cotisations, l'Urssaf propose un simulateur des cotisations : **mon-entreprise.fr/simulateurs/artiste-auteur**

Il faut ajouter à ce taux la cotisation obligatoire à la retraite complémentaire auprès de l'IRCEC, qui gère depuis 2004 les régimes de retraite complémentaire et obligatoire des artistes auteurs professionnels (**ircec.fr**).

Les artistes auteurs affiliés à la Sécurité sociale des artistes auteurs cotisent obligatoirement au régime commun appelé RAAP. En revanche, les artistes dont les revenus sont inférieurs à 9 135 € (valeur 2021) n'y sont pas tenus ; ils peuvent choisir d'y cotiser de manière volontaire.

La cotisation au RAAP est plafonnée à 3 PASS (plafond annuel de Sécurité sociale).

En 2021, la cotisation au RAAP est plafonnée à 123 408 €.

Pour la cotisation au RAAP, l'assiette sociale est limitée à 123 408 € (3 fois le plafond de la Sécurité sociale de 2020), la cotisation sera donc au maximum de 9 873 € (8 % × 123 408 €) au titre des revenus 2021.

Le taux de cotisation en 2021 est de 8 %. Ce qui porte la cotisation globale à 17,35 % + 8 % soit 25,35 %.

À ce stade l'artiste auteur n'a pas encore payé ses impôts sur le revenu.

EXEMPLE

Comparaison entre la Sécurité sociale des artistes auteurs et le régime auto-entrepreneur.

Prenons l'exemple d'un graphiste, célibataire et sans enfant, réalisant 30 000 € de chiffre d'affaires :

	Sécurité sociale des artistes auteurs (régime micro BNC)	**Auto-entrepreneur en profession libérale non réglementée (affilié à la Cipav)**	**Auto-entrepreneur PLNR (affilié à l'Assurance-retraite)**	**Auto-entrepreneur artisan (parfois les graphistes relèvent de l'artisanat si retouche photo)**
Chiffre d'affaires réalisé	30 000 €	30 000 €	30 000 €	30 000 €
Revenu (CA-34 %)	19 800 €	19 800 €	19 800 €	15 000 € (abattement de 50 %)
Mode de calcul des cotisations sociales	Sur le revenu majoré de 15 %	Sur le CA	Sur le CA	Sur le CA
Revenu majoré	22 770 €			
Taux de cotisations sociales	25,35 %	22,2 %	22,1 %	22,78 %
Montant des cotisations sociales	7 989,30 €	6 660 €	6 630 €	6 834 €

	Sécurité sociale des artistes auteurs (régime micro BNC)	**Auto-entrepreneur en Profession libérale non réglementée (affiliée à la Cipav)**	**Auto-entrepreneur PLNR (affilié à l'Assurance retraite)**	**Auto-entrepreneur artisan (parfois les graphistes relèvent de l'artisanat si retouche photo)**
Simulation impôt (une part, personne seule)	PAS = 1 157 €	VPLF (2,2 %) = 435,60 € PAS[1] 2 178 €	VPLF (2,2 %) = 435,60 € PAS = 2 178 €	VPLF (1,7 %) = 255 € PAS = 1 650 €
Total charges sociales et fiscales	9 146,30 €	VLF 7 095,60 € PAS 9 273,60 €	VLF 7 125,60 € PAS 8 808 €	VLF 7 089 € PAS 8 484 €
Franchise en base de TVA	42 900 €	34 400 €	34 400 €	34 400 €
CFE	Exonération	Pas d'exonération	Pas d'exonération	Exonération possible
ACRE	Impossible	Possible	Possible	Possible
Droits à la formation (montant 2021)	AFDAS/droits accessibles dès lors que l'artiste peut justifier de 9 000 € brut de revenus au cours des 3 dernières années/ financement maximum par an de 3 840 €	FIFPL	Agefice Accessible dès la création de l'entreprise (environ 1 400 € pour des formations non qualifiantes et 2 450 € pour des formations certifiantes)	CMA et FAFCEA

D'un côté, l'administratif sera plus conséquent avec des avantages comme la CFE et les musées (Maison des artistes, Agessa), de l'autre côté (auto-entrepreneur), il y aura plus de fluidité et plus de simplicité. À chacun de faire le choix qui lui ressemble !

1. Sur la base d'un taux d'imposition de 11 %.

Revenus perçus en traitement et salaires

Les auteurs peuvent choisir de recevoir leur rémunération en traitement et salaires. Dans ce cas, ils reportent leurs revenus perçus dans leur déclaration et peuvent choisir soit l'option de l'abattement de 10 % comme pour les salaires, soit celle des frais réels.

Concernant les cotisations sociales, elles restent dues et doivent être payées directement auprès de l'Urssaf.

Si l'on voit que les cotisations sociales sont légèrement supérieures, surtout depuis la majoration de 15 % pour les ressortissants de la Maison des artistes ou de l'Agessa, il n'en demeure pas moins pour les artistes affiliés à ces deux associations **l'avantage de voir leurs droits d'auteur protégés**. Un luxe que ne peut proposer le régime de l'auto-entrepreneur. Dans une société où les droits sont trop souvent copiés, les œuvres de l'esprit négligées (à l'instar des photos que l'on trouve dans les moteurs de recherche sur Internet que le consommateur utilise malheureusement sans tenir compte des droits d'auteur), cette protection est **l'un des atouts non négligeables du statut d'artiste auteur**.

Les droits d'auteur — FOCUS

Les droits d'auteur permettent de protéger les droits patrimoniaux et les droits moraux de l'auteur : ainsi personne ne peut, sans l'autorisation de celui-ci, représenter son œuvre ou en faire des copies. Ces droits peuvent être cédés.

Les droits moraux appartiennent à l'auteur tout au long de sa vie puis à ses héritiers pendant 70 ans après son décès. Ils sont rattachés à la personne de l'auteur et ne peuvent être vendus.

Choisir entre le statut d'artiste et celui d'auto-entrepreneur

Au niveau protection sociale

Auparavant, l'un des gros avantages reposait sur l'accès aux indemnités journalières, ce qui n'était pas le cas des professions libérales non réglementées dont dépendaient une partie des graphistes par exemple. Depuis le 1er janvier 2018, ils sont automatiquement affiliés à l'Assurance-maladie pour leur protection sociale et peuvent ainsi prétendre aux indemnités journalières. En revanche, les droits sociaux (maladie, maternité, paternité, décès), pour être ouverts, sont soumis à un seuil de 900 × heure/Smic (soit en 2021 : 900 × 10,25 € = 9 225 €/an). Alors que dans le cas des auto-entrepreneurs, ils sont ouverts dès que le revenu annuel (CA – abattement) dépasse 4 046,40 €. Si le revenu est inférieur, les droits ne sont que de 10 %.

Au niveau de la gestion de la TVA

La franchise en base est plus importante pour les artistes que pour les auto-entrepreneurs (42 900 € contre 34 400 €).

Au niveau des droits d'auteur

Les œuvres de l'artiste sont protégées (droits d'auteur qui inclut les droits patrimoniaux et les droits moraux) dans le cas d'une affiliation à la Maison des artistes, ce qui n'est pas le cas pour l'auto-entrepreneur.

Au niveau des cotisations sociales

Au final, le montant des cotisations sociales à la Sécurité sociale des artistes auteurs est supérieur, surtout si l'indépendant peut bénéficier de l'ACRE sous le régime de la micro-entreprise.

Inscription à la Sécurité sociale des artistes auteurs

En fonction de l'activité de l'indépendant, son affiliation peut lui être refusée s'il ne remplit pas les critères demandés. Dans le cas d'un auteur, il peut, en revanche, être affilié à la Sécurité sociale des artistes auteurs dès le premier euro.

L'ACRE

L'ACRE n'est pas accessible pour l'indépendant affilié à la Sécurité sociale des artistes auteur.

La notion de précompte

Elle concerne le diffuseur (le client de l'artiste). Celui-ci doit s'acquitter d'une contribution de 1 % de la rémunération brute versée à l'artiste, ainsi que d'une contribution au titre de la formation professionnelle au taux de 0,10 %. Un point qui peut s'avérer contraignant.

C'est la nature fiscale des revenus de l'artiste-auteur qui va déterminer s'il est soumis à cette procédure : il peut ainsi avoir une dispense de précompte.

Est concerné l'artiste-auteur qui déclare fiscalement ses revenus en traitements et salaires.

Si l'artiste-auteur déclare fiscalement ses revenus en bénéfices non commerciaux, alors le précompte ne s'applique que s'il présente à ses diffuseurs le document permettant d'attester qu'il en est dispensé. Le document justificatif qui fera office de « dispense de précompte » sera un certificat administratif délivré par l'Urssaf à partir de 2022 ; en attendant, l'avis INSEE suffit.

Droits à la formation

Dans le cas des auto-entrepreneurs, les droits à la formation sont accessibles même sans cotisation minimum. Dans le cas de la Maison des artistes ou de l'Agessa, il faudra avoir réalisé au moins 9 000 € de chiffre d'affaires au cours des trois dernières années.

En revanche, et argument non négligeable, l'Afdas, l'OPCO des artistes auteurs, règle directement l'organisme de formation, ce qui, contrairement aux auto-entrepreneurs, permet d'éviter d'avoir à avancer des sommes parfois importantes.

(!) En plus, l'artiste auteur bénéficie également de droits, comme l'auto-entrepreneur sur son compte personnel de formation : **www.moncompteformation.gouv.fr.**

Pour les artistes, un seul site : **artistes-auteurs.urssaf.fr** pour y faire leur déclaration.

Chapitre 6

Auto-entrepreneur d'outre-mer

Depuis la création du régime de l'auto-entrepreneur, les habitants des DROM, départements et régions d'outre-mer (nouvelle appellation des DOM-TOM) fonctionnaient avec une forme du régime différente des micro-entreprises de la métropole : deux ans avec un fonctionnement sous le régime simplifié du TI (travailleur indépendant) classique, puis passage au régime micro la 3e année. Bonne nouvelle, depuis le 1er janvier 2020 le dispositif auto-entrepreneur tel que le connaissent les auto-entrepreneurs de métropole s'applique désormais dès la création. Le site **auto-entrepreneur.urssaf.fr** devient également leur site officiel.

Créer sa micro-entreprise est possible dans les départements d'outre-mer de **Guadeloupe**, **Martinique**, **Guyane**, **Mayotte** et **La Réunion**. Les créateurs d'entreprise en Nouvelle-Calédonie, Polynésie française, Saint-Martin, Saint-Barthélemy, Saint-Pierre-et-Miquelon et Wallis-et-Futuna n'ont, quant à eux, que le choix du régime réel en entreprise individuelle ou le format société (SA, SARL, SAS, SNC...), le régime micro-fiscal et micro-social qui constitue la micro-entreprise ne leur étant pas accessible.

Les différences avec la métropole se retrouvent dans les **montants des cotisations sociales, le fonctionnement des exonérations**, le **domaine des taux de TVA**, de **la franchise en base**, ou encore de l'**organisme collecteur**.

Pour le reste, la limite de chiffre d'affaires reste identique, soit 72 600 € pour les activités de prestations de service et 176 200 € pour les activités d'achat revente, avec une franchise en base de TVA qui diffère en fonction des départements.

La gestion de la TVA dans les départements d'outre-mer

La franchise en base de TVA

En métropole, l'auto-entrepreneur est assujetti à la TVA dès qu'il franchit le plafond de 36 500 € pour la prestation de service et 85 800 € pour les activités d'achat revente. Dans les DROM on distingue deux groupes avec des règles différentes :

- **Les entreprises situées en Guadeloupe, Martinique et à La Réunion** : jusqu'en 2022, soit pour une durée de cinq ans, les limites de la franchise en base de TVA y sont relevées pour les entreprises à titre expérimental. Elles sont dispensées du paiement de la TVA lorsque leur chiffre d'affaires réalisé l'année précédente ne dépasse pas 100 000 € pour les livraisons de biens (ou 110 000 € l'année civile précédente si le chiffre d'affaires est inférieur à 100 000 €), et 50 000 € pour les prestations de service (ou 60 000 € l'année précédente si le chiffre d'affaires est inférieur à 50 000 €). Ces dispositions sont applicables depuis le 2 mars 2017.
- **Les départements de la Réunion, de Mayotte et de la Guyane** constituent un territoire d'exportation entre eux et par rapport aux départements de la Guadeloupe et de la Martinique

Les taux de TVA

Le taux normal de 8,5 %

Le taux normal de la TVA est fixé à 8,5 % dans les départements de la Guadeloupe, de la Martinique et de La Réunion (art. 296, 1°-b du CGI). Son champ d'application n'étant pas précisément défini par la loi, il s'agit d'un taux de droit commun ; il s'applique ainsi aux opérations qui ne sont pas expressément soumises à un taux réduit ou à un taux particulier.

Ce taux s'applique aux mêmes opérations qu'en métropole. Pour rappel, en métropole ce taux est de 20 %.

Le taux réduit de 2,1 %

Le taux réduit de la TVA est fixé à 2,1 % dans les départements de la Guadeloupe, de la Martinique et de La Réunion (art. 296, 1°-a du CGI). Ce taux s'applique aux mêmes opérations que celles pour lesquelles les taux réduits de 5,5 % et 10 % sont applicables en métropole, à l'exclusion de celles qui bénéficient d'un taux particulier (voir chapitre 15, page 149).

Champ d'application de la TVA dans les départements d'outre-mer

La TVA dans les départements d'outre-mer s'applique selon le même régime que la TVA en France métropolitaine ; seuls les taux diffèrent.

Sont ainsi assujetties à la TVA dans ces départements :

- les livraisons de biens effectuées à l'intérieur des départements d'outre-mer ;
- les prestations de service exécutées dans les départements d'outre-mer.

Relations avec ou entre les DROM

Dans le domaine de la livraison de biens

Des règles particulières s'appliquent. En matière de livraisons de biens, les DROM sont considérés comme des territoires tiers : ils sont considérés comme territoire d'exportation par rapport à la France métropolitaine et par rapport aux autres États membres de l'Union européenne (art. 294 du CGI).

Sont considérés comme de l'export (import) les transports de biens :

- de (vers) la France métropolitaine à destination (en provenance) de la Guadeloupe, de la Guyane, de la Martinique ou de La Réunion,
- de (vers) la Guadeloupe ou la Martinique vers (en provenance de) la Guyane, La Réunion, la France métropolitaine, un autre État membre de la Communauté européenne,
- de (vers) La Réunion vers (en provenance de) la Guadeloupe, la Guyane ou la Martinique, la France métropolitaine, un autre État membre de la Communauté européenne.

Dans le domaine de la prestation de service

En matière de prestations de service, les DROM ne sont pas considérés comme des territoires tiers. Entre les DROM et des pays autres que la France, les règles de territorialité sont les mêmes qu'entre la France métropolitaine et ces autres pays. Dans la pratique, si la prestation est imposable, il faut appliquer le taux en vigueur dans le DROM.

Les règles applicables en matière de taux de TVA diffèrent, avec certaines dérogations, selon que le prestataire s'adresse à un assujetti à la TVA (entreprise) ou non (consommateur final).

On distingue deux cas :

- **Si le client est assujetti à la TVA** : c'est le taux de TVA du client (de son lieu d'établissement) qui s'applique. Si le client est réunionnais, ce sera le taux de La Réunion qui sera appliqué, soit 8,5 % ou 2,1 % en fonction de l'activité et du produit. Si l'entreprise du client est domiciliée en Guyane, aucun taux de TVA ne s'applique.
- **Si le client final n'est pas assujetti à la TVA (un particulier, une association ou une entreprise en franchise de TVA comme les auto-entrepreneurs)** : les prestations sont alors taxées au taux de TVA du prestataire, soit les taux de Guadeloupe, de Martinique ou de La Réunion, et pas de TVA dans le cas de la Guyane.

Dans le cas des activités culturelles ou artistiques (dont la vente de spectacle)

- Si le client est assujetti à la TVA : la cession est taxée au taux de TVA du lieu d'établissement du client final.
- Si le client n'est pas assujetti à la TVA : la cession est taxée au taux de TVA du lieu d'exécution de l'activité, de la représentation. C'est-à-dire les taux de Guadeloupe, de Martinique ou de La Réunion, et il n'y aura pas de TVA si la représentation a lieu en Guyane.

Les principes de l'autoliquidation prévus par l'article 283 du CGI ne s'appliquent pas dans les DROM.

Pour rappel, l'autoliquidation de TVA consiste à inverser l'entreprise redevable de la TVA. En principe, la TVA est facturée par le prestataire de services ou le vendeur qui la collecte et la reverse au Trésor public. L'autoliquidation de TVA consiste, pour le vendeur ou le prestataire, à facturer hors taxe, le client ayant la charge de payer la TVA aux impôts.

Les relations entre les départements d'outre-mer et la France métropolitaine

Sont exonérés de TVA au titre des opérations d'exportation :

- l'achat d'un bien en France métropolitaine à destination de la Guadeloupe, de la Martinique, de la Guyane et de La Réunion ;
- l'achat dans les DROM d'un bien à destination de la France métropolitaine.

Prestations de service fournies à un consommateur final assujetti à la TVA (B to B)

Lieu d'établissement du preneur	Lieu d'établissement du prestataire	Taux de TVA applicable
Métropole	Métropole ou DROM	Taux applicable en métropole
Martinique, Guadeloupe, La Réunion		Taux applicable dans les DROM
Guyane, Mayotte		Absence de TVA

Prestations de services fournies à un consommateur final non assujetti à la TVA (B to C)

Lieu d'établissement du preneur :	Lieu d'établissement du prestataire	Taux applicable :
Métropole ou DOM	Métropole	Taux applicable en métropole
	Martinique, Guadeloupe, La Réunion	Taux applicable dans les DROM
	Guyane, Mayotte	Absence de TVA

Comment travailler avec la métropole

Les prestations de service immatérielles[1] sont en principe soumises à la TVA du lieu d'établissement du prestataire dès lors que le client final non assujetti est établi en France (métropole ou DROM).

Il faut savoir qu'il est admis que les prestations soient imposées au taux du lieu d'établissement ou de résidence du client non assujetti en métropole ou dans un DROM lorsqu'elles sont fournies par des prestataires établis en France (métropole ou DROM). Lorsque ce lieu est situé en Guyane ou à Mayotte, la prestation n'est pas soumise à la TVA.

Les prestations susceptibles de concerner les auto-entrepreneurs sont :

- les cessions et les concessions de droits d'auteur, de brevets, de droits de licence, de marques de fabrique et de commerce et d'autres droits similaires ;
- les locations de biens meubles corporels ;
- les prestations de publicité ;
- les prestations des conseillers, ingénieurs, bureaux d'études dans tous les domaines ;
- le traitement de données et fournitures d'information ;
- la mise à disposition de personnel ;
- les prestations de télécommunication ;
- les services fournis par voie électronique.

Régime social du micro-entrepreneur dans les DROM

Les auto-entrepreneurs basés en outre-mer bénéficient de taux spécifiques pour le calcul de leurs cotisations sociales. Chaque mois ou, sur option, chaque trimestre, l'auto-entrepreneur déclare son chiffre d'affaires réalisé au cours du mois ou du trimestre précédent et paye ses charges selon les pourcentages suivants :

1. Article 259 B du CGI.

Activité	Taux
Ventes de marchandises (BIC)	8,60 %
Prestations de service (BIC)	14,70 %
Prestations de service – professions libérales non réglementées (BNC) (affiliés à l'Assurance retraite ou à la Cipav)	14,70 %

Cas général

Quelle que soit l'activité exercée, le forfait social comprend également toutes les cotisations relatives à la protection sociale obligatoire :

- maladie-maternité (y compris la cotisation indemnités journalières) ;
- invalidité et décès ;
- retraite de base ;
- retraite complémentaire obligatoire ;
- allocations familiales ;
- CSG-CRDS.

Les entrepreneurs ayant opté pour ce régime sont également tenus de verser une contribution à la formation professionnelle qui s'ajoute aux cotisations versées au titre du régime micro-social et qui est égale à un pourcentage du chiffre d'affaires annuel :

- 0,3 % pour les entrepreneurs exerçant une activité artisanale ;
- 0,1 % pour ceux exerçant une activité commerciale ;
- 0,2 % pour ceux exerçant une activité de prestation de service ;
- 0,2 % pour les professionnels libéraux.

Ces taux s'appliquent, quelle que soit la date de création, dans les départements d'outre-mer (La Réunion, Martinique, Guadeloupe, Guyane et Mayotte) et les cotisations leur ouvrent des droits à la formation sous les mêmes conditions qu'en métropole. Les artisans ou les commerçants devront également régler une taxe pour frais de chambre.

Le cas des professions libérales réglementées

Certaines professions comme les architectes, les architectes d'intérieur, les psychothérapeutes, les diététiciens et les guides de haute montagne relèvent des professions libérales dites « réglementées » et peuvent exercer sous le régime de la micro-entreprise.

Leurs taux de cotisation sont différents et pour toute nature d'activité, il n'y a qu'un seul taux de cotisation (que l'activité soit BIC ou BNC).

Professionnel libéral relevant de la Cipav

Activité	Périodes		
	Jusqu'à la fin du 7e trimestre civil suivant celui du début d'activité *Un tiers des taux pleins métropole*	**Du 8e trimestre civil suivant celui du début d'activité jusqu'à la fin de la 3e année civile d'activité.** *La moitié des taux pleins métropole*	**À compter de la 4e année civile d'activité** *Deux tiers des taux pleins métropole*
Toute nature d'activité hors location meublée	7,40 %	11 %	14,7 %
Activité de location de tourisme classé	2 %	3 %	4 %

Un organisme collecteur différent

En France métropolitaine, c'est l'Urssaf Caisse nationale qui collecte les cotisations sociales et fiscales de l'auto-entrepreneur pour les répartir entre les différents organismes.

Dans les départements d'outre-mer, le recouvrement des cotisations sociales est géré par la Caisse générale de la Sécurité sociale (CGSS).

La déclaration et le règlement se font en ligne avec paiement dématérialisé par télépaiement ou carte bancaire sur le site **auto-entrepreneur.urssaf.fr.**

(!) L'auto-entrepreneur encourt une pénalité en cas de retard ou de défaut de déclaration (52 € en 2021) et la déclaration doit obligatoirement se faire en ligne ou *via* l'application smartphone.

Les aides financières

Pour finir, il est possible pour les entreprises situées dans les départements d'outre-mer de profiter d'aides financières.

- L'aide au « Projet d'initiative jeune » ou PIJ : destinée uniquement aux jeunes créateurs ainsi qu'aux jeunes repreneurs d'entreprises localisés dans les départements ou régions d'outre-mer (DROM). L'aide peut atteindre la somme de 7 320 €. Un vrai coup de pouce pour lancer son activité !
- Les aides financières nationales : à l'image des « prêts d'honneur », les créateurs et aussi les repreneurs d'entreprises situées dans les départements d'outre-mer peuvent se voir attribuer des aides dites « nationales ».
- Il y a également l'aide « Envie d'agir-Défi jeune » destinée aux jeunes âgés de 18 à 30 ans pour les encourager à créer leur entreprise.
- L'aide de l'Agefiph pour les personnes en situation de handicap est également accessible.

La création d'une entreprise dans les départements d'outre-mer offre à un entrepreneur de nombreux avantages sociaux, fiscaux et financiers.

L'exonération de cotisations sociales : les taux DOM

Alors qu'en métropole les règles de l'Acre ont évolué au 1er janvier 2021 pour n'être accessible essentiellement qu'aux demandeurs d'emploi. En outre-mer, la règle est différente, car tout le monde peut bénéficier des taux réduits appelés « taux DOM » à la création de l'entreprise et sur une période de 3 ans.

L'auto-entrepreneur bénéficie donc d'une exonération qui se traduit par l'application de taux réduits de cotisations sur trois ans, correspondant à :

- un sixième des taux pleins de métropole pour les artisans, commerçants ou professionnels libéraux non réglementés (PLNR) ;
- un tiers pour les PLNR, jusqu'à la fin du 7e trimestre qui suit celui au cours duquel l'activité a débuté ;
- la moitié des taux pleins de métropole pour les artisans, commerçants ou professionnels libéraux, pour la période qui court entre la fin du 8e trimestre d'activité jusqu'à la fin de la 3e année civile d'activité ;
- deux tiers des taux pleins de métropole à compter de la 4e année d'activité.

Pour bien comprendre voici un tableau récapitulatif

Artisans, commerçants et PLNR

Activité	**Période**		
	Période 1 Jusqu'à la fin du 7e trimestre civil suivant celui du début d'activité *1/6 des taux pleins métropole*	**Période 2 Du 8e trimestre civil suivant celui du début d'activité jusqu'à la fin de la 3e année civile d'activité** *½ des taux pleins métropole*	**Régime de croisière À compter de la 4e année civile d'activité** *2/3 des taux pleins métropole*
Vente de marchandises (BIC)	2,20 %	6,40 %	8,60 %
Prestations de services commerciales ou artisanales (BIC)	3,70 %	11,00 %	14,70 %
Autres prestations de services ou professions libérales (BNC)	3,70 %	11,00 %	14,70 %
Activité de location de locaux d'habitation meublés de tourisme classés	1,00 %	3,00 %	4,00 %

- Pour les artisans, les industriels et les commerçants, l'exonération porte sur les cotisations sociales obligatoires suivantes : assurance maladie-maternité, indemnités journalières, allocations familiales, CSG et CRDS, retraite de base et invalidité-décès. Restent dues la cotisation de retraite complémentaire et la contribution à la formation professionnelle.
- Pour les professionnels libéraux, l'exonération ne porte que sur les cotisations sociales obligatoires suivantes : assurance maladie-maternité, indemnités journalières, allocations familiales, CSG et CRDS. Restent

dues les cotisations d'assurance-vieillesse (base et complémentaire) et invalidité-décès.

Aucune demande n'est à effectuer. L'exonération s'applique de plein droit à condition de ne pas en avoir bénéficié au cours des 3 années précédentes et d'avoir respecté un délai de carence d'une année civile en cas de reprise d'activité.

La CFE, cotisation foncière des entreprises

Dans les départements d'outre-mer, la CFE est due à partir de la 2e année, pour les auto-entrepreneurs qui exercent à titre habituel une activité professionnelle non salariée et qui ne bénéficient d'aucune exonération. Une déclaration initiale est à effectuer sur l'imprimé 1447 C l'année de la création. Depuis 2019, une exonération de la CFE est appliquée en cas de chiffre d'affaires de l'avant-dernière année inférieur à 5 000 €.

Le paiement de l'impôt

Comme en métropole, l'auto-entrepreneur doit payer l'impôt sur le revenu, soit *via* le prélèvement à la source soit *via* le versement libératoire.

L'exception des travaux de jardinage

Depuis le 1er janvier 2015, la loi d'avenir n° 2014-1170 du 13 octobre 2014 pour l'agriculture, l'alimentation et la forêt, prévoit que les exploitants agricoles exerçant leur activité dans les DROM sont désormais assujettis comme non-salariés agricoles sur la base du temps de travail pour les productions animales et végétales en l'absence de coefficient de pondération. Par conséquent, les personnes résidant en Martinique qui exercent une activité exclusive dans le jardinage doivent relever de la CGSS. Le régime de l'auto-entrepreneur n'étant pas transposable dans le régime agricole, les assurés ne peuvent en bénéficier.

Chapitre 7

AUTO-ENTREPRENEUR FRANÇAIS À L'ÉTRANGER

Pour un auto-entrepreneur qui part vivre à l'étranger, se pose la question du paiement de ses cotisations sociales et fiscales ainsi que de sa couverture sociale. Un grand nombre d'indépendants choisissent (dans le cadre d'un suivi de conjoint ou d'un projet personnel par exemple) de continuer à facturer une prestation réalisée à distance *via* leur micro-entreprise, tout en étant domicilié à l'étranger, pensant être dans la légalité et pouvoir bénéficier de la couverture sociale française.

En cas de soucis de santé, ils courent le risque de prendre une douche froide : sauf dans le cas du travailleur détaché et parfois de la pluriactivité, **l'indépendant doit cotiser dans le pays où il réside physiquement** et il doit savoir que le télétravail n'est pas considéré comme du détachement, alternative possible qui permet de garder pendant 24 mois la couverture sociale française.

La première règle est donc de **déclarer son activité indépendante sur le lieu de son activité professionnelle**. Dans le cas de l'Europe, les organismes de Sécurité sociale de chaque pays européen communiquent entre eux et se posent des questions sur leurs assurés respectifs ; il convient donc pour ne pas être hors la loi et pour toujours bénéficier d'une prise en charge de bien mettre sa situation à jour.

Dans le cas où l'auto-entrepreneur n'est pas en règle et qu'il n'a pas besoin de couverture maladie, en apparence tout peut fonctionner, mais le problème se corsera s'il a des frais médicaux, ne serait-ce que pour se faire rembourser une visite chez le médecin.

En cas de demandes de remboursement trop répétitives, l'Assurance-maladie voyant celles-ci venir de l'étranger, s'enquerra de la situation réelle de l'indépendant et de sa légalité.

Pour être en règle, l'auto-entrepreneur peut alors choisir de s'auto-détacher (s'il remplit les conditions) ; de sa situation initiale et de ses conditions de travail dépendront ses modalités de prise en charge.

Quel État va réclamer des taxes sur ses revenus, l'État d'origine ou celui où il réside désormais ? Est-il, dans tous les cas, possible d'avoir une micro-entreprise en résidant à l'étranger ? De quelle protection sociale va bénéficier l'auto-entrepreneur, celle pour laquelle il a cotisé obligatoirement depuis le début de son installation en France ou celle du pays où il est le plus susceptible de se faire soigner ?

Le site Internet du Cleiss (Centre des liaisons européennes et internationales de Sécurité sociale) permet, en fonction de sa situation, de savoir quelles sont les possibilités et les démarches à effectuer.

www.cleiss.fr.

> **Rappels sur le fonctionnement de la micro-entreprise**
>
> Jusqu'à présent bénéficiaire du régime micro-social français, l'auto-entrepreneur cotise pour son assurance maladie, maternité et retraite, en payant à l'Urssaf un montant calculé selon un pourcentage appliqué à ses recettes. Ainsi, il paye des impôts en France et cotise pour sa protection sociale française.
>
> **BON À SAVOIR**

La notion de « travailleur détaché » et d'« auto-détachement » pour les travailleurs indépendants

Il s'agit d'une démarche à réaliser auprès de l'Urssaf Nord-Pas-de-Calais qui délivrera le formulaire A1.

L'auto-entrepreneur exerce provisoirement son activité professionnelle en dehors de la France et dans un ou plusieurs pays.

Pour maintenir son affiliation de plein droit et pour obtenir son auto-détachement, le travailleur indépendant doit réunir plusieurs conditions :

- Il doit exercer en France une activité « habituelle et substantielle » : elle doit ainsi avoir été créée depuis au minimum deux mois et être réelle. Pour répondre au caractère substantiel, on se basera par exemple sur l'usage de bureaux, le versement d'impôts, un numéro de TVA, une inscription au RM ou au RC pour les professions concernées...
- L'activité doit être maintenue sur le territoire français ; pas question dans ce cas de ne plus répondre aux demandes de clients français ! L'entrepreneur doit ainsi avoir pris les dispositions nécessaires pour maintenir son activité sur le territoire français, de façon à pouvoir la reprendre à tout moment.
- La mission à l'étranger doit être déterminée dans son contenu et sa durée, et le travailleur indépendant doit être en mesure par exemple de produire un contrat de mission.
- Il doit exercer les mêmes activités en France que dans son pays de destination ; il n'est pas ici question de rajouter une nouvelle compétence, un nouveau métier qui ne serait pas exercé dans le pays de résidence.

Le travailleur détaché en Europe, Islande, Lichtenstein, Norvège et Suisse

Son détachement ne peut excéder la durée de deux ans, sauf dérogation. Pendant cette durée, il reste rattaché au régime général.

- **L'obligation de déclaration** : pour s'assurer d'être en règle et ainsi couvert, le travailleur indépendant doit faire les démarches nécessaires pour obtenir le formulaire A1, délivré par l'Urssaf après un éventuel contrôle auprès du pays d'accueil.
- **Les revenus** : ils devront être déclarés chaque année sur sa DSI (déclaration sociale des indépendants, qui permet de déclarer le revenu servant de base au calcul pour les travailleurs indépendants) s'il est au régime réel ou tous les mois ou trimestres pour les auto-entrepreneurs.
- **Le domicile** : il doit conserver son adresse de domicile habituel en France.
- **Le droit aux prestations** : une fois qu'il a obtenu le formulaire A1, l'auto-entrepreneur bénéficie alors pendant la durée de son détachement de la même couverture sociale qu'auparavant : maladie, maternité, invalidité,

vieillesse, et conserve son droit à des prestations familiales auprès de la CAF (Caisse d'allocation familiale).

- **Les contrôles** : il peut arriver que le pays d'accueil vérifie que le travailleur indépendant français qui exerce sur son territoire soit bien en possession du formulaire A1.

Comment obtenir le formulaire A1 ?

- Afin d'obtenir le certificat qui attestera de la législation applicable, le travailleur indépendant doit en faire la demande à l'Urssaf Nord-Pas-de-Calais (+33 320 227 800). Il devra préciser la nature de sa prestation de service et le lieu où il va l'exercer.
- Si les conditions nécessaires sont réunies, l'Urssaf lui délivrera le certificat attestant de la législation applicable (A1), document qui permettra au travailleur détaché de prouver son affiliation au régime français et lui permettra d'être exonéré du versement de cotisations au régime de l'État où il se rend.

BON À SAVOIR

Que se passe-t-il au déjà des 2 ans ?

Il faut savoir que le contrôle des statuts détachés a été inscrit dans le Plan national de lutte contre la fraude. La nécessite d'être en règle est plus de rigueur.

Si l'auto-entrepreneur part plus de 24 mois, il faudra alors clarifier sa situation auprès de son centre des formalités et de l'Urssaf. Il sera en effet considéré comme pluriactif au regard des règlements européens (art. 13 du R. 883/04). Ce sera soit la France, soit l'autre État d'activité qui sera considéré comme législation applicable. L'État considéré comme compétent procédera à l'affiliation de toutes les activés (France + UE/EEE/Suisse), à l'appel des cotisations et prendra en charge les frais de santé.

La prudence est de mise, car les répercussions sur la couverture de maladie de l'indépendant peuvent être importantes.

Le travailleur détaché hors d'Europe

En fonction des accords avec certains pays, il est possible ou non d'avoir le statut de travailleur détaché, mais ce n'est pas possible partout. Il y a en effet des pays où il n'y a pas de détachement comme l'Australie. Il faut donc s'assurer qu'il existe une convention bilatérale de Sécurité sociale applicable aux travailleurs indépendants. Le site du Cleiss est une vraie mine d'or et donnera toutes les informations et la législation par pays.

BON À SAVOIR

Les conventions bilatérales de Sécurité sociale

Ces conventions, aussi appelées accords bilatéraux, visent à coordonner les législations de deux États ou territoires pour garantir la continuité des droits à la protection sociale des personnes en situation de mobilité.

Pays concernés (accords en vigueur) : Algérie, Andorre, Argentine, Bénin, Bosnie-Herzégovine, Brésil, Cameroun, Canada, Cap-Vert, Chili, Congo, Corée du Sud, Côte d'Ivoire, États-Unis, Gabon, Guernesey, Inde, Israël, Japon, Jersey, Kosovo, Macédoine du Nord, Madagascar, Mali, Maroc, Mauritanie, Monaco, Monténégro, Niger, Philippines, Saint-Marin, Sénégal, Serbie, Togo, Tunisie, Turquie, Uruguay.

Territoires concernés : Mayotte, Nouvelle-Calédonie, Polynésie française, Saint-Pierre-et-Miquelon.

Si le travailleur indépendant ne peut pas obtenir le statut de travailleur détaché

Dans ce cas, il peut fermer sa micro-entreprise et ensuite s'immatriculer et s'affilier au régime de Sécurité sociale du pays où il se rend : il crée alors une entreprise dans le pays concerné et sera soumis aux mêmes règles que tous les créateurs d'entreprise de ce pays. Dans ce cas, il convient de se rapprocher de l'ambassade ou du consulat de France pour connaître les différentes formes d'entrepreneuriat offertes par le pays de destination.

Deux cas de figure :

- S'il choisit de conserver son activité non salariée sur le territoire français, où il continue de travailler régulièrement tout en exerçant également dans un autre pays, il relève alors de la **pluriactivité**. Il faut alors qu'il se rapproche de l'administration du pays où il réside habituellement pour connaître la législation applicable à sa situation.

- S'il n'est ni travailleur détaché, ni en pluriactivité, il est important que l'auto-entrepreneur souscrive à une assurance volontaire vieillesse, invalidé et décès auprès de la CPAM pour prolonger ses droits. Cette démarche se fait auprès de la Caisse des Français de l'étranger (CFE).

La Caisse des Français de l'étranger (CFE) — FOCUS

Connue comme la sécu des expatriés, la Caisse des Français de l'étranger repose sur une cotisation volontaire qui permet les mêmes droits et la même couverture qu'en France. Les expatriés y ont recours lorsque la couverture sociale du pays dans lequel ils résident n'est pas suffisante.

La CFE propose une offre en termes d'assurance-santé, de retraite et des risques professionnels.

www.cfe.fr

Quelle prise en charge pour les frais médicaux ?

En cas de soins lourds à l'étranger, dans certaines conditions il faudra demander l'autorisation à l'Assurance-maladie, notamment pour des soins dits « programmés », des soins répétitifs avec des rendez-vous hebdomadaires. Ces soins rentrent en effet dans un champ de contrôle ; si l'assuré n'obtient pas d'autorisation, leur prise en charge sera refusée.

Bon à savoir

En **cas d'opération** et si l'assuré a des soins particuliers justifiables, il doit en demander l'autorisation à l'Assurance-maladie. Le médecin-conseil de l'Assurance-maladie se renseigne alors pour savoir si le plateau technique existe en France ; il est possible qu'il demande à l'assuré de se faire opérer en France.

Dans le cas du soin inopiné, par exemple si l'auto-entrepreneur se casse le pied en descendant de l'avion, s'il se trouve en Europe, grâce à sa carte européenne maladie qui est valable deux ans, il n'aura rien à payer et pourra se faire soigner dans le pays où il se trouve.

Souscrire à l'assurance volontaire

Il est possible pour un indépendant de prolonger ses droits en souscrivant à une assurance facultative auprès de l'Assurance retraite (l'Agence de Sécurité sociale pour les indépendants Île-de-France Ouest pour les artisans et commerçants et les professions libérales affiliés à l'Assurance-retraite et la CNAVPL pour les professions libérales affiliées à la Cipav). Cette assurance couvre :

- l'assurance-vieillesse de base,
- le régime complémentaire obligatoire,
- l'assurance-invalidité,
- l'assurance-décès.

Les retraités ne peuvent pas en bénéficier ; en revanche, il faut :

- être ancien commerçant ou artisan,
- avoir créé ou exercé une activité artisanale ou commerciale hors de France et ne pas cotiser à titre obligatoire en France,
- avoir été affilié au moins pendant cinq ans à un régime obligatoire d'assurance-maladie français, à quelque titre que ce soit.

Si l'activité a lieu dans un pays de l'Union européenne :

- le chef d'entreprise ne doit plus exercer d'activité dans son pays,
- il doit avoir résidé au moins deux ans en France ou avoir été soumis à la législation française au titre d'une activité professionnelle dans un délai de dix ans à compter du premier jour de l'exercice de l'activité à l'étranger.

Pour la protection liée à l'assurance-maladie, l'assuré doit, s'il le souhaite et en complément, se rapprocher de la Caisse des Français de l'étranger.

Cotisations

Les cotisations sont calculées sur les mêmes taux que les cotisations vieillesse, invalidité et décès du régime obligatoire de base.

Trois bases de calcul sont proposées, selon le dernier revenu annuel :

- revenu supérieur ou égal à 40 524 € (plafond annuel de la Sécurité Sociale PASS) : 10 582 € ;

- revenu compris entre 30 393 € et 40 524 € (75 % et 100 % du PASS) : 7 918 € ;
- revenu compris entre 20 262 € et 30 393 € (50 % et 75 % du PASS) : 5 278 €.

Le Cleiss (Centre des liaisons européennes et internationales de sécurité sociale) — FOCUS

Il s'agit d'un établissement public, qui est chargé d'informer sur la protection sociale dans un contexte de mobilité internationale. Il est placé sous la double tutelle du ministre chargé de la sécurité sociale et du ministre chargé du budget.

Centre des liaisons européennes et internationales de sécurité sociale
11, rue de la Tour-des-Dames
75436 Paris CEDEX 09
Tél. : +33 (0) 1 45 26 33 41

Horaires d'accueil téléphonique du public : les lundis, mercredis et vendredis de 9 h 00 à 12 h 30 et les mardis et les jeudis et de 14 heures à 17 heures.

2

L'auto-entrepreneur et sa protection sociale

Chapitre 8

Le contexte de nouvelle protection sociale des travailleurs indépendants

La **protection sociale** concerne la prévoyance collective ; il s'agit des moyens pour protéger et aider les personnes tout au long de leur vie dans le cas de maladies, d'accidents, de vieillesse, de baisse de revenus, de charges de famille, d'invalidité…

Lorsqu'une personne crée sa micro-entreprise, elle a parfois l'impression, le jour où elle déclare son activité, de se retrouver au bord d'une falaise à faire un saut vers l'inconnu, avec la peur que ses dépenses de santé ne soient plus couvertes de la même manière que lorsqu'elle était salariée.

Ses craintes ne sont pas justifiées. Si effectivement, en quittant l'univers du salariat pour le statut de travailleur indépendant, elle n'aura plus la sécurité des allocations-chômage et devra souscrire à son propre contrat de mutuelle, concernant sa couverture maladie, rien ne change ! D'autant que depuis le 1er janvier 2020, le travailleur indépendant est, comme le salarié, affilié à l'Assurance maladie.

Ce chapitre présente les droits qui découlent des cotisations (maladie, maternité, paternité), la couverture en cas d'accident ou de maladie, le fonctionnement des cotisations retraite, les incidences liées au droit d'option pour les professions libérales non réglementées pour quitter la Cipav (caisse de retraite des professions libérales) et rejoindre le régime général ainsi que l'affiliation pour tous depuis le 1er janvier 2020 à l'Assurance retraite (CRAM) pour la retraite.

Focus sur la réforme de la protection sociale des indépendants

Depuis le 1er janvier 2020, les travailleurs indépendants relèvent désormais, pour leur protection sociale obligatoire, de la CPAM (Assurance maladie), en remplacement du Régime social des indépendants (RSI).

Cette réforme, portée par la loi de financement de la Sécurité sociale pour 2018, s'est faite en deux temps, dans le but de sécuriser les opérations de transfert des assurés vers l'Assurance-maladie.

Si la réforme s'est déroulée relativement bien dans la gestion des remboursements des dépenses maladie, elle a mis en évidence des problèmes avec le logiciel Arpège qui gère la gestion de l'indemnisation des arrêts de travail, avec des équipes insuffisamment formées aux spécificités des droits des travailleurs indépendants ainsi qu'avec une analyse des textes par l'Assurance-maladie, que les associations de défense des indépendants qualifient de « contestable ».

Un début difficile qui s'est retrouvé accentué par l'épidémie de la Covid-19 en créant un afflux de dossiers importants à gérer pour les équipes de l'Assurance-maladie. Certains indépendants ont ainsi connu des difficultés avec le versement des indemnités journalières maladie et maternité.

Beaucoup ont ainsi dû saisir le médiateur du CPSTI (Conseil de la Protection sociale des travailleurs indépendants) pour faire respecter leur droit, voir page 137.

La différence entre chiffre d'affaires et revenu

Cette question est très importante pour la compréhension des points suivants. En effet, la confusion entre les deux termes a été source de malentendus entre les affiliés et l'administration, avec parfois de lourdes conséquences.

- Par **chiffre d'affaires,** on entend les sommes facturées et encaissées par l'auto-entrepreneur.
- Pour **calculer son revenu,** l'auto-entrepreneur doit appliquer un taux d'abattement (dit « abattement forfaitaire ») qui varie en fonction de son activité avec un minimum d'abattement de 305 €. Cet abattement est de :

- 71 % du CA pour les activités d'achat-revente ou de fourniture de logement ;
- 50 % du CA pour les autres activités relevant des BIC ;
- 34 % du CA pour les BNC.

POURQUOI UN ABATTEMENT FORFAITAIRE ? FOCUS

Tenant compte du fait que l'auto-entrepreneur ne peut rien déduire de son chiffre d'affaires, l'administration a défini un abattement forfaitaire (une réduction de base d'imposition), qui estime les frais et charges liés à chaque activité : ce forfait reflète les dépenses comme les factures téléphoniques ou un loyer. Il est différent en fonction de l'activité.

Ainsi **Chiffre d'affaires – Abattement forfaitaire = Revenu**

Ce revenu est le **revenu imposable**, qui servira de référence pour le calcul de l'ARE en cas de maintien, de la prime d'activité, des prestations sociales comme la CAF, ou encore pour le calcul de l'impôt sur le revenu.

Chapitre 9

La protection sociale de l'auto-entrepreneur

CPAM, CARSAT, Urssaf : les interlocuteurs de l'auto-entrepreneur

En janvier 2018, la **protection sociale des travailleurs indépendants**, qui était gérée par le RSI (Régime social des indépendants) a été confiée au régime général de la Sécurité sociale.

Les différentes missions de la protection sociale des indépendants sont gérées par les trois branches du régime général avec une organisation dédiée qui prend en compte leurs spécificités de gestion :

- les CPAM gèrent l'**Assurance-maladie** ;
- les CARSAT la **retraite de base** ;
- les Urssaf le **recouvrement des cotisations** ;
- dans les DOM, ces fonctions sont assurées par les CGSS (**Caisses générales de sécurité sociale)**[1].

L'Urssaf Caisse nationale (anciennement Acoss) assure différentes missions de contrôle :

- **Celle de protection sociale et recouvrement** : elle assure pour le compte du régime général le versement des **prestations d'assurance-maladie et maternité** ainsi que celle de la **vieillesse de base** des professions relevant

1. Voir le chapitre 6, page 85.

de l'artisanat, du commerce et des professions libérales non réglementées non affiliées à la Cipav.

- Elle effectue le **recouvrement des cotisations et contributions personnelles** pour le compte des Urssaf et les redistribue aux différents organismes.

Le forfait social comprend toutes les cotisations relatives à la protection sociale obligatoire de l'indépendant, comprenant l'assurance-maladie-maternité, les indemnités journalières, la retraite de base et complémentaire, l'invalidité-décès, la CSG-CRDS et les cotisations d'allocations familiales.

Ces cotisations sont réparties de la manière suivante pour les professions libérales à la Cipav.

Cotisations	Taux de répartition des montants de cotisations
Cotisation d'assurance-maladie-maternité	12,5 %
Cotisation d'assurance-invalidité-décès	2,5 %
Cotisation d'assurance-vieillesse de base mentionnée au 1° de l'article D. 642-3 du Code de la Sécurité sociale	25 %
Cotisation d'assurance-vieillesse de base mentionnée au 2° de l'article D. 642-3 du Code de la Sécurité sociale	5 %
Cotisation d'assurance-vieillesse complémentaire	20 %
Contribution sociale généralisée et contribution pour le remboursement de la dette sociale	35 %

Pour les artisans, commerçants et professions libérales affiliées à l'Assurance retraite, il n'existe pas encore de répartition des cotisations fixées par la loi. Un oubli lors de la création du régime de l'auto-entrepreneur que le gouvernement devrait prochainement corriger…

L'auto-entrepreneur bénéficie ainsi de **la même protection sociale** que les autres indépendants et le droit aux prestations maladie-maternité et aux allocations familiales dans les mêmes conditions que les salariés.

QUELLE COUVERTURE EN CAS DE MALADIE ET D'ACCIDENT ?

Désormais, tous les indépendants sont affiliés à l'Assurance-maladie et les droits en termes de remboursement sont identiques à ceux des salariés. Le changement, pour une personne qui passerait de salarié à auto-entrepreneur, est indolore !

La notion d'accident du travail

C'est un point épineux car, depuis que les indépendants ont rejoint l'Assurance maladie, les organismes sociaux, ainsi que les opérateurs privés, proposent une assurance volontaire individuelle AT/MP.

Même si la législation spécifique prévoit que les accidents du travail et les maladies professionnelles (AT/MP) ne sont pas garantis par le régime d'assurance-maladie des travailleurs indépendants, le travailleur indépendant qui est victime d'un accident à l'occasion de l'exercice de son activité professionnelle, percevra des indemnités journalières (IJ) par la CPAM (Caisse primaire d'assurance-maladie) au titre de l'assurance-maladie.

Ainsi, en cas d'accident lié au travail, il n'y a pas d'IJ spécifique versée aux indépendants (contrairement aux salariés). Ils sont couverts au titre de la maladie ou de l'accident courant. À la différence des salariés qui bénéficient d'une prise en charge intégrale, celle de l'indépendant est partielle, 70 % du tarif conventionnel.

Il faut donc réfléchir à l'intérêt de souscrire une assurance volontaire individuelle AT/MP.

LES DÉPENSES DE SANTÉ : MÉDECIN, MÉDICAMENTS, HOSPITALISATION — FOCUS

En cas de maladie, et comme pour les salariés, une partie des dépenses de santé est prise en charge par la Sécurité sociale et l'autre par la mutuelle à laquelle souscrit librement l'indépendant.

- Pour être bien remboursé, il est important de **déclarer un médecin traitant** : par exemple pour une consultation de 25 €, la CPAM rembourse 16,50 € en cas de déclaration d'un médecin traitant, 7,50 € dans le cas contraire.
- La carte Vitale doit également être mise à jour chaque année, et il est impératif d'informer l'organisme chargé de la gestion de l'assurance-maladie en cas de changement (état civil, naissance, déménagement...).

La mutuelle complémentaire

Souscrire une mutuelle complémentaire

Il est important de souscrire une **mutuelle complémentaire**, la Sécurité sociale ne prenant pas en charge toutes les dépenses de santé à 100 %, ce qui permet une meilleure couverture. Pour ceux qui n'ont pas les moyens, il existe la **CSS** qui est décrite ci-dessous.

Il faut savoir qu'environ 15 % des auto-entrepreneurs n'ont pas souscrit un contrat de mutuelle[1].

> **Comment trouver sa mutuelle ?**
>
> Il est conseillé de faire plusieurs devis pour comparer et trouver la mutuelle qui correspond à chacun en fonction de ses besoins (prise en charge des frais d'optique par exemple). Les demandes sont à réaliser directement auprès des mutuelles, des banques ou de courtiers.
>
> **BON À SAVOIR**

Qui peut bénéficier de la CSS ?

Si les revenus de l'auto-entrepreneur sont insuffisants, il peut demander à bénéficier de la complémentaire santé solidaire (CSS) créé en 2019. Cette aide, qui a remplacé la CMU-C, propose une complémentaire santé unique à moins de 1 € par jour. Dans la pratique, elle permet de ne pas payer : les visites chez les praticiens comme les médecins, les dentistes, les kinésithérapeutes, les infirmiers, en pharmacie, ou les visites à l'hôpital, ainsi qu'une grande partir des lunettes et des prothèses dentaires et auditives.

En fonction des ressources de la personne, cette complémentaire coûtera 0 € ou moins de 1 € par jour et par personne.

---

1. Résultats d'une étude auprès d'un échantillon de 500 personnes réalisées par Harmonie mutuelle et la Fédération nationale des auto-entrepreneurs.

La PUMA

La PUMA est un dispositif qui garantit à toute personne travaillant ou résidant en France de façon stable et régulière d'avoir ses frais de santé pris en charge. Il s'agit d'une protection mise en place par la loi de financement de la Sécurité sociale pour 2016 (art. 59). Son principal objectif est de simplifier les conditions et les démarches applicables pour bénéficier d'une protection maladie en France.

La CMU et le statut d'ayant droit des personnes majeures supprimés

Ce sont les deux conséquences de cette loi qui supprime et la CMU et le statut d'ayant droit des personnes majeures ; les conditions de prise en charge par l'Assurance-maladie sont ainsi assouplies tant pour les salariés que pour les indépendants y compris les auto-entrepreneurs.

Si, avant le 1er janvier 2019, il fallait remplir différentes conditions pour que les frais de l'assuré soient pris en charge par l'Assurance-maladie, comme justifier d'une période minimale d'activité, il suffit désormais d'être affilié à un régime obligatoire de Sécurité sociale.

Les conséquences pour les indépendants

Si l'activité de l'indépendant ne permet pas de générer de revenus, il bénéficiera d'une prise en charge de ses frais de santé dès lors qu'il réside de façon stable et régulière en France (depuis au moins trois mois de manière ininterrompue).

Certains bénéficiaires restent redevables d'une cotisation annuelle dite « spécifique » : si les personnes concernées n'ont pas de revenus en tant qu'indépendant ou salarié mais ont néanmoins des revenus fonciers, par exemple, elles peuvent être amenées à payer une cotisation en dessous d'un seuil minimal de revenus. La cotisation sera assise sur les revenus du capital ou du patrimoine (revenus fonciers, etc.).

Sont exonérées de cette cotisation annuelle :

- les personnes percevant des revenus d'activité supérieurs au seuil de 10 % du plafond annuel de la Sécurité sociale (Pass) ou dont le conjoint, marié ou pacsé, perçoit des revenus d'activité supérieurs à celui-ci ;

- les personnes ayant perçu une pension de retraite, une rente ou une allocation de chômage au cours de l'année. Il en est de même, lorsqu'elles sont mariées ou liées à un partenaire par un pacte civil de solidarité, pour l'autre membre du couple.

Comment se calcule la cotisation ?

Le taux de la cotisation est fixé à 6,5 %. Il est différent selon que les revenus sont inférieurs à 5 % ou compris entre 5 % et 10 % du Pass. Dans tous les cas, il fait intervenir un certain nombre de facteurs. Les revenus pris en compte sont ceux de l'année précédant l'année au cours de laquelle la cotisation est recouvrée. La contribution PUMA due au titre des revenus 2021 sera à payer en fin d'année 2022.

Chapitre 10

CONGÉ MATERNITÉ ET CONGÉ PATERNITÉ

Créer son entreprise et avoir un enfant c'est possible, mais il faut être vigilant sur le montant minimum du chiffre d'affaires et la durée d'affiliation pour toucher un congé maternité ou paternité correct.

Dans une volonté d'harmoniser les règles relatives au congé maternité entre les régimes salarié et indépendant, de nouvelles mesures sont entrées en vigueur au 1er janvier 2019.

- La durée minimale d'arrêt en cas de grossesse est portée à **huit semaines**, dont deux semaines de congé prénatal.
- La durée de versement maximale des indemnités journalières sera alignée sur celle des salariées (112 jours). Elles pourront ainsi bénéficier de 38 jours de congé indemnisés supplémentaires.

Dans le cas du congé maternité, la mère bénéficie :

- d'indemnités journalières ;
- d'une allocation forfaitaire de repos maternel.

L'arrêt de travail peut être prolongé par une ou deux périodes de 15 jours consécutifs. La durée des arrêts de travail ne peut pas être fractionnée autrement.

Les pères, de leur côté, voient le congé paternité s'allonger de 11 à 28 jours, auxquels s'ajoutent 3 jours octroyés pour la naissance d'un enfant, à partir du 1er juillet 2021. Une mesure phare du PLFFS 2021[1].

1. PLFFS : projet de loi de financement de la Sécurité sociale.

Le congé maternité : les conditions pour en bénéficier

Deux facteurs sont à prendre en compte : la durée d'affiliation et le revenu.

En 2019, le législateur a fait évoluer la loi, permettant ainsi une portabilité financière du congé maternité. Ainsi, si l'auto-entrepreneur ne remplit pas les conditions nécessaires pour obtenir tous ces droits, mais était salariée l'année précédente, le régime général prendra le relais. En revanche, la vigilance est de mise pour celles qui tomberaient enceintes au cours de leur 2e ou 3e année d'exercice et ne réaliseraient pas encore le minimum demandé. Si tous les droits ne sont pas obtenus, il est conseillé de se rapprocher du médiateur du CPSTI.

En effet, il faut dix mois d'affiliation au titre d'une activité non salariée à la date présumée de l'accouchement ou à la date de l'adoption pour bénéficier des prestations d'assurance-maternité (congé de maternité, d'adoption, de paternité et d'accueil de l'enfant).

Si l'assurée chef d'entreprise exerçait précédemment une autre activité professionnelle ou était indemnisée au titre du chômage, ces périodes pourront être prises en compte sous réserve qu'il n'y ait pas eu d'interruption entre ces affiliations.

Durée d'affiliation : portabilité des droits

Les dix mois d'affiliation peuvent être au titre d'une activité non salariée à la date présumée de l'accouchement ou à la date de l'adoption, du chômage, ou d'une activité salariée, et ce sous réserve qu'il n'y ait pas eu d'interruption entre ces affiliations.

La non-interruption d'activité sur dix mois doit aussi prendre en compte que, même si une personne a cessé son activité avant son congé maternité, elle a droit aux indemnités journalières dans le cadre de ce maintien des droits pendant un an (salariée ou non salariée, chômage ou maladie).

EXEMPLE

Activités successives

- Salarié → aucune activité → auto-entrepreneur// inférieur à 10 mois : la personne n'a aucun droit
- Salarié → chômage → auto-entrepreneur// supérieur à 10 mois : accès aux droits
- Salarié → chômage → auto-entrepreneur → fermeture de la micro-entreprise → chômage : accès aux droits

Si la personne a travaillé quatre ans en salariat, a démissionné, est tombée enceinte au bout de trois mois et a créé son entreprise, le maintien des droits fonctionne. Il peut y avoir une tolérance de rupture, au cas par cas. Mais le risque de rupture est réel pour celle qui a travaillé un an, s'est arrêtée plusieurs mois (à l'occasion d'un séjour à l'étranger par exemple où elle n'a pas d'activité) et n'a pas ses dix mois d'affiliation consécutifs.

La condition pour bénéficier des indemnités journalières est donc bien de justifier de dix mois d'affiliation à un régime ou en cumul des régimes de Sécurité sociale. Pour vérifier la condition de durée minimale d'affiliation continue de dix mois sont prises en compte les périodes d'activité non salariée et salariée. Les périodes de chômage indemnisées sont assimilées à des périodes d'activité.

(!) Il est important qu'il n'y ait pas d'interruption.

Indemnités journalières : pas de portabilité de droits

Attention à ce point ! Pour percevoir la totalité des indemnités maternité et de l'allocation forfaitaire de repos maternel, l'assurée doit percevoir un revenu annuel supérieur à 4 046,40 €[1] au risque, dans le cas contraire, de voir les prestations réduites à 10 % des montants habituels.

Revenu = Chiffre d'affaires – Abattement forfaitaire

De nombreuses assurées, ayant confondu chiffre d'affaires et revenu se sont retrouvées avec des indemnités réduites à peau de chagrin (10 % des montants prévus).

1. Chiffres 2021.

> Pour déterminer le niveau des prestations auquel l'assuré(e) peut prétendre (taux plein de 100 % ou taux réduit de 10 %), la Caisse de sécurité sociale calcule le revenu d'activité annuel moyen (RAAM) des trois dernières années.
>
> **BON À SAVOIR**

Dans le cas de l'auto-entrepreneur, la Sécurité sociale retient pour ce calcul le revenu reconstitué, c'est-à-dire le chiffre d'affaires annuel auquel on applique l'abattement forfaitaire fiscal correspondant à l'activité exercée.

Lorsque l'événement « maternité » à indemniser survient en début d'activité, le chiffre d'affaires est alors annualisé.

C'est ce revenu reconstitué et annualisé si besoin qui est comparé au seuil de 4 046,40 €. En deçà, l'indemnisation est au taux réduit ; au-delà, elle est à taux plein.

> Les revenus issus des périodes d'activité antérieures (avant trois ans), notamment salariées, ou de l'indemnisation chômage ne sont pas pris en compte dans le calcul du revenu d'activité annuel moyen qui est comparé au RAAM.
>
> Par exemple, activités successives : salarié puis auto-entrepreneur pendant quatre ans, mais revenus inférieurs à 4 046,40 €, les droits sont ramenés à 10 %.

Le chiffre d'affaires pris en compte

Le chiffre d'affaires considéré est la moyenne du chiffre d'affaires déclaré sur les trois dernières années d'activité.

- Pour les personnes **affiliées depuis seulement deux ans**, on prendra en compte le revenu annuel moyen des deux premières années civiles d'activité.
- Pour les personnes **affiliées depuis seulement un an**, on prendra en compte le revenu annuel moyen de la première année civile d'activité.
- Pour les personnes **affiliées durant l'année civile en cours**, on considérera que le revenu est de 10 % du plafond annuel de la Sécurité sociale, soit 4 046,40 € pour l'année 2021. Les « jeunes auto-entrepreneurs » ont donc droit aux indemnités minimales pendant leur première année d'activité.

Le montant des allocations pour les petits chiffres d'affaires

Si le chiffre d'affaires de l'auto-entrepreneur se situe en dessous de :

- 13 953 € pour les activités d'achat/revente et location de meublé ;
- 8 093 € pour les activités de prestation de service BIC et artisanales ;
- 6 131 € pour les activités de prestation de service BNC.

L'allocation de repos maternité s'élèvera à 342,80 € pour une naissance et 171,40 € pour une adoption, et les indemnités journalières seront d'environ 315,56 € pour 56 jours d'arrêt (5,63 € par jour).

Le montant des allocations pour les gros chiffres d'affaires

Si le chiffre d'affaires de l'auto-entrepreneur est au-dessus de :

- 13 953 € pour les activités d'achat/revente et location de meublé,
- 8 093 € pour les activités de prestation de service BIC et artisanales,
- 6 131 € pour les activités de prestation de service BNC,

l'allocation de repos maternité s'élèvera à 3 428 € pour une naissance et 1 714 € pour une adoption, et les indemnités journalières seront d'environ 2 479,40 € pour 56 jours d'arrêt (44,27 € par jour) ou de 6 311,20 € pour 112 jours d'arrêt (56,35 € par jour).

> L'Assurance-maladie édite un carnet maternité et paternité, dédié aux indépendants (es) qui comporte tous les formulaires nécessaires[1].

Le congé paternité

Le papa aussi peut s'arrêter ! Un congé paternité est ainsi ouvert à l'auto-entrepreneur et plus généralement à tout chef d'entreprise ou conjoint collaborateur qui peut bénéficier d'une indemnité journalière forfaitaire à l'occasion de la naissance ou de l'adoption d'un enfant, liée à la durée d'affiliation et au chiffre d'affaires réalisé. Dans le cas d'une activité mixte (activité salariée et activité d'indépendant), les indemnités journalières peuvent se cumuler !

1. Vous pouvez le télécharger sur le site de l'Assurance maladie ou à l'adresse **jesuisauto-entrepreneur.fr/carnetmaternitepaternite.**

Les conditions pour bénéficier du congé paternité

L'assuré doit :

- interrompre son activité professionnelle ;
- prendre son congé dans les quatre mois qui suivent la naissance ;
- justifier de dix mois d'affiliation au titre d'une activité non salariée.
- Le congé paternité n'est pas fractionnable.

Les démarches pour demander à bénéficier du congé paternité

Il faut adresser une déclaration sur l'honneur, attestant de l'arrêt de l'activité à la CPAM, ainsi qu'une photocopie du livret de famille, ou un extrait d'acte de naissance, ou la copie de l'acte de reconnaissance de l'enfant par le père, ou encore la copie de l'acte d'enfant sans vie et un certificat médical d'accouchement d'un enfant né sans vie.

Montant de l'aide

En cas de naissance unique l'indemnité journalière forfaitaire est de 619,96 € pour 11 jours (durée qui passe à 25 jours maximum au 1er juillet 2021, le montant des indemnités sera ainsi proportionnel) consécutifs (61,96 € en cas de revenu d'activité annuel moyen[1] des trois dernières années, inférieur à 4 046,40 €).

> Afin de simplifier les règles pour les travailleurs indépendants et faciliter la gestion par l'Assurance-maladie, la condition **sine qua non** selon laquelle le cotisant devait être à jour des cotisations pour bénéficier des droits aux indemnités journalières a disparu au 1er janvier 2019. Les indemnités journalières sont, depuis le 1er janvier 2020, calculées à partir du revenu sur lequel l'assuré aura effectivement acquitté des cotisations.
>
> **BON À SAVOIR**

1. Le revenu d'activité annuel moyen est calculé sur la base des revenus des trois années civiles précédant les dates prévues de versement des prestations. Pour les auto-entrepreneurs, il s'agit des chiffres d'affaires déclarés à l'Urssaf desquels est déduit l'abattement fiscal correspondant à l'activité exercée.

Le congé parental d'éducation

Le dispositif de **congé parental d'éducation** vient s'ajouter au congé maternité ou paternité et peut être effectué à temps complet ou à temps partiel (dans ce cas, sa durée minimale est de 16 heures par semaine).

Le congé parental n'est donc pas exclusivement réservé aux salariés et les auto-entrepreneurs peuvent y prétendre.

Il suffit de bien en comprendre les règles :

- Il est d'une durée variable, mais il nécessite que le travailleur indépendant cesse totalement ou partiellement son activité afin de s'occuper de son enfant.
- Si le congé parental du travailleur indépendant ou du salarié n'est pas rémunéré, il peut néanmoins percevoir une allocation par la Caisse d'allocations familiales (CAF).

Faire une cessation temporaire de l'activité (mise en sommeil)

Le droit à la PreParE peut être étudié pour un travailleur indépendant qui met en sommeil son entreprise, uniquement s'il est en capacité de fournir un justificatif de déclaration de cessation temporaire du centre de formalités des entreprises.

Pour cela, il suffit de remplir le formulaire Cerfa P22-P4 « Cessation temporaire d'activité » en veillant à bien indiquer dans la rubrique « Informations complémentaires » qu'il s'agit d'un congé parental.

Il faudra ensuite remplir un formulaire téléchargeable sur le site de la CAF (demande de prestation partagée d'éducation de l'enfant (PreParE) ou complément de libre choix d'activité (Cerfa 12324*05)) dans lequel il faudra déclarer le pourcentage de temps partiel et joindre en pièces justificatives le P2/P4 attestant de la mise en sommeil de son activité.

Une fois que l'auto-entrepreneur obtient son congé parental, il ne peut exercer un autre emploi.

La prestation d'accueil du jeune enfant (PAJE)

Les auto-entrepreneurs peuvent percevoir la **prestation d'accueil du jeune enfant** (PAJE) qui se compose de :

- la prime à la naissance ou à l'adoption ;
- l'allocation de base ;
- la prestation partagée d'éducation de l'enfant (PreParE) pour les naissances ou adoptions ;
- le complément de libre choix du mode de garde (CMG).

Les conditions pour pouvoir bénéficier de la PreParE

Afin de pouvoir prétendre à une PreParE, il faudra pouvoir justifier d'au moins huit trimestres de retraite de cotisation vieillesse dans :

- les deux dernières années, pour le premier enfant ;
- les quatre dernières années, pour deux enfants ;
- les cinq dernières années, pour plus de deux enfants.

Peut-on cumuler la PreParE avec une activité d'auto-entrepreneur ?

En principe c'est interdit, mais il existe une exception : si le congé parental est pris à temps partiel, alors il est possible d'exercer en micro-entreprise.

BON À SAVOIR

Le montant de l'allocation

- Pour un congé parental total, elle est de 398,79 € par mois.
- Pour un congé parental à temps partiel, elle est de 257,80 € par mois (50 % au maximum) ou de 148,72 € par mois (50 % à 80 %).

Le congé du proche aidant

Il est également possible en tant qu'indépendant de prendre un congé d'une durée de trois mois pour accompagner un membre de sa famille, par exemple dans le cas d'un parent en perte d'autonomie, d'un conjoint malade, d'un enfant en situation de handicap.

Sa durée maximale de trois mois peut être renouvelée, sans dépasser un an sur l'ensemble de la carrière de l'indépendant. Le montant de l'allocation journalière du proche aidant (AJPA) est fixé à 52,13 € pour un aidant qui vit seul et à 43,87 € pour une personne vivant en couple en 2021. Elle est versée par les caisses d'allocations familiales (CAF) dans le cas des auto-entrepreneurs.

L'aidant a droit à un maximum de 22 AJPA par mois. L'indemnité peut être versée à la demi-journée, sauf pour les demandeurs d'emploi.

Les bénéficiaires touchent une allocation journalière de proche aidant (AJPA), qui permet de compenser la perte de revenus, dans la limite de 66 jours au cours du parcours professionnel. Son montant est de 43,83 € par jour pour une personne vivant en couple et 52,08 € pour une personne seule.

Cette aide versée par la caisse d'allocations familiales est imposable et soumise à la CSG-CRDS et ne peut être cumulée avec une autre allocation.

Le congé de deuil

Accessible aux salariés depuis le 1er juillet 2020, le congé de deuil l'est également pour les indépendants. Il s'agit d'un temps accordé aux parents en cas de décès d'un enfant ou d'une personne à charge de moins de 25 ans. L'indemnisation du congé de deuil est également possible lorsqu'un enfant n'est pas né vivant mais a atteint le seuil de viabilité fixé par l'Organisation mondiale de la santé (naissance après 22 semaines d'aménorrhée ou un poids du fœtus de 500 g). Il doit être pris dans le délai d'un an à compter de la date du décès. Sa durée est de 15 jours pour un indépendant.

Pour y prétendre il faut adresser une demande directement auprès de la Sécurité sociale en précisant les dates de congés et une attestation sur l'honneur de cessation d'activité pendant ce congé.

Son montant est fonction du revenu moyen des 3 dernières années, sur le même mode de calcul que les indemnités journalières, il sera ainsi de 56,35 € ou 5,635 € par jour en 2021.

Chapitre 11

Les indemnités journalières et le rôle d'une prévoyance

La perte de revenus face à la maladie ou un accident

C'est l'un des points les plus importants mais malheureusement négligés par les auto-entrepreneurs et qui peut être très lourd de conséquences.

Une personne salariée, en cas d'accident ou de maladie, se voit prescrire un arrêt de travail : l'Assurance-maladie prend alors le relais et verse des indemnités journalières, qui compensent l'absence de revenus.

Dans l'univers des travailleurs indépendants, le système des **indemnités journalières** (IJ) existe également, mais il est soumis à des règles strictes et ne peut pas être appliqué à tout le monde.

Les règles spécifiques au travailleur indépendant

La notion de délai de carence

Dans le secteur privé, le délai de carence (qui correspond aux premiers jours pendant lesquels les indemnités journalières ne sont pas versées) est de trois jours. Pour les travailleurs indépendants et donc les auto-entrepreneurs, les règles sont également différentes.

L'indemnité journalière est versée à compter du :

- 4e jour en cas de maladie ou d'accident ;
- 4e jour en cas d'hospitalisation ou d'arrêt de plus de 7 jours.

Le délai de carence est supprimé en cas de :

- prolongation d'arrêt dans le cadre d'une affection de longue durée ;
- nouvel arrêt à la suite d'un accident ;
- grossesse pathologique.

Quelle que soit la situation, il est important de transmettre l'arrêt de travail qui pourra être pris en compte en cas de rechute.

La durée de versement

La durée de versement des indemnités journalières va varier en fonction du type d'arrêt de travail prescrit :

- Pour un arrêt de travail de moins de six mois, sans rapport avec une affection de longue durée, la durée maximum de jours d'indemnisation sera, dans le cas de plusieurs arrêts, de 360 jours et de 90 jours en cas de temps partiel thérapeutique, sur une période de trois ans.
- Dans le cas d'un arrêt de travail de plus de six mois : il sera possible de bénéficier de trois années de versement au maximum ou de 270 jours pour le temps partiel thérapeutique[1].

Recours à la pension d'invalidité en cas d'évolution de l'état de santé

Il se peut, si l'état de santé du malade le justifie, que l'**assurance-invalidité** prenne le relais du versement des indemnités journalières. L'assuré doit alors être à jour de ses cotisations et être reconnu invalide pour percevoir, sous certaines conditions, une pension d'invalidité.

Montant de l'indemnité journalière

Pour les auto-entrepreneurs, le revenu est obtenu en appliquant au chiffre d'affaires déclaré l'abattement forfaitaire fiscal.

- Dans le cas d'un revenu supérieur à 4 046,40 €, le montant de l'indemnité oscille entre 5,54 € et 56,35 par jour (50 % du revenu).

1. Voir les conditions sur le site **https://www.ameli.fr/paris/assure/remboursements/indemnites-journalieres/arret-maladie-artisans-commercants**.

- Si le revenu de l'auto-entrepreneur est inférieur à 4 046,40 €, l'indemnité journalière est nulle.
- Dans le cas de temps partiel thérapeutique, le montant de l'indemnité journalière sera réduit de moitié.

Comprendre le calcul des indemnités journalières

Pour les auto-entrepreneurs avec un chiffre d'affaires annuel de 36 000 € en activité de prestation de service (BNC profession libérale) :

Revenu pris en compte après abattement : 36 000 € × (100 % – 34 %) = 23 760 €

Calcul de l'indemnité : 23 760 € × 1/730 = 32,54 €

(Le chiffre 730 correspond au nombre de jours dans l'année × 2, car uniquement 50 % du revenu journalier est pris en charge.)

L'indemnité journalière sera de 32,54 €.

Ce qui représentera sur un mois de 31 jours une indemnité de 1 008,74 €.

> **BON À SAVOIR**
>
> Attention ! L'auto-entrepreneur ne paye pas de charges sur ses indemnités journalières. De plus, les allocations et indemnités journalières ne sont pas imposables pour les personnes relevant du régime micro-fiscal et, depuis le 1er janvier 2017 également pour les IJ en lien avec une affection de longue durée. Les sommes perçues n'ont donc pas à être ajoutées au chiffre d'affaires ou au revenu indiqué dans la déclaration fiscale. Vigilance ! le courrier envoyé par l'Assurance-maladie dit à tort, de les déclarer.

Pour les auto-entrepreneurs avec un chiffre d'affaires annuel de 10 000 € pour une activité de vente de marchandises :

Revenu pris en compte après abattement : 10 000 × (100 % – 71 %) = 2 900 €

Le revenu est inférieur à 4 046,40 € : pas d'indemnité journalière.

Pour bien comprendre le fonctionnement des indemnités journalières et qui a accès ou non, il faut donc distinguer les différents cas.

Le cas des artisans, commerçants et professions libérales non réglementées, affiliées pour leur retraite à la CNAV : depuis le 1er janvier 2018 les professions libérales non réglementées immatriculées en 2018 sont rattachées au régime général, et techniquement immatriculées dans le groupe professionnel « commerçant ». Elles cotisent aux mêmes risques que les artisans et commerçants, notamment aux risques retraite. En effet, si l'on peut penser que la prévoyance est du ressort des cotisations liées à la maladie, il n'en est rien, elle dépend des cotisations liées à la retraite. Afin de prétendre aux indemnités journalières, l'auto-entrepreneur devra réunir les conditions suivantes :

- pouvoir justifier d'un an d'affiliation en qualité d'indépendant ;
- être à jour dans le paiement de ses cotisations maladies et indemnités journalières ;
- avoir un revenu annuel[1] supérieur à 4 046,40 € en 2021 ;
- présenter une prescription d'arrêt de travail ;

Dans le cas où l'auto-entrepreneur relevait avant d'un autre régime obligatoire d'assurance-maladie, la période d'affiliation peut être prise en compte sous conditions.

Le cas des professions libérales non réglementées et réglementées affiliées à la Cipav pour la retraite : leur prévoyance est du ressort de cette dernière.

Zoom sur l'absence de droit aux indemnités journalières des professions libérales avant 2020 — FOCUS

Initialement, la Cipav a été créée pour être la caisse de retraite des architectes. Elle s'est ensuite étendue aux professions libérales réglementées : médecins, avocats. À l'époque, le choix avait été fait par la Cipav de ne pas ouvrir les droits aux indemnités journalières. L'arrivée massive de nouveaux métiers sous le régime de la micro-entreprise n'a pas changé les choses et une distorsion de droits s'est instaurée entre les professions libérales non réglementées en micro-entreprise (comme les métiers du conseil, des services à la personne, les formateurs, les naturopathes…) et les artisans commerçants.

Pour un différentiel de 0,2 % de cotisation, certains avaient accès aux indemnités journalières (les artisans et les commerçants) alors que les autres non, faute d'y cotiser. Depuis 2018, les taux de cotisation des auto-entrepreneurs, quel que soit leur statut, ont donc été lissés et sont désormais de 22 % pour toute prestation de service.

1. Cf. Chapitre 8, page 101, sur la différence entre chiffre d'affaires et revenu et comment calculer son revenu.

Face à leur insistance, le législateur a permis aux professions libérales non réglementées de quitter la Cipav pour rejoindre le régime général. Depuis les choses ont évolué. **Ainsi les professions libérales dépendant de la Cipav devraient être éligibles aux indemnités journalières à partir du 1er juillet 2021.**

Les auto-entrepreneurs à la Cipav ont jusqu'au 31 décembre 2023 pour demander à rejoindre le régime général. Attention cependant à ne pas quitter la Cipav prématurément, car l'herbe n'est pas forcément plus verte de l'autre côté : des difficultés sur la retraite complémentaire ont surgi dans le cadre de la période Covid, faisant apparaître des absences de cotisation pour les nouvelles professions libérales affiliées au régime général.

À partir du 1er juillet 2021, les professions libérales à la Cipav devraient bénéficier des IJ, leur fonctionnement sera différent des IJ des autres catégories (artisan, commerçant, PLNR) :

- les indemnités journalières seront versées pendant 90 jours, après un délai de carence de trois jours seulement ;
- le montant des indemnités journalières correspondra à 50 % du revenu annuel.

Il est alors fortement conseillé de souscrire en complément, un contrat de prévoyance car, dans le cas de la Cipav, en cas de maladie leur indemnisation s'arrêtera au bout de 3 mois.

Souscrire un contrat de prévoyance

Le contrat de prévoyance se compose de trois points :

- le décès ;
- l'invalidité permanente totale ou l'invalidité partielle ;
- l'incapacité temporaire de travail suite à une maladie ou un accident (attention, les franchises d'indemnisation peuvent varier en fonction des compagnies d'assurances).

Il faut bien intégrer qu'un accident ou une maladie qui empêcherait de travailler quelques semaines ou sur une longue période, ou tout accident ou maladie qui entraînerait le décès de l'indépendant auront des répercussions financières conséquentes pour lui et ses proches.

Ainsi, un contrat de prévoyance prévoit :

- le versement d'un revenu de substitution en cas d'arrêt de travail, à la suite d'un accident ou d'une maladie ;
- le versement d'une indemnité qui permet de couvrir tout ou partie des charges liées à l'activité ;
- une couverture en cas de décès avec le versement d'un capital.

BON À SAVOIR

Concernant les **contrats de prévoyance en loi Madelin** : les auto-entrepreneurs ne peuvent pas bénéficier de la déduction inhérente à cette loi. En revanche, ils le pourront en cas de croissance et de changement de régime.

Un contrat de prévoyance pourra compléter le montant de l'indemnité journalière.

(!) Attention, la déclaration de sinistre est à faire au plus tôt, au maximum dans les cinq jours.

FOCUS

La différence entre garantie accident de la vie et prévoyance

Il ne faut pas confondre la **GAV** (garantie accident de la vie) et la **prévoyance**. La GAV est un contrat personnel qui peut être souscrit en complément, mais souvent le risque professionnel en est exclu.

Souscrire un contrat de prévoyance la première année d'activité

Qu'ils soient artisans, commerçants ou professions libérales, tous les entrepreneurs ont, dès leur affiliation, un délai de carence d'un an. Le contrat de prévoyance leur permet d'être couverts pendant cette période.

(!) Attention, certaines compagnies d'assurances indemnisent les indépendants uniquement si le régime obligatoire prend également l'indemnisation en charge. Il faut donc faire le bon choix !

Que se passe-t-il en cas de pépins **au cours de l'année de lancement** ? Si la première année d'activité, l'entrepreneur ne peut prétendre à aucun droit, souscrire dès le début de l'activité un contrat de prévoyance pourra s'avérer judicieux. Attention toutefois à la franchise qui est souvent de 90 ou 180 jours sur l'invalidité permanente totale ou partielle. Pour l'incapacité de travail, elle varie entre 0, 15 et 30 jours et, dans le cas de l'accident et l'hospitalisation, elle varie entre 0 et 3 jours. Le décès est couvert immédiatement.

Chapitre 12

La retraite

Les règles de la retraite des indépendants sont différentes pour les artisans, les commerçants et les professions libérales. Ce chapitre consacré à la retraite évoque les droits des travailleurs indépendants (le régime de base et le régime complémentaire), les différentes caisses de retraite, le passage de la Cipav à la Caisse d'assurance-retraite pour les professions libérales non réglementées et le cumul emploi retraite.

> **BON À SAVOIR**
>
> Quand on emploie le terme « travailleurs indépendants » dans le domaine de la protection sociale il représente les artisans, les commerçants et les professionnels libéraux non réglementés qui entrent progressivement depuis 2018 dans cette catégorie.
>
> Il faudra pendant un temps encore faire la différence entre la profession libérale non réglementée ressortissante de la Cipav et celle ressortissante du régime général pour la retraite.

Transfert de la Sécurité sociale des indépendants vers l'Assurance-retraite

Dans le cadre de la réforme de la protection sociale des indépendants, la gestion des **retraites** est confiée à l'Assurance-retraite, qui devient l'interlocuteur unique des indépendants pour l'ensemble de leur carrière, mettant fin à leur obligation d'engager des démarches auprès de multiples interlocuteurs au moment du départ à la retraite, à l'exception des professions libérales restant affiliées à la Cipav.

Ni les cotisations ni les droits de retraite ne sont impactés.

Les cotisations de retraite de base sont à présent similaires à celles des salariés. Les règles de calcul des pensions sont également « alignées » sur celles des salariés. Mais attention, elles ne sont pas identiques. Selon l'année de naissance, ces différences auront un impact plus ou moins important sur le calcul de la retraite de l'indépendant.

Le micro-entrepreneur acquiert ainsi désormais ses droits à la retraite auprès de la Caisse d'assurance-retraite, qui assure la liquidation des retraites s'il est artisan, commerçant ou profession libérale non réglementée à l'exception, nous l'avons vu, de certaines professions libérales qui cotisent toujours pour leur retraite auprès de la Cipav.

Lors de la déclaration d'activité du micro-entrepreneur, l'Urssaf, en tant que CFE, qui officie comme guichet unique, effectue l'affiliation de l'assuré. Il n'y a pas de démarche particulière à entreprendre auprès de l'organisme de retraite, tout se fait automatiquement.

Par le passé, des erreurs liées au transfert de données ont provoqué l'envoi d'appels de cotisations de la part de la Cipav à un adhérent auto-entrepreneur. Lorsque cela se produit, il faut l'indiquer à la Cipav par le biais de la messagerie sécurisée de votre : **espace-personnel.lacipav.fr** : *Thème* : Mon adhésion/*Objet* : Déclarer un changement de statut.

La Cipav se chargera alors des vérifications requises auprès de l'Urssaf. Depuis 2021, une cellule de médiation est également mise en place par la Cipav en partenariat avec la Fédération des auto-entrepreneurs qui sert d'intermédiaire.

LES CAISSES DE RETRAITE DES AUTO-ENTREPRENEURS — FOCUS

Deux caisses de retraite se distinguent en fonction du statut de l'auto-entrepreneur (artisan, commerçant ou profession libérale) :

- la Caisse d'assurance-retraite ;
- la Cipav.

Ces caisses sont les interlocuteurs du micro-entrepreneur en ce qui concerne le relevé des points de retraite et la liquidation des droits.

La retraite des professions libérales : un cas spécifique

Pour bien comprendre ce dossier de la retraite des travailleurs indépendants, il faut distinguer trois catégories de professions libérales :

- **Les professions libérales réglementées** qui peuvent créer une micro-entreprise et qui restent affiliées à la Cipav.
- **Les professions libérales non réglementées** créées avant le 1er janvier 2018 et qui sont de base, affiliées à la Cipav et ont jusqu'en 2023 pour basculer au régime général pour leur retraite.
- **Les professions libérales non réglementées** qui ont créé leur micro-entreprise après le 1er janvier 2018 et qui sont automatiquement affiliées au régime général.

Il peut ainsi exister pour deux personnes en profession libérale non réglementée, deux systèmes de retraite différents en fonction de leur date de création, avec des droits différents malgré des cotisations identiques.

Il faut espérer que, devant l'opacité du fonctionnement du système des retraites et avec la volonté du législateur de fusionner les différents régimes, cette distinction n'existe plus à terme.

La Cipav – Caisse interprofessionnelle de prévoyance et d'assurance-vieillesse — FOCUS

Il s'agit d'une caisse de retraite au départ créée par les architectes qui gère maintenant les retraites de professions libérales non réglementées et réglementées.

Suite à la Loi de financement de la Sécurité sociale 2018, ce sont 95 % des auto-entrepreneurs et professions libérales non réglementées dans leur ensemble qui vont quitter la Cipav à court et moyen terme.

Ainsi les professions libérales non réglementées peuvent, sous réserve d'être à jour de leurs cotisations, demander à quitter la Cipav pour rejoindre le régime général.

Il convient de bien peser le pour et le contre avant de quitter la Cipav. En effet, à la suite d'une plainte d'un auto-entrepreneur, la Cour de cassation a rendu un arrêt historique favorable aux auto-entrepreneurs qui a fait bouger les lignes. La Cipav ne peut ainsi plus minorer les pensions de retraite des auto-entrepreneurs : dès lors qu'ils gagnent moins de 26 000 euros par an, ils acquièrent forcément 36 points par an. Cette règle repose sur un décret historique, qui n'a pas été modifié lors de la création du régime auto-entrepreneur. On note, depuis cet arrêt et un changement de direction au sein de la Cipav, une volonté de résoudre le problème, une ouverture qui, il faut l'espérer, permettra d'assainir la situation.

La validation des quatre trimestres de retraite par an

Le nombre de trimestres validés dépend du montant des cotisations versées, donc du chiffre d'affaires que l'auto-entrepreneur réalise. Le minimum de chiffre d'affaires permettant de valider un trimestre de retraite est calculé en fonction du montant du SMIC en vigueur au 1er janvier de chaque année, sur une base de 200 heures. En fonction de son chiffre d'affaires annuel, l'auto-entrepreneur peut ainsi valider d'un à quatre trimestres de retraite par an.

La validation de trimestres de retraite en 2021
(Montant calculé sur la base de 150 fois le montant du Smic horaire brut pour valider un trimestre de retraite[1])

Activité	CA annuel pour valider			
	1 trimestre	2 trimestres	3 trimestres	4 trimestres
Vente/hôtellerie/restaurant BIC Sécurité sociale des indépendants - Caisse de retraite : CARSAT	5 303 €	10 607 €	15 910 €	21 214 €
Prestations de services BIC Sécurité sociale des indépendants - Caisse de retraite : CARSAT	3 076 €	6 152 €	9 228 €	12 304 €

1. Projet de loi de financement de la Sécurité sociale.

Activité	CA annuel pour valider			
	1 trimestre	2 trimestres	3 trimestres	4 trimestres
Prestation de services BNC et professions libérales non réglementées Sécurité sociale des indépendants - Caisse de retraite : CARSAT	2 330 €	4 661 €	6 991 €	9 321 €
Profession libérale réglementée (BNC) et PLNR toujours affiliées à la Cipav Caisse de retraite : Cipav	2 280 €	4 560 €	6 840 €	9 120 €

Réaliser un chiffre d'affaires plus important ne permet pas de valider plus de trimestres par an mais permet aux trimestres validés « de valoir plus cher ».

Régime de base et retraite complémentaire

Le système de retraite français est composé de trois niveaux : la **retraite de base**, la **retraite complémentaire** (toutes deux obligatoires avec des fonctionnements différents dans le calcul de la retraite), et la **retraite supplémentaire** qui est facultative. À la différence des salariés, la retraite de base et la retraite complémentaire des indépendants sont gérées par les mêmes organismes.

Le régime de base

Tout comme le régime de retraite des salariés, le régime des assurés artisans, commerçants et professions libérales non réglementées garantit des pensions égales à celles des salariés non-cadres du secteur privé à durée et niveau de cotisation équivalent.

Pour les artisans et commerçants, la retraite de base est calculée selon la formule suivante :

Revenu annuel moyen × Taux × (Nombre de trimestres d'assurance artisan ou commerçant/Durée de référence).

Pour les professions libérales affiliées à la Cipav, la pension de retraite dépend du nombre de points acquis et de la durée d'assurance.

La notion de taux plein

Le taux plein est le taux maximum de calcul d'une retraite dont peut bénéficier l'assuré.

- Pour le régime de base des salariés du privé et les régimes alignés, le taux plein est de **50 % du salaire annuel moyen**.
- Pour prétendre à une pension de retraite à taux plein, il faut remplir des conditions d'âge et de durée de cotisation.

À quel âge partir en retraite ?

Dans le cadre de la réforme des retraites, l'âge légal de départ en retraite est progressivement relevé depuis le 1er juillet 2011, en fonction de l'année de naissance, et fixé à 62 ans pour les assurés nés à partir de 1955.

BON À SAVOIR

Le régime complémentaire

La retraite complémentaire se calcule avec un système de points. Elle sera versée en intégralité aux assurés ayant obtenu leur retraite de base à taux plein (50 %). En cas de cumul d'activités, les points acquis dans les différents régimes s'additionnent tout simplement.

Dans le cas des auto-entrepreneurs on distingue deux régimes complémentaires : la RCI (retraite complémentaire des indépendants pour les artisans, commerçants et PLNR[1]) et la Cipav (pour les professions libérales réglementées et les PLNR toujours affiliés à la Cipav).

Que faire en cas de cumul avant la retraite d'une activité salariée et d'une micro-entreprise ?

Si l'auto-entrepreneur est retraité du secteur privé ou public, les droits acquis auprès de la Cipav ou du régime général lui donneront droit à une retraite versée par ces régimes qui viendra s'ajouter à sa retraite de salarié, lors de son départ en retraite. On parle alors de **polypensionné** : sa pension de retraite correspond

1. PLNR : profession libérale non réglementée.

à la somme des pensions pour lesquelles il a accumulé des droits dans chacun des régimes de base et complémentaires auprès desquels il a été affilié.

Le revenu de l'auto-entrepreneur est calculé pour chacune des natures de chiffre d'affaires, puis additionné pour déterminer le nombre de trimestres validés et la valeur de ceux-ci.

Un salarié qui exerce en parallèle une activité indépendante ne peut valider sur une année civile qu'un **maximum de quatre trimestres par an**.

EXEMPLE

Un auto-entrepreneur a travaillé à temps partiel comme salarié et mené de front une activité en indépendant. Dans chacune de ces deux activités, il a gagné plus de 6 000 € (soit plus de 600 fois le SMIC horaire). Il a donc validé quatre trimestres dans le régime des salariés et quatre trimestres dans celui des indépendants. Au moment de la retraite, il ne pourra retenir que quatre trimestres pour le calcul de sa **durée d'assurance** totale.

Comment être informé de ses droits à la retraite ?

Le site **info-retraite.fr** est une mine d'informations précieuses ! Il permet de faire différentes simulations sur les droits futurs à la retraite de chacun dès lors que la caisse de retraite a bien transmis un état de ses droits à l'auto-entrepreneur.

De plus, l'auto-entrepreneur est régulièrement et automatiquement informé sur ses droits à la retraite. Il doit recevoir :

- tous les cinq ans à partir de 35 ans un récapitulatif de l'ensemble de ses droits acquis dans chacun des régimes de retraite de base et complémentaires obligatoires auxquels il a appartenu ;
- tous les cinq ans à partir de 55 ans, une estimation indicative globale qui récapitule l'ensemble de ses droits acquis avec une estimation de sa future retraite.

Dans le cadre de la réforme des retraites un entretien d'information est prévu à partir de 45 ans, sur demande auprès de sa caisse de retraite, il est personnalisé et gratuit et permet de faire le bilan de la carrière passée, d'obtenir des estimations sur les futurs droits à la retraite et d'être informé des différentes possibilités pour améliorer le montant de celle-ci, comme le rachat de trimestres.

Améliorer sa retraite : le rachat des trimestres

Le rachat Madelin

L'auto-entrepreneur peut racheter des trimestres de retraite.

La base de calcul du montant d'un trimestre racheté tient compte de la moyenne des revenus non salariés antérieurs actualisés depuis 1973 et de l'âge de l'assuré au moment du rachat.

Le rachat Fillon

Il est ouvert à tous les auto-entrepreneurs.

Il offre la possibilité de racheter des trimestres au titre des années d'études supérieures sous certaines conditions et des années incomplètes.

Le coût des trimestres tient compte de l'âge de l'auto-entrepreneur au moment du rachat, de la moyenne du revenu de ses trois dernières années, et de l'option de rachat retenu.

Comment faire ? Il suffit de s'adresser à la Caisse d'assurance-retraite ou à la Cipav afin de vérifier son éligibilité et en connaître le coût.

Le calcul du montant de la retraite d'un auto-entrepreneur

Le calcul de la retraite diffère si l'assuré a commencé sa carrière avant 1973 (il s'agit alors d'un régime de points) ou à compter de 1973 (le régime de retraite est alors aligné sur le régime des salariés).

Chapitre 13

S'INFORMER ET SE DÉFENDRE

Le rescrit social

Le rescrit social est une procédure qui permet à un cotisant d'interroger un organisme de protection sociale sur l'application de la législation à sa situation.

Objectif du rescrit social

Il permet à l'auto-entrepreneur ou à tout indépendant d'interroger son Urssaf sur un point précis, sur lequel il ne risque ensuite plus de redressement. Il sert donc à limiter les risques.

Dans quel cas utiliser le rescrit social ?

Cette procédure avantageuse pour le cotisant porte aujourd'hui sur l'un des points suivants :

- les exonérations de cotisations de Sécurité sociale ;
- les avantages en nature et les frais professionnels ;
- les exemptions d'assiette ;
- les règles de déclaration et de paiement des cotisations ;
- l'ensemble des cotisations et contributions sociales ;
- etc.

Il peut ainsi être utilisé pour poser une question nouvelle, ayant pour objet de connaître l'application, à une situation précise, de la législation relative aux cotisations et contributions de Sécurité sociale.

Cette procédure peut également être utilisée pour les cotisations et contributions de retraite complémentaire et d'assurance-chômage.

> Une demande de rescrit social ne peut toutefois pas avoir lieu lorsqu'un contrôle a été engagé et aussi lorsqu'un contentieux en rapport avec la demande est en cours.

Une procédure encadrée

La procédure du rescrit social, pour être recevable, répond à une série d'obligations réglementaires très strictes qui doivent être suivies à la lettre.

- La demande doit être effectuée par écrit.
- Elle doit être envoyée en lettre recommandée avec accusé de réception ou remise en mains propres à l'Urssaf contre une décharge.
- La demande doit comporter les mentions obligatoires et autres informations suivantes :
  - l'objet : rescrit social ;
  - le nom et l'adresse de l'assuré ainsi que son numéro d'immatriculation s'il est déjà affilié, etc. ;
  - les indications relatives à la législation au regard de laquelle il demande que sa situation soit appréciée ;
  - une présentation précise et complète de sa situation de fait, de nature à permettre à son agence Urssaf d'apprécier si les conditions requises par la législation sont satisfaites ;
  - toutes les précisions sur l'organisation et le fonctionnement de son entreprise, ainsi que les circonstances de sa demande, sont importantes : numéro de SIRET, nature exacte de l'activité (descriptif de l'activité et code APE), le nombre d'établissements et leur adresse, la forme juridique, le régime fiscal, etc.

Un délai d'attente avant la réponse

La demande de l'assuré est réputée complète trente jours après sa réception. Pendant ce délai, l'Urssaf peut lui demander un complément d'information et des pièces justificatives et dispose ensuite d'un délai de trois mois à compter de la date à laquelle la demande complète a été reçue pour notifier sa réponse.

En cas de désaccord

Si l'auto-entrepreneur est en désaccord avec la réponse formulée, deux voies de recours sont possibles :

- d'une part, dans les deux mois qui suivent la notification de rescrit, l'assuré peut saisir la Commission de recours amiable de l'Urssaf ;
- d'autre part, lorsque l'agence décide de modifier pour l'avenir une décision explicite, l'assuré peut :
  - saisir la Commission de recours amiable dans un délai de deux mois,
  - demander l'arbitrage de l'Urssaf Caisse nationale, par lettre recommandée avec avis de réception, dans les trente jours suivant la notification de la décision (article R. 133-30-11 III°).

La Caisse nationale dispose d'un délai de quarante jours à compter de la date à laquelle la demande complète a été reçue pour répondre à l'assuré par écrit et communiquer à l'organisme la position quant à l'interprétation à retenir. Si avant cette réponse l'assuré saisit la Commission de recours amiable (CRA), la demande d'arbitrage est annulée.

La médiation : la solution de recours

En cas de litige ou de difficultés rencontrées avec l'Urssaf, la caisse de retraite, la CPAM, l'auto-entrepreneur, comme tout cotisant, a le droit de porter une réclamation et, si le résultat de celle-ci ne lui convient pas, de faire appel au **service de la médiation du CPSTI.**

Le Conseil pour la protection sociale des travailleurs indépendants (CPSTI) — FOCUS

Créé le 1er janvier 2019, le Conseil pour la protection sociale des travailleurs indépendants (CPSTI) a pour mission de veiller à la bonne application des règles relatives à la protection sociale et à la qualité de services rendus aux travailleurs indépendants. Il porte ainsi les indépendants auprès de l'État et des institutions. Son rôle est d'autant plus crucial dans un contexte où les indépendants rejoignent le régime général pour la santé avec la Caisse d'Assurance maladie et la retraite avec la Caisse d'Assurance retraite.

Ainsi le conseil, constitué de travailleurs indépendants, veille à ce que dans le contexte de rapprochement avec le régime général, l'indépendant ne soit pas considéré comme un salarié, mais que ses spécificités soient bien prises en compte.

Il a un également pour rôle de déterminer les orientations relatives à l'action sanitaire et sociale (qui regroupe l'ensemble des aides accessibles aux travailleurs indépendants). En région, le CPSTI se décompose en instances régionales.

Il peut également faire des propositions de modification législative ou réglementaire au ministre chargé de la Sécurité sociale et peut également le saisir sur toutes les questions qui concernent la protection sociale des indépendants.

Il est également représenté au sein des conseils nationaux du régime général (CNAM, CNAV, Urssaf Caisse nationale, UNCAM) et propose également un dispositif de médiation national et régional.

Pour la première fois, les auto-entrepreneurs y sont représentés avec la participation de Grégoire Leclercq, président de la Fédération nationale des auto-entrepreneurs Adrian Brown, secrétaire général (sous l'étiquette CPME) et Frédérique David, déléguée générale (sous l'étiquette CNPL). Dans différentes régions, la fédération a également des représentants qui défendent la voix des auto-entrepreneurs et de tous les indépendants.

La mise en place du service de médiation

La médiation a été mise en place en décembre 2013 à la suite de la signature d'une convention entre le défenseur des droits Dominique Baudis et le directeur général du RSI. En 2014, année de transition, ce sont seulement 42 demandes qui ont été traitées pour passer à 5 403 en 2020 !

La médiation a trouvé tout son sens et démontre son utilité sociale, sans négliger l'équité à l'application du droit pour résoudre les litiges et faire évoluer la loi dans le bon sens.

Un service méconnu, à la portée de l'indépendant

Le médiateur n'est « ni juge, ni arbitre, ni avocat » : il a un devoir de neutralité, d'impartialité et d'indépendance. Son rôle est de désamorcer les conflits, d'être force de proposition pour une solution amiable : son intervention permet à deux parties de retrouver un dialogue pour mettre en place une solution dans le cadre d'un litige.

> L'activité du médiateur est régie par une charte éthique et la médiation est soumise au principe de confidentialité ! Sans l'accord des parties, les constatations du médiateur et les déclarations recueillies au cours de la médiation ne peuvent être divulguées.

En revanche, le médiateur diffuse son avis sous la forme d'une recommandation qui est adressée au travailleur indépendant et au directeur de l'organisme de Sécurité sociale.

La médiation est rattachée depuis 2019 auprès du CPSTI pour veiller à la qualité du service et à la juste application des règles relatives à la protection sociale par les organismes du régime général. Elle est composée d'un médiateur national, de dix-sept médiateurs régionaux et de chargés de médiation.

Comment saisir le médiateur du CPSTI ?

Cette demande peut :

- se remplir en ligne en se connectant directement sur le site **secu-independants.fr**
- se faire par voie postale à l'adresse suivante : Monsieur le médiateur du CPSTI, 36 rue de Valmy, 93108 Montreuil CEDEX ;
- ou directement à l'adresse **mediateur@secu-independants.fr**.

> Attention, avant de saisir le médiateur, il convient dans un premier temps de faire une réclamation auprès du service ayant pris la décision contestée et d'en avoir obtenu une réponse ou ne pas avoir eu de réponse après trente jours. Sans cela, la demande sera automatiquement requalifiée en réclamation.

Le défenseur des droits

Un travailleur indépendant peut également faire appel au défenseur des droits s'il s'estime privé de ses droits. C'est Claire Hédon qui est la Défenseure des droits depuis le 22 juillet 2020. Elle est nommée pour six ans. Présents sur l'ensemble du territoire français, près de 500 délégués du Défenseur des droits accueillent, écoutent et orientent celles et ceux qui le souhaitent dans leurs démarches.

defenseurdesdroits.fr

Chapitre 14

La formation professionnelle

> Depuis l'année 2020, les auto-entrepreneurs, comme tous les travailleurs indépendants peuvent désormais utiliser leur compte personnel de formation : **www.moncompteformation.gouv.fr.**

Les auto-entrepreneurs cotisent à la formation professionnelle, ce qui leur donne chaque année accès à des financements, et ce **dès la création de leur entreprise.**

Cette contribution à la formation professionnelle est réglée chaque mois ou trimestre, en fonction de la périodicité choisie, en plus des cotisations sociales réglées à l'Urssaf.

Chaque année, l'indépendant peut retrouver dans son compte en ligne, sur le site **auto-entrepreneur.urssaf.fr**, son **attestation de versement**. Cette attestation ne sera disponible qu'au bout d'une année d'exercice. Aussi pour profiter de ses droits la première année, il faut se procurer une attestation d'affiliation à l'Urssaf qui sera à transmettre au fonds de formation (directement sur le site **auto-entrepreneur.urssaf.fr** en faisant une demande par e-mail).

La grande erreur est de penser que le montant attribué est fonction du chiffre d'affaires encaissé : que l'auto-entrepreneur ou l'indépendant ait cotisé 1 € ou 150 €, il aura le droit au même financement (en moyenne 1 000 € par an). Cela peut paraître étonnant, mais ce système repose sur le principe de solidarité.

> Il faut s'y prendre au minimum **un mois avant le début de la formation pour avoir l'accord de financement**. À l'issue de la formation, il sera remis une attestation de présence, nécessaire pour le remboursement.

Comment se former

L'auto-entrepreneur dispose tous les ans d'un montant financier disponible pour se former, déterminé en fonction de sa nature d'activité (artisan, commerçant, profession libérale) et de son code APE[1].

Il y a souvent deux ou plusieurs montants disponibles : un dédié aux formations courtes non qualifiantes, un autre aux formations longues et qualifiantes et, dans certains cas, des lignes spécifiques pour une validation des acquis par exemple. Ces montants se cumulent et peuvent s'utiliser la même année.

Peuvent s'ajouter des formations directement proposées par le fonds de formation, comme l'Agefice (pour les commerçants) avec sa « Mallette du dirigeant » qui propose une série de formations qui ne seront pas déduites du montant disponible.

Les indépendants et le compte personnel de formation (CPF)

Mis en place au 1er janvier 2015, le CPF est venu remplacer l'ancien dispositif du DIF (droit individuel à la formation). Il est ouvert aux indépendants depuis le 1er janvier 2019 et depuis le 1er janvier 2020 y figure l'information sur les droits qu'ils auront acquis et, tout comme les salariés, leur CPF sera alimenté à hauteur de 500 € pour une année d'exercice complet de leur activité, montant qui se cumule avec les financements proposés par les FAF.

Chaque indépendant est ainsi invité à créer son compte sur le site : **moncompteformation.gouv.fr**.

Pour les salariés on parle d'OPCO (opérateur de compétences), pour les indépendants on parle de fonds de formation (FAF).	**BON À SAVOIR**

1. Ce critère est uniquement valable pour les libéraux non réglementés encore affiliés à la Cipav.

Fonds de formation et aides allouées en fonction de la nature de l'activité

Dans le cadre de la réforme de la formation professionnelle, il y aura à terme un seul fonds avec différentes branches, mais nous n'en sommes pas encore là pour les indépendants.

Après une année de cotisation pleine, il est possible de récupérer sur le site **www.auto-entrepreneur.urssaf.fr** (mon « Urssaf/Demande d'attestation/Contribution formation professionnelle ») son attestation de versement qui définit le fonds de formation dont dépend chacun.

La loi indique qu'il faut avoir cotisé un an, mais dans la pratique **les fonds de formation considèrent qu'il est important d'aider le créateur à se former dès le lancement de son activité** ; aussi il est possible d'utiliser son crédit formation dès la création de son entreprise.

> La première année, l'Urssaf ne peut pas transmettre d'attestation de versement, il faut alors demander une attestation d'affiliation qui permettra alors à l'auto-entrepreneur de demander des crédits auprès des fonds de formation (demande qui se fait sur le site **auto-entrepreneur.urssaf.fr**).
>
> **BON À SAVOIR**

Pour les commerçants et les professions libérales non réglementées créées après le 1er janvier 2018

Ils dépendent de l'AGEFICE (**communication-agefice.fr**). Ils ont un budget moyen constaté :

- pour les formations débouchant sur une qualification officiellement reconnue ou de langues, de 2 450 €/an, plafonnées à 50 € de l'heure ;
- pour les formations obligatoires légalement imposées, les formations métiers ou transversales, de 1 400 €/an plafonnés à 50 € de l'heure.

> (!) Les commerçants doivent être immatriculés au Registre du commerce, ce qui n'est pas le cas des professions libérales non réglementées concernées.

Pour les professions libérales réglementées et non réglementées créées avant le 1er janvier 2018 et toujours affiliées à la Cipav

Elles dépendent du FIFPL : **fifpl.fr**

Il faut penser à créer son compte FIFPL dès son immatriculation. Le montant constaté en 2021 oscille est de 750 € pour des formations courtes, 1 000 € pour une validation des acquis (VAE), et jusqu'à 2 500 € pour une formation longue, en fonction du code APE.

> Les crédits de formation ne se cumulent pas d'une année sur l'autre ; si l'indépendant ne les utilise pas, ils seront perdus.

Pour les artisans

Ils ont deux organismes financeurs :

- le FAFCEA pour les formations techniques (par exemple, un menuisier qui souhaite se perfectionner dans son métier) : **fafcea.com** ;
- le conseil de la formation des chambres de métiers régionales pour les formations dites « transversales » (le même menuisier qui souhaite suivre des cours d'anglais ou de gestion).

Il faut savoir que pour une formation diplômante et certifiante inscrite au RNCP et spécifique à un métier, la prise en charge peut aller jusqu'à 5 000 € ! Pour les formations bureautiques Internet, la prise en charge est d'environ 25 € de l'heure pour un maximum de 63 heures.

Les artisans doivent être immatriculés au Répertoire des métiers pour accéder à leur crédit de formation.

BON À SAVOIR

Profiter chaque année de ces financements et s'interroger sur les souhaits de formation, de perfectionnement

Ces journées de formation permettent de développer des compétences et de rencontrer d'autres professionnels, d'échanger des savoirs, de développer son réseau et même de trouver de nouveaux clients et de faire une pause dans son activité.

Pour ceux qui ne sont pas immatriculés

- Dans le cadre d'un CSP (contrat de sécurisation professionnelle), ils peuvent bénéficier de prises en charge.
- Dans le cadre du CPF : à ce jour, peu de formations sont référencées dans l'univers de la création d'entreprise.

Trouver une formation et la faire financer

Trouver une formation

Il faut d'abord trouver une formation, et pour cela rien de tel que le bouche-à-oreille ou encore Internet. Il suffit d'utiliser un moteur de recherche en indiquant la formation et la ville, comme « formation coach Paris » : un large panel d'offres est disponible !

Attention cependant à ne pas choisir n'importe quel organisme de formation (voir encadré ci-dessous). Il faut en effet être vigilant en fin d'année face aux appels d'organismes de formation, qui peuvent presser l'indépendant à acheter une formation chez eux sous peine de perdre leur crédit annuel, mais au risque de se retrouver avec une formation qui ne sera pas finançable.

> Renseignez-vous auprès des syndicats ou regroupements de votre métier, car bien souvent ils référencent différentes offres de formation, voire en proposent !
>
> **BON À SAVOIR**

Une fois la formation trouvée, il faut s'assurer qu'elle est proposée par un organisme de formation datadocké et certifié Qualiopi (à partir du 1er janvier 2022).

> **Les organismes de formation** — **FOCUS**
>
> Un **organisme de formation** c'est un travailleur indépendant, une association ou une société qui possède ce que l'on appelle un **numéro de déclaration obtenu auprès de la Dirrecte**[1] : la structure est ainsi tenue à certaines obligations, comme

1. Directions régionales des entreprises, de la concurrence, de la consommation, du travail et de l'emploi.

celle de remplir chaque année un bilan pédagogique, être datadockée et certifiée Qualiopi (à partir du 1er janvier 2022).

Être **datadocké** et certifié **Qualiopi** signifie qu'il doit avoir répondu à différents critères qualité mis en place par France Compétence, l'Autorité nationale de financement et de régulation de la formation professionnelle et de l'apprentissage. Les tarifs des formations devront être visibles sur son site Internet.

Le fait que l'organisme de formation réponde aux critères demandés permettra que la formation soit prise en charge et donc la possibilité, si elle est acceptée, pour l'indépendant d'avoir un accord de financement.

Les fonds de formation des indépendants financent en moyenne une formation à hauteur de 50 € de l'heure ; si l'organisme a un coût horaire plus important, l'excédent restera à la charge de l'indépendant.

Certains fonds de formation participent aux frais de déplacement. **BON À SAVOIR**

Lorsque la formation est choisie l'organisme de formation doit transmettre un devis, un programme de formation et une convention de formation à l'apprenant (l'indépendant qui suit la formation), qui doit préciser de quel fonds de formation il dépend, car les documents administratifs à fournir ne sont pas les mêmes d'un fonds à l'autre. Il faut s'y prendre entre trois et un mois avant la formation afin d'être sûr d'avoir la réponse avant le début de la formation.

Une fois la formation réalisée

À l'issue de la formation, il sera remis une attestation de présence et de versement qu'il faudra transmettre au fonds de formation pour obtenir le remboursement.

Il va falloir en effet avancer les fonds. Si le coût est élevé, il est parfois possible de s'arranger avec l'organisme de formation pour le régler en plusieurs fois le temps d'être remboursé (environ un mois). Il est également possible de demander un prêt à sa banque une fois l'accord de financement reçu. C'est sans risque et cela ne coûtera que quelques euros de plus.

3

L'auto-entrepreneur et la fiscalité

La micro-entreprise est une entreprise individuelle à laquelle s'appliquent un régime social et un régime fiscal.

Lors de la création d'une entreprise, l'entrepreneur et ses éventuels associés ont le choix entre deux régimes d'imposition : l'**impôt sur le revenu** (avec l'option pour le versement libératoire pour les auto-entrepreneurs), l'**impôt sur les sociétés**.

En dessous d'un certain seuil de chiffre d'affaires, l'auto-entrepreneur n'est pas soumis à la gestion de la TVA (tout comme les autres régimes d'ailleurs, s'ils le souhaitent), ce qui facilite la gestion de son entreprise au quotidien. Mais, en développant son activité, il peut vouloir ou devoir la gérer. Il est en effet possible pour un auto-entrepreneur, quel que soit son chiffre d'affaires, de faire le choix d'être assujetti à la TVA.

Cette partie donne tous les éléments de réponse pour bien comprendre la notion de franchise en base de TVA et apprendre comment gérer la TVA quand l'auto-entrepreneur en est redevable.

Chapitre 15

L'AUTO-ENTREPRENEUR ET LA TVA

LA NOTION DE FRANCHISE EN BASE DE TVA

L'un des facteurs du succès du régime de l'auto-entrepreneur, c'est qu'il permettait de développer une activité entrepreneuriale sans gérer la TVA : celle-ci s'est invitée dans le régime depuis le doublement des plafonds en 2018 (de 33 200 € à 72 600 € pour les activités de service et de 82 800 € à 176 200 € pour les activités de vente et d'hébergement).

Lors de la création de sa micro-entreprise, l'auto-entrepreneur est par défaut en **franchise en base de TVA**.

Pour bien comprendre le régime de la micro-entreprise, il faut considérer qu'il existe deux niveaux : **un niveau sans TVA et un niveau avec TVA**. Ces niveaux sont définis par le chiffre d'affaires réalisé.

Activités	NIVEAU 1 Chiffres d'affaires	NIVEAU 2 Chiffres d'affaires
Prestations de service	34 400 € max*	34 400 € à 72 600 €
Vente/Hébergement	85 800 € max*	85 800 € à 176 200 €
Gestion de la TVA ?	NON	OUI
*Hors seuils de tolérance.		

Concrètement, en dessous de 34 400 € de chiffre d'affaires pour une année pleine pour une activité de prestation de service et en dessous de 85 800 € de chiffre d'affaires pour une année pleine pour une activité de vente de marchandises et d'hébergement courte durée, l'auto-entrepreneur continue de profiter de la franchise en base de TVA.

LE MÉCANISME DE LA TVA : TVA COLLECTÉE, TVA DÉDUCTIBLE

La TVA est un impôt sur la consommation inventé en 1954 : l'entreprise collecte l'impôt auprès du consommateur final pour le compte de l'État.

Le consommateur final paye en général 20 % (les taux varient en fonction de la nature du produit ou de la prestation) **du prix de vente hors taxe d'un produit**. Il ne les paye pas directement à l'État, mais à l'entreprise à laquelle il achète un produit.

Ensuite chaque entreprise qui aura participé à l'élaboration du produit reversera à l'État une partie de cette taxe, sans que cela représente un coût pour elle.

EXEMPLE

Imaginons le cas d'un particulier qui achète un ordinateur portable qu'il paye 500 € toutes taxes comprises (TTC). Le vendeur lui facture un prix qui comprend le prix de vente hors taxe, soit 416,67 € HT, et la TVA de 20 % soit 83,33 €.

Cette TVA ne va pas dans la poche du vendeur, car il doit la reverser à l'État. On appelle cela la **TVA collectée**, que le vendeur **reverse au service des impôts**.

Supposons que le vendeur ait acheté l'ordinateur au fabricant 200 €HT, il payera au fabricant 200 + 40 soit 240 €TTC. Il pourra alors déduire les 40 € de TVA payée à son fabricant de celle perçue auprès de son client, soit : 83,33 € – 40 = 43,33 € de TVA (d'où l'appellation « taxe sur la valeur ajoutée » puisqu'elle ne porte que sur la différence entre son prix d'achat et son prix de vente). Les 40 € payés au fabricant constituent la TVA déductible. Cela s'appelle la « **balance** » (c'est-à-dire la somme de la TVA collectée à laquelle est soustraite la TVA déductible).

LES DIFFÉRENTS TAUX DE TVA EN MÉTROPOLE[1]

Le taux normal est fixé à 20 %. Ce taux correspond aux opérations portant sur des biens ou des prestations de service.

1. Retrouvez les spécificités liées à la TVA dans les DOM p. 81-82.

Le taux réduit de 10 %

Il s'applique aux opérations portant sur :

- les biens comme les médicaments non remboursables ;
- certains services comme les fournitures de logement en hôtel, des travaux portant sur des locaux d'habitation (sauf travaux énergétiques), de la vente à consommer sur place, ou encore des ventes à emporter ou à livrer de produits alimentaires préparés en vue d'une consommation immédiate ;
- les travaux de rénovation.

Le taux réduit de 5,5 %

Sont concernés les produits et services suivants :

- les produits comme l'eau, les boissons non alcoolisées, les produits destinés à l'alimentation humaine, les appareillages et équipements spéciaux pour handicapés ;
- des services comme les prestations de logement, de nourriture et les prestations liées à l'état de dépendance ou au besoin des personnes hébergées dans les maisons de retraite et établissements pour handicapés, les prestations de service à domicile exclusivement liées aux gestes essentiels de la vie quotidienne des personnes handicapées et des personnes âgées dépendantes réalisées par des organismes déclarés ;
- les spectacles vivants, les entrées dans les salles de cinéma, les livres…

Le taux spécifique de 2,1 %

Il s'applique à certaines publications de presse, certains médicaments remboursables, ou encore certains spectacles.

La spécificité des taux de TVA en Corse

- Taux de 0,90 % : les premières représentations de certains spectacles, les ventes d'animaux vivants de boucherie et de charcuterie à des non-redevables.
- Taux de 2,10 % : certains biens livrés en Corse et certaines prestations de service auxquels s'applique le taux réduit applicable en France continentale.

- Taux de 10 % : certains travaux immobiliers, matériels agricoles, certaines fournitures de logements en garni ou en meublé et ventes à consommer sur place, vente d'électricité en basse tension ;
- Taux de 13 % : produits pétroliers.

Le non-assujettissement par défaut de l'auto-entrepreneur à la TVA

L'auto-entrepreneur non assujetti à la TVA est en « franchise en base de TVA » et est comme le consommateur final : il ne peut collecter la TVA. Cette notion de TVA n'apparaît pas dans le calcul de son prix de vente. Il ne récupère pas la TVA non plus sur ses achats professionnels. Ses prix sont donc établis hors taxe.

Aussi, il peut s'avérer intéressant pour un auto-entrepreneur n'ayant que des clients professionnels assujettis à la TVA de choisir d'être assujetti à la TVA dès la création de son entreprise. Une démarche méconnue, mais tout à fait possible !

Un auto-entrepreneur peut opter dès la création de son entreprise pour la déclaration de TVA avec le régime simplifié d'imposition.	**BON À SAVOIR**

Le dépassement du seuil

Si le chiffre d'affaires de l'année en cours (du 1er janvier au 31 décembre) dépasse 94 300 € (vente) ou 36 500 € (services), l'auto-entrepreneur sort de la franchise en base.

La TVA s'applique dès le premier jour du mois de dépassement. Ceci implique que des factures déjà émises sans TVA soient invalidées (émission d'un avoir) et refaites avec la TVA.

D'autre part, l'auto-entrepreneur perd la franchise en base pour l'année suivante. Il recommencera donc l'année N + 1 avec la TVA collectée dès le 1er janvier.

Les seuils de tolérance

Les seuils de tolérance sont maintenus. Ce n'est que si le montant du chiffre d'affaires dépasse le seuil de tolérance applicable sur une année que l'auto-entrepreneur bascule automatiquement dans le régime de TVA.

Ces seuils de tolérance sont de :

- 94 300 € pour les activités commerciales, ventes à consommer sur place et prestations d'hébergement ;
- 36 500 € pour les prestations de service.

Le rôle des seuils de tolérance

Pour éviter les mauvaises surprises et un passage à la TVA trop brutal, des seuils de tolérance, par type d'activité, ont été imaginés. Les seuils de tolérance permettent aux auto-entrepreneurs qui ne souhaitent pas basculer dans le régime de la TVA d'augmenter ponctuellement leur chiffre d'affaires annuel.

> Ces seuils de tolérance ne sont pas valables l'année de création.

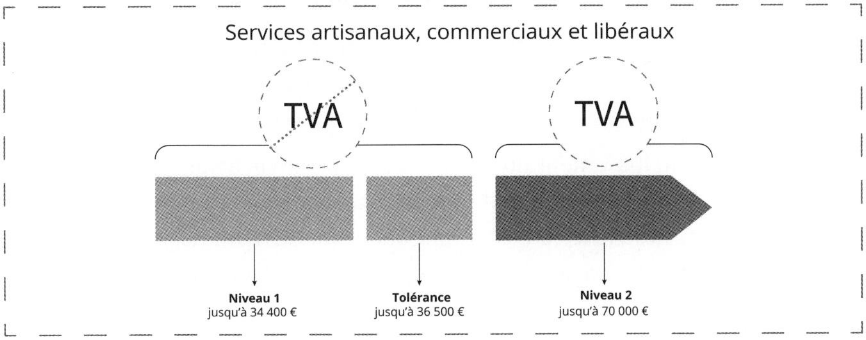

Pour les activités de prestations de service, le seuil de tolérance (zone 2) est fixé à 36 500 € de chiffre d'affaires.

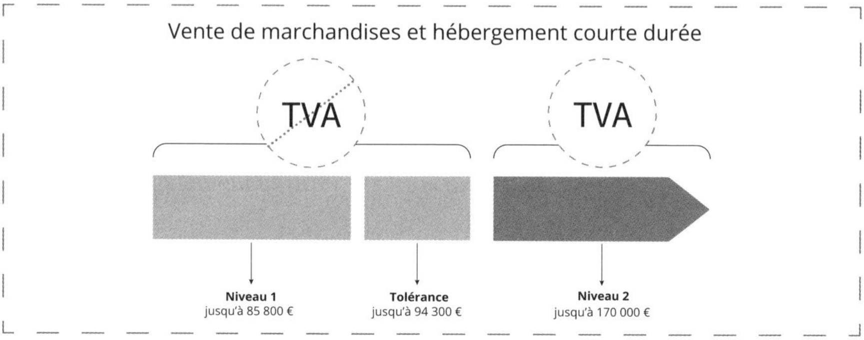

En ce qui concerne les activités de vente de marchandises et d'hébergement courte durée, le seuil de tolérance est fixé à 94 300 €.

> Attention cependant, le seuil de tolérance ne peut être utilisé qu'une année sur deux, hors année de création. En effet, comme la règle du prorata temporis reste d'actualité l'année de création, le seuil de tolérance n'est pas applicable la première année de l'activité de l'entreprise.

Lien entre la déclaration trimestrielle et le mois de dépassement

La TVA s'applique dès le **premier jour du mois de dépassement**. Il faut tout d'abord savoir que l'Urssaf ne contrôle pas les déclarations fiscales (CFE, TVA…). C'est à l'auto-entrepreneur de prendre les devants.

Le constat de franchissement du seuil se fait donc mensuellement, quelle que soit sa périodicité de déclaration de chiffre d'affaires. Ainsi, pour celui qui est en déclaration trimestrielle, la TVA s'appliquera quand même le premier jour du mois de dépassement. En cas de contrôle, c'est la date d'encaissement figurant dans le journal de recettes chronologique qui détermine le mois de dépassement.

Anticiper le passage à la TVA et bien gérer le dépassement

Un exercice qui nécessite un suivi régulier du chiffre d'affaires réalisé et une bonne appréhension de l'activité.

L'auto-entrepreneur ne peut bénéficier du seuil de tolérance que si l'année précédente il n'a pas dépassé le seuil de TVA.

La première année d'activité, l'année de sa déclaration d'activité, tant qu'il ne dépasse pas le seuil de TVA de 34 400 € (services) ou 85 800 € (négoce), l'auto-entrepreneur ne bénéficie pas de la franchise en base de TVA, et ce quelle que soit sa date de début d'activité. Il n'y a donc pas de prorata temporis la première année pour déterminer s'il franchit ou non le seuil de TVA.

En revanche, pour savoir s'il bénéficie du seuil de tolérance de l'année suivante, il faut calculer le prorata temporis du seuil de TVA de la nature de son activité par rapport à son chiffre d'affaires.

Chiffre d'affaires mensuel moyen à ne pas dépasser pour rester en dessous du seuil de TVA.

Quand vous ne bénéficiez pas du seuil de tolérance :

- 34 400 €/12 = 2 867 €
- 85 800 €/12 = 7 150 €

Quand vous bénéficiez du seuil de tolérance :

- 36 500 €/12 = 3 042 €
- 94 300 €/12 = 7 858 €

Anticiper le passage à la TVA

À partir du moment où l'auto-entrepreneur sait qu'il va franchir les plafonds, pour ne pas être confronté à la règle de facturation au premier jour du mois de dépassement, il a la possibilité d'anticiper et de passer au régime de la TVA quand il le souhaite, sans même avoir franchi les plafonds. Il peut également prendre en considération le délai de règlement de ses factures et anticiper la facturation de la TVA en amont du mois de dépassement. Ce qui lui apportera plus de souplesse et moins de stress !

EXEMPLE

Comment bien gérer le dépassement ?

Un auto-entrepreneur est sur le point de dépasser le seuil majoré de TVA, à savoir 36 500 € HT. Un dernier versement par chèque lui arrive : il se retrouve avec un chiffre d'affaires de 38 475 €. Il dépasse donc de 1 975 € le plafond majoré autorisé.

Il doit donc :

– acter que le mois de dépassement sera le mois en cours (par exemple juillet) ;

– émettre des factures complémentaires pour appliquer la TVA sur la totalité de la somme, ainsi que sur toutes les factures émises et payées durant le mois de juillet.

Si sa facture regroupe plusieurs prestations à des dates différentes, il peut réaliser un avoir de cette facture et la « découper » pour en refaire deux autres :

– la première en franchise en base (montant jusqu'au plafond) sur juillet ;
– l'autre avec TVA sur août, qui deviendra donc le mois de dépassement.

COMMENT GÉRER LE DÉPASSEMENT EN CAS D'ACTIVITÉ MIXTE ? FOCUS

Un auto-entrepreneur peut développer à la fois une activité de prestation de service et une activité de vente de fourniture. Lorsque le plafond de TVA est atteint en prestation de service, le basculement en TVA est valable pour toutes les activités quelle que soit la nature de celles-ci.

Gérer la TVA en année N et N + 1

Une fois la franchise en base perdue, l'auto-entrepreneur devient redevable de la TVA au 1er janvier de l'année suivante. La seule façon de récupérer la franchise en base est alors de réaliser une année en dessous du seuil de 34 400 € pour les services et 85 800 € pour les activités de vente et d'hébergement (l'assujettissement à la TVA est valable pour deux ans).

QUELS PLAFONDS CONSIDÉRER ET DÉCLARER EN CAS DE GESTION DE LA TVA ? FOCUS

C'est uniquement le chiffre d'affaires hors taxe qui compte. Autrement dit, l'auto-entrepreneur doit considérer qu'il peut réaliser 72 600 € HT de chiffre d'affaires, donc 87 120 € TTC (avec une TVA à 20 %).

Payer ses cotisations sociales sur le montant TTC n'aurait pas de sens, car il est important de bien intégrer que dans l'exemple ci-dessus, **les 14 520 € de TVA n'appartiennent pas à l'auto-entrepreneur, mais sont à reverser à l'État**.

Ainsi TVA ou pas, les plafonds restent les mêmes, car ils s'entendent HORS TAXE.

Être attentif à son chiffre d'affaires pour éviter le dépassement

L'administration ne prévient pas en cas de dépassement, c'est à l'auto-entrepreneur d'être vigilant. En revanche, en fin d'année, l'Urssaf transmet le chiffre d'affaires réalisé à la DGFIP, et si l'auto-entrepreneur a dépassé le seuil de tolérance de son activité, le service des impôts lui demandera de faire une déclaration de TVA et lui octroiera un numéro de TVA intracommunautaire. L'année suivante, il sera redevable de la TVA dès le premier euro de chiffre d'affaires ; il devra s'en acquitter auprès du service des impôts, qu'il l'ait facturée ou non à ses clients.

Opter pour la TVA : quelles formalités ?

L'auto-entrepreneur doit appeler le **service des impôts des entreprises** (SIE) pour prévenir qu'il franchit le plafond ou souhaite être assujetti à la TVA et demander un numéro de TVA intracommunautaire qui lui sera attribué sous 48 heures.

Cette option pour la TVA est effective dès le 1er jour du mois de sa déclaration, pour deux ans (y compris celle de l'année en cours).

Le régime de TVA des auto-entrepreneurs

Il s'agit du **régime simplifié d'imposition** (RSI). Ce régime est applicable aux entreprises ou sociétés qui :

- ne sont pas concernées par la franchise en base (cas d'exclusions de l'article 293 C du CGI) ;
- réalisent un chiffre d'affaires compris entre 85 800 € et 818 000 € pour les opérations de vente de marchandises, objets, fournitures et denrées à emporter ou à consommer sur place, fourniture de logement (hors location meublée, meublé de tourisme, gîte rural et chambre d'hôtes), et entre 34 400 € et 247 000 € pour les prestations de service ; ces seuils s'appréciant hors taxe ;
- ont un montant de TVA due inférieur à 15 000 € par an ;
- ont opté pour ce régime d'imposition sur les documents de création (formulaire P0 ou M0) déposés auprès du centre de formalités des entreprises

(CFE) ou ultérieurement auprès de leur service des impôts des entreprises (SIE) (avec pour date d'effet le premier jour du mois de l'option).

> Lors de la demande de son numéro de TVA, l'auto-entrepreneur doit bien demander à opter pour le **régime simplifié d'imposition**. Dans le cas contraire, il se peut que ce soit le régime réel normal (RN), plus contraignant, qui lui soit appliqué par défaut.
>
> **BON À SAVOIR**

S'il réalise certaines opérations qui sont exclues du régime simplifié d'imposition, l'auto-entrepreneur **ne peut pas opter pour le régime simplifié**. Il s'agit des opérations suivantes :

- importations ou certaines opérations immobilières soumises à la TVA ;
- travaux de construction réalisés par des entreprises ou sociétés nouvelles, ou celles qui ont repris une activité préexistante, dans le secteur du bâtiment.

L'exclusion porte uniquement sur l'exercice de création (ou de la reprise) et l'année suivante.

Déclarer la TVA

La déclaration s'effectue en ligne sur le compte fiscal professionnel. Elle se fait avec deux acomptes (juillet et décembre) et une régularisation annuelle.

Si la base de calcul des acomptes est inférieure à 1 000 €, l'auto-entrepreneur est dispensé du versement d'acomptes : la TVA est payée pour l'année entière lors de la déclaration annuelle.

Concrètement, il existe deux modes de téléprocédure de déclaration et de paiement :

- l'échange de formulaires informatisé (EFI) à partir de l'espace professionnel sur **impots.gouv.fr** ;
- l'échange de données informatisées (EDI) pour des fichiers comptables et des paiements, notamment, *via* un expert-comptable, et possible uniquement depuis un logiciel dédié.

L'auto-entrepreneur ne doit pas oublier de signer et d'envoyer le mandat SEPA à sa banque pour prélèvement de la TVA sur son compte bancaire dédié.

Calculer les acomptes de TVA

Les entreprises doivent télédéclarer un avis d'acomptes provisionnels semestriels (formulaire n° 3514) accompagné d'un télérèglement et télétransmettre une déclaration de régularisation annuelle une fois l'exercice clos (formulaire n° 3517).

Dès l'année de création ou de bascule dans le régime de TVA, l'entreprise doit télé-transmettre les formulaires d'acomptes provisionnels.

Les dates de dépôt sont fixées en juillet et décembre de chaque année.

L'acompte de juillet doit être égal à 55 % de la TVA due au titre de l'exercice précédent, et celui de décembre à 40 % de la TVA due au titre de l'exercice précédent.

Pour les nouvelles entreprises, il n'est pas possible, au titre de l'exercice de création, de déterminer les acomptes par rapport à l'exercice précédent.

Dans ce cas, les acomptes sont calculés de la manière suivante :

- l'acompte de juillet doit être égal à 80 % de la TVA réellement due au titre de la période ou du semestre précédent(e) ;
- l'acompte de décembre doit être égal à 80 % de la TVA réellement due au titre de la période ou du semestre précédent(e).

La régularisation annuelle de TVA

Une fois l'exercice clos et les acomptes de l'exercice télétransmis et télépayés, l'auto-entrepreneur imposé au régime simplifié d'imposition doit télétransmettre une déclaration de régularisation annuelle de TVA et éventuellement télépayer un solde de TVA. C'est ce que l'on appelle la **déclaration CA 12**, dont les limites de transmission sont les suivantes :

- si l'exercice correspond à l'année civile (clôture en décembre de l'année N), la déclaration de régularisation annuelle doit être télétransmise avant le 2e jour ouvré qui suit le 1er mai de l'année N + 1 (formulaire n° 3517 CA12) ;
- si l'exercice ne correspond pas à l'année civile, la déclaration de régularisation annuelle doit être télétransmise dans les trois mois de la clôture de l'exercice (formulaire n° 3517 CA12-E).

Collecter et déduire la TVA

Quand collecter la TVA ?

Cet impôt sur la vente de biens et de services est signifié par écrit au client dès l'exécution de l'opération, à savoir :

- à la date de facturation pour la vente (biens livrés) ;
- à l'encaissement pour les services.

La TVA sur encaissement fonctionne de façon simple : la preuve d'un paiement est le fait générateur de la taxe. L'auto-entrepreneur encaisse et doit reverser la TVA par la suite. (Concerne tous les prestataires de services BNC. Un prestataire de services BIC peut en bénéficier sur demande.)

La TVA sur les débits fonctionne différemment : l'existence d'une créance ne dépend que de la facture ou de la survenance du transfert d'un bien. Ce qui veut dire que la TVA est due dès que le bien est livré. Un conseil : il est ainsi indiqué pour un auto-entrepreneur de se faire payer à la livraison. (Cela concerne les activités de négoce. Une activité mixte sera forcément à la TVA sur les débits.)

Comment récupérer la TVA ?

Qui dit **TVA collectée** dit **TVA déductible.** Lorsque l'auto-entrepreneur pourra récupérer la TVA en cours d'année et dans le cas des abonnements mensuels, il devra proratiser sa TVA déductible.

De plus, en cas de balance de TVA créditrice, le remboursement par l'État devra avoir lieu. L'État devra donc rembourser à son tour l'auto-entrepreneur dont la TVA déductible pourra parfois être supérieure à la TVA collectée (notamment pour ceux qui facturent en Europe) !

Enfin, il faut noter que pour chaque somme récupérée :

- l'auto-entrepreneur doit conserver un justificatif de l'achat mentionnant la TVA ;
- la somme doit être proratisée en fonction du taux d'utilisation (part privative et part professionnelle) ;
- cette somme doit être déduite seulement si la livraison a été réalisée ou la prestation achetée et la facture reçue.

DÉLÉGUER LA GESTION DE LA TVA À UN TIERS : L'INTERVENTION DE L'EXPERT-COMPTABLE — FOCUS

Un auto-entrepreneur qui ne souhaite pas gérer lui-même sa TVA peut faire appel à un **expert-comptable**.

La gestion entraîne plus de complexité pour l'auto-entrepreneur : **collecter la TVA** (en la facturant à ses clients) et **la récupérer** (en déclarant celle payée sur ses achats) ce qui revient à effectuer une déclaration de TVA chaque mois, trimestre ou année selon le régime choisi. Une formalité complexe qui n'a rien à voir avec ce à quoi les auto-entrepreneurs sont attachés.

En plus d'une simplicité amputée, ce sont donc des coûts de gestion qui peuvent venir s'ajouter. Il faut compter entre 1 000 € et 1 500 € par an. Ce coût sera souvent fonction du nombre d'heures de travail et d'écritures nécessaires pour chaque dossier.

Les obligations comptables

Les entrepreneurs bénéficiant du régime fiscal de la micro-entreprise ont une **comptabilité allégée**. Ainsi, ils doivent tenir un livre mentionnant chronologiquement le montant et l'origine des recettes encaissées à titre professionnel, en distinguant les règlements en espèces des autres règlements. Les références des pièces justificatives (factures, notes, etc.) doivent y être indiquées.

Ce livre est tenu au jour le jour.

Lorsque l'activité consiste principalement à vendre des marchandises, objets, fournitures et denrées à consommer sur place ou à emporter, ou à fournir des prestations d'hébergement ou la fabrication, les entrepreneurs doivent tenir un registre récapitulant par année le détail de leurs achats en précisant le mode de règlement et les références des pièces justificatives. Ils doivent conserver toutes les factures ou pièces justificatives relatives à leurs achats et à leurs ventes de marchandises ou de prestations de service.

RÉCUPÉRER LA TVA

Les métiers étant différents, les règles s'y appliquant également, il est donc difficile de dresser une liste exhaustive des produits et services sur lesquels l'auto-entrepreneur pourra récupérer la TVA. Voici une liste avec les principaux points. Il est conseillé de se rapprocher d'un expert-comptable ou d'un organisme de gestion agréé (OGA) à l'occasion d'un rendez-vous conseil afin de dresser la liste des produits ou services concernés.

D'une manière générale, il est possible de récupérer la TVA sur les fournitures, le matériel informatique acheté ou loué pour l'activité de l'auto-entrepreneur, les abonnements Internet et téléphonie, l'achat d'un site Internet, d'un logiciel, l'essence…

Récupérer la TVA sur les véhicules de transport

Il n'est pas possible pour l'auto-entrepreneur de récupérer de la TVA sur l'acquisition, la location et les frais d'entretien de sa voiture personnelle (considérée comme véhicule de tourisme) ; cela sera uniquement possible sur des véhicules sans place arrière.

Des exceptions existent dans le cas d'un auto-entrepreneur exerçant une activité d'enseignement de la conduite, ou chauffeur pour une plateforme comme Uber ou Chauffeur privé.

Le cas des véhicules utilitaires — FOCUS

S'il possède un utilitaire qu'il utilise dans le cadre de son activité professionnelle, l'auto-entrepreneur pourra récupérer la TVA. Pour transformer un véhicule personnel en véhicule utilitaire, il devra alors avant toute chose faire modifier la carte grise du véhicule.

Récupérer la TVA sur les carburants

Afin de pouvoir récupérer la TVA sur les carburants, certaines conditions sont à respecter. Les dépenses doivent concerner uniquement l'activité professionnelle, la TVA sur un plein réalisé pour des raisons personnelles ne pourra être prise en compte. En revanche, la TVA sur un usage mixte pourra se faire au prorata de l'usage professionnel.

C'est ainsi possible en fonction du type de véhicule (véhicule utilitaire ou véhicule de tourisme), du type de carburant (gazole, essence, électricité, etc.).

Sur le gazole

- Si le véhicule est acheté ou loué à titre professionnel, déduction possible à 100 %.
- Si le véhicule est un véhicule de tourisme (véhicule personnel), la TVA ne pourra être récupérée qu'à hauteur de 80 %.

Carburants	Véhicules de tourisme	Véhicules utilitaires
Gazole et superéthanol E85	80 %	100 %
GPL et GNV	100 %	100 %
Électricité (véhicules électriques)	100 %	100 %

Sur l'essence

Il est possible depuis le 1er janvier 2017 de récupérer la TVA sur l'essence pour un véhicule de tourisme ou un véhicule utilitaire.

Dans l'optique d'une équité entre la récupération de TVA sur l'essence et sur le gazole, le législateur a prévu un alignement sur cinq ans du régime de récupération de la TVA de l'essence sur celui du gazole.

Année	Véhicules de tourisme	Véhicules utilitaires
2019	40 % récupérables	40 % récupérables
2020	60 % récupérables	60 % récupérables
2021	80 % récupérables	80 % récupérables
À compter de 2022	80 % récupérables	100 % récupérables

Faire une facture avec la TVA

Les papiers à en-tête, factures et autres documents administratifs de l'auto-entrepreneur doivent comporter certaines mentions obligatoires, dont la fameuse « TVA non applicable, article 293B du Code général des impôts ». En cas d'application de la TVA, la mention disparaît, tout simplement !

D'une part, la facture devra faire apparaître les montants suivants :

- total HT ;

- TVA (taux et montant) (une ligne par taux) ;
- total TTC.

D'autre part, **le numéro individuel d'identification à la TVA** du vendeur (ou du prestataire) est **obligatoire sur toutes les factures**, qu'elles correspondent à des opérations réalisées en France, intracommunautaires ou encore à l'exportation (à l'exception des factures d'un montant total HT inférieur ou égal à 150 €).

En revanche, la mention du numéro de TVA du client reste facultative pour les opérations réalisées en France.

LE LOGICIEL DE FACTURATION OBLIGATOIRE POUR FACTURER LA TVA — FOCUS

Toutes les entreprises assujetties à la TVA sont concernées par la loi contre la fraude à la TVA, ce qui concerne les auto-entrepreneurs assujettis à la TVA également. Ces derniers doivent donc s'équiper d'un logiciel de gestion certifié ou engager les services d'un expert-comptable. Dans ce deuxième cas, c'est à l'expert-comptable et non à l'auto-entrepreneur qu'incombe l'obligation d'utiliser un logiciel de gestion certifié.

Le contrôle de la TVA avant la déclaration

L'auto-entrepreneur déclare sa TVA seul ou *via* un accompagnateur. Le contrôle sur la TVA peut avoir lieu par les services fiscaux *a posteriori*.

FACTURER LA TVA À DES PARTICULIERS OU DES PROFESSIONNELS

Facturer la TVA à des particuliers : pas simple !

Lorsque l'auto-entrepreneur applique une politique tarifaire toute l'année, une hausse soudaine de 20 % risque d'être très mal vécue par les clients particuliers.

Il n'est pas facile de trouver une solution à ce problème et ce n'est pas aux clients de supporter la répercussion de ce passage à la TVA.

Parmi les solutions, il y a celle d'augmenter son tarif de base de 10 % en début d'année. En dessous des seuils intermédiaires, ce nouveau tarif reste le tarif « net de taxes ». Dès que les seuils sont franchis, il devient le tarif TTC. Dans le premier cas, l'auto-entrepreneur paye plus de cotisations sociales et d'impôts, car son chiffre d'affaires sera plus élevé. Dans le second cas, il réalisera moins de chiffre d'affaires et donc payera moins de cotisations sociales et d'impôts, sans parler de la récupération de la TVA sur ses achats et qui pourrait constituer une petite « compensation ».

Facturer la TVA à des professionnels : plus simple !

Un auto-entrepreneur dont les clients sont des professionnels assujettis à la TVA aura plus de facilités à collecter la TVA. En effet, il facturera comme d'habitude en franchise de TVA jusqu'à 34 400 €. Au-delà, ses factures seront TTC : le passage sera dans ce cas sans douleur pour ses clients qui, de toute façon, récupèrent la TVA.

Les métiers exonérés de TVA

Les activités exonérées de TVA en libéral sont définies par l'article 261 du Code général des impôts, mais attention, toutes les opérations ne sont pas forcément exonérées.

Les activités qui relèvent du domaine de la santé

Parmi les métiers que peuvent exercer les auto-entrepreneurs, seront exonérés de TVA : les diététiciens, les psychomotriciens ou les ergothérapeutes.

Les psychologues, psychanalystes et psychothérapeutes en sont exonérés à condition qu'ils soient titulaires d'un diplôme requis pour exercer en tant que psychologue dans la fonction publique hospitalière.

La condition est la même pour un auto-entrepreneur autorisé légalement à pratiquer l'ostéopathie ou la chiropractie.

Les activités d'enseignement

Les cours dispensés aux particuliers ne sont pas assujettis à la TVA, à la condition qu'ils soient dispensés par des personnes physiques, ce qui est le cas des auto-entrepreneurs rémunérés directement par les élèves.

EXEMPLE

Dans le cas d'un auto-entrepreneur en services à la personne, donnant des cours d'anglais par exemple, il sera donc exonéré de la TVA sur cette activité uniquement. Si à côté il réalise de la garde d'enfants, le chiffre d'affaires réalisé sur cette activité pourra être assujetti à la TVA en fonction du plafond de chiffre d'affaires réalisé.

Les leçons doivent relever de l'enseignement scolaire, artistique, sportif (à l'exception faite du yoga), universitaire ou professionnel.

Les activités qui relèvent de la formation continue

Un formateur qui aura obtenu un numéro de déclaration pourra également, sur ses actes de formation, obtenir une exonération de TVA en faisant la demande auprès de la DIRECCTE.

La TVA intracommunautaire

Toute entreprise assujettie à la TVA et domiciliée au sein de l'Union européenne a un numéro de TVA intracommunautaire, délivré par son administration fiscale.

Ce numéro est obligatoire pour toutes transactions commerciales entre entreprises de l'Union européenne. Il identifie une entreprise assujettie dans n'importe quel pays membre de l'Union européenne et simplifie les démarches de l'administration fiscale en matière de suivi et de remboursement de la TVA aux entreprises. Grâce à ce numéro, la déclaration de TVA en ligne est simplifiée et son remboursement est plus rapide.

Les opérations concernées par le numéro de TVA intracommunautaire

Les achats et les ventes de biens et services : on parle spécifiquement d'introduction et d'expédition dans le cadre des échanges commerçants entre pays membres de l'Union européenne. En revanche, pour des échanges avec des pays hors Union européenne, on parlera d'importation et d'exportation.

Le fonctionnement dans le cas de l'introduction de biens (achat de marchandises ou de services) : une entreprise belge qui vendrait à une entreprise française sera taxée à la douane aux taux de TVA français et devra présenter son numéro de TVA intracommunautaire. Mais dans ce cas, la TVA est neutre (égale à zéro), car elle est imputée en tant que TVA exigée et déductible.

Le fonctionnement en cas d'expédition de biens (vente de marchandises ou de services) : une entreprise française expédie des biens à une entreprise allemande : toutes les deux ont un numéro de TVA intracommunautaire, l'entreprise française (et vice versa) est alors exonérée de TVA si :

- la transaction concerne deux entreprises européennes assujetties à la TVA ;
- la livraison est payante ;
- le vendeur connaît le numéro intracommunautaire de l'acheteur ;
- le vendeur a des justificatifs de transport hors de France ;
- l'acheteur ne bénéficie pas du régime dérogatoire.

Chapitre 16

La cotisation foncière des entreprises (la CFE)

Source d'incompréhension de la part des travailleurs indépendants qui travaillent pour une grande partie chez eux, sur une table de leur salon ou un bureau dans une chambre, la **cotisation foncière des entreprises** est un impôt dont est redevable chaque entreprise. Si au début de la création du régime de la micro-entreprise les auto-entrepreneurs y ont échappé, ils sont désormais logés à la même enseigne que les autres entrepreneurs, à l'exception de certains métiers qui ne sont pas concernés par cet impôt. Ils payent, en revanche, la CFE sur la base minimale de la valeur locative.

Il s'agit d'un impôt local, au même titre que la taxe d'habitation ou la taxe foncière, perçue par la DGFiP, pour le compte des collectivités locales (communautés de communes et métropoles). Dans le cas des auto-entrepreneurs, bien souvent, ils ne disposent d'aucun local autre que leur habitation principale ; ils sont alors uniquement redevables d'une cotisation minimum de CFE.

Si d'une ville à une autre la CFE pour le même profil d'auto-entrepreneur peut passer du simple au double, cela vient du fait que ce sont les collectivités locales qui en déterminent le montant.

Les différentes exonérations — FOCUS

- **Exonération pour tous** : la première année de leur création, les entreprises ou personnes qui exercent une activité professionnelle non-salariée **ne sont pas soumises à la CFE** à l'exception du cas d'une reprise d'activité.

- **Exonération pour les chiffres d'affaires inférieurs à 5 000 €** : les auto-entrepreneurs dont le chiffre d'affaires annuel est inférieur à 5 000 € sont exonérés de CFE[1].
- **Exonération partielle pour les commerçants et artisans** : une exonération sur leur CFE de taxes de frais de chambre de commerce et d'industrie ou de chambre des métiers et de l'artisanat, taxes qu'ils payent déjà lors de leur déclaration mensuelle ou trimestrielle.
- **Exonération totale pour certaines professions**, par exemple (liste non exhaustive)[2] : les artisans dont le métier manuel est prépondérant, les professeurs de lettres, de sciences et d'art, les artistes (peintres, sculpteurs, graveurs, dessinateurs, photographes, auteurs, compositeurs, artistes lyriques et dramatiques)... Dans ce cas, les entreprises doivent demander l'exonération de la CFE en utilisant le formulaire Cerfa n° 10694*20.

Attention, la première année, votre chiffre d'affaires doit être ramené sur 12 mois par rapport à votre date de début d'activité. Ce n'est donc pas le chiffre d'affaires que vous avez déclaré à Urssaf qu'il faut prendre en considération, mais le prorata temporis de votre chiffre d'affaires par rapport à une année complète, vous devez donc appliquer la formule suivante : chiffre d'affaires réalisé × 365/Nombre de jours d'activité.

Exemple : début d'activité le 15 juin (soit 198 jours d'activité) pour un chiffre d'affaires réalisé de 3 250 € au 31 décembre = 3 250 × 365/198 = 5 991 €.

Calculer la cotisation foncière des entreprises (CFE)

La CFE se calcule sur trois critères :

- le chiffre d'affaires ;
- la base d'imposition à la CFE ;
- le taux voté par la collectivité locale.

La CFE est égale à la multiplication du taux par la base d'imposition.

En cas d'imposition minimale à la CFE, la base d'imposition à prendre en compte est déterminée en fonction du chiffre d'affaires réalisé au cours de la période de référence.

1. Art. 97 de la loi de finances pour 2018.
2. Liste complète sur **www.service-public.fr/professionnels-entreprises/vosdroits/F31913**.

Le chiffre d'affaires

La période de référence retenue pour déterminer les bases de la CFE est constituée en principe par l'avant-dernière année précédant celle de l'imposition. Pour les auto-entrepreneurs, c'est le chiffre d'affaires de l'année N – 2 qui est pris en compte. Pour une imposition 2021, c'est le chiffre d'affaires de l'exercice 2019 qui sert de référence (arrêté du 31 décembre 2016).

Dans le cadre d'un local dédié à l'activité, c'est la valeur locative du local qui est retenue, sauf si la base minimale est supérieure à cette valeur locative. En absence de local, la base minimale est retenue.

La base d'imposition (minimale) pour le calcul de la CFE

La base d'imposition d'une année N est constituée de la valeur locative du local (valeur au mètre carré établie par le cadastre × nombre de mètres carrés) dont le redevable a disposé au 31/12/N – 1.

Une base minimale d'imposition est prévue lorsque la valeur locative du local est faible (inférieure à la base minimum) ou en **absence de local**. Elle est fixée par l'organe délibérant de la commune ou de l'établissement public de coopération intercommunale (EPCI) à fiscalité propre, mais encadrée par la loi selon le tableau qui suit.

Pour la cotisation due en 2021, ce sont les biens utilisés en 2019 qui sont pris en compte :

Montant du chiffre d'affaires (CA) ou de recettes	Montant de la base minimum applicable
≤ 10 000 €	Entre 221 et 526 €
> 10 000 € et ≤ 32 600 €	Entre 221 et 1 050 €
> 32 600 € et ≤ 100 000 €	Entre 221 € et 2 207 €
> 100 000 € et ≤ 250 000 €	Entre 221 € et 3 679 €
> 250 000 € et ≤ 500 000 €	Entre 221 € et 5 254 €
> 500 001 €	Entre 221 € et 6 833 €

Le taux d'imposition de la CFE

Le taux d'imposition est fixé chaque année soit par la commune, soit par l'EPCI si celui-ci est doté d'une fiscalité propre.

Il peut varier d'une année sur l'autre. Les délibérations des collectivités territoriales sont consultables chaque année auprès de la mairie.

La période de référence pour le calcul de la CFE

La période de référence retenue pour déterminer les bases de CFE (valeur locative du local et chiffre d'affaires pour la base minimum) est l'avant-dernière année précédant celle de l'imposition (N – 2). Par dérogation à ce principe, les deux années suivant la création d'un établissement, la base d'imposition est calculée d'après les biens dont le redevable a disposé au 31 décembre de la première année d'activité.

L'année suivant la création de l'activité, un **abattement de 50 %** est effectué sur la base d'imposition.

Année de création N	N + 1	N + 2
Sous conditions CFE non dues, même si création au 01/01/N.	Base = valeur locative des biens passibles de taxe foncière dont le redevable a disposé au 31/12/N.	
Déclaration 1447 à déposer avant le 01/01/N + 1.	Sous conditions : réduction pour création d'établissement (RCE) base brute réduite de 50 %.	Pas de réduction.

Les obligations déclaratives de l'auto-entrepreneur

L'année de création, le SIE (service des impôts des entreprises) envoie à chaque créateur une lettre d'accueil ainsi qu'un questionnaire CFE, qu'il faut renvoyer dans les meilleurs délais, demandant des précisions concernant le local occupé. Ces informations permettent de déterminer les bases d'imposition qui serviront au calcul de la CFE.

Payer l'avis d'imposition pour la CFE

La CFE est à **payer par voie dématérialisée** sur le site **impots.gouv.fr**, où sont également consultables les avis de CFE. Il faut en effet savoir que la DGFiP n'envoie plus les **avis de CFE** par voie postale.

Il est donc impératif de se rendre dans son espace professionnel sur le site **impots.gouv.fr** avant l'échéance de paiement de décembre. Les avis d'impôt de CFE sont disponibles en ligne en novembre, y compris pour les entreprises ayant opté pour le prélèvement mensuel.

La Direction générale des finances publiques adresse un courriel au moment de la mise en ligne des avis et quelques jours avant la date limite de paiement (mi-décembre).

Un courrier est également adressé aux entrepreneurs qui n'ont pas encore créé leur espace professionnel sur **impots.gouv.fr.**

Comment créer son compte sur impots.gouv.fr — FOCUS

La création de l'espace professionnel est un préalable indispensable ; l'entrepreneur doit effectuer cette démarche sur le site **impots.gouv.fr**, dès la création de son entreprise, munie de son numéro SIREN et d'une adresse e-mail. Cet espace permet d'effectuer de manière sécurisée toutes les démarches fiscales.

Pour créer et activer son espace professionnel sur la page d'accueil du site **impots.gouv.fr**, il faut cliquer sur le lien « Créer > Activer mon espace » et suivre les indications. Un code d'activation est adressé, par courrier, par la DGFiP sous quelques jours. À réception, muni du code d'activation, l'entrepreneur valide la création de son espace. La déclaration sur cet espace d'un compte bancaire permettra d'effectuer le paiement de la CFE en ligne.

Il est possible ensuite de consulter les avis de CFE sur **impots.gouv.fr** en se rendant dans l'espace professionnel et en sélectionnant le service « Consulter > Avis CFE », puis « Accès aux avis de CFE ».

L'auto-entrepreneur y fera également sa déclaration de TVA s'il est concerné.

Le paiement s'effectue obligatoirement en ligne *via* le compte bancaire indiqué avec le service « Gérer mes comptes bancaires ». À la validation de l'ordre de paiement, l'auto-entrepreneur signe un mandat électronique autorisant l'administration à effectuer un prélèvement SEPA. Sa banque reçoit directement les instructions nécessaires et ne peut refuser le paiement.

Dans l'espace professionnel, il faut sélectionner le bouton « Payer/CFE et Autres impôts » et ensuite choisir le **mode de paiement de CFE** qui convient :

- Paiement direct avec le bouton « Payer ». Ce service offre la possibilité de modifier le montant.
- Prélèvement automatique mensuel ou à l'échéance.

Des difficultés pour régler la CFE ?

Si l'auto-entrepreneur rencontre des difficultés de trésorerie, il lui faudra écrire un courrier à son centre des impôts en expliquant sa situation et demander la possibilité de payer en deux ou trois fois sur un délai de trois mois (les Impôts ne vont généralement pas au-delà).

BON À SAVOIR

La CVAE (cotisation sur la valeur ajoutée des entreprises)

Avec l'augmentation des plafonds, les commerçants peuvent être concernés par cette obligation : les entreprises dont le chiffre d'affaires est supérieur à 152 500 € doivent effectuer la déclaration de valeur ajoutée et des effectifs salariés (n° 1330-CVAE). Cependant dans le cas des auto-entrepreneurs, leur chiffre d'affaires étant inférieur à 500 000 €, le taux d'imposition est de 0 %.

4

Les étapes pour se lancer et créer sa micro-entreprise

Chapitre 17

Préparer son projet de création d'entreprise

Le *business model* et le *business plan* sont deux outils pour aider à construire son projet pour bien se lancer ou se développer.

Le *business model* ou modèle économique

Le *business model* décrit le concept qui permet à l'entrepreneur de gagner de l'argent, de faire des bénéfices, c'est-à-dire la façon dont l'entrepreneur va générer des recettes. Il décrit aussi quelles méthodes il va employer, quels produits ou quelles prestations il va vendre, et quelle marge il va pouvoir réaliser.

C'est à partir de ce modèle économique que sera réalisé le *business plan* (voir ci-dessous).

Afin de concevoir son *business model*, le créateur répondra à des questions concernant :

- son plan d'action ;
- les risques et incertitudes ;
- ses partenaires ;
- ses perspectives de croissance ;
- les compétences nécessaires ou son besoin de formation.

Comment réaliser son *business model* ?

Le *business model* doit avant tout être pertinent et réaliste. Il faut savoir évaluer les différentes étapes, établir un planning et le respecter, prendre en compte les conditions du marché.

Créer son entreprise c'est savoir faire preuve d'humilité, de bon sens et de clarté. C'est comprendre que personne ne nous attend : comme le disait Georges Clemenceau, « les cimetières sont pleins de gens irremplaçables, qui ont tous été remplacés ». Le coach sportif, le naturopathe, le peintre qui s'installe trouveront sur leur route de nombreux concurrents. Plus vite ils accepteront l'idée qu'ils devront faire preuve de ténacité et de sérieux, plus vite ils pourront à terme se différencier de leurs concurrents. C'est en ce sens que l'étape du *business model* est indispensable, car elle oblige le créateur à prendre du recul sur son projet et à identifier ses forces et ses faiblesses.

Comment présenter son *business model* ?

Le modèle du chercheur et entrepreneur suisse Alexander Osterwalder[1], le *business model* CANVAS, établi en 2008, permet de dresser un état des lieux du modèle économique d'une entreprise et d'en analyser le potentiel économique.

Le *business model* CANVAS d'Osterwalder se compose de neuf parties :

1) Comment se compose la clientèle de l'entreprise ?

2) De quoi se compose l'offre de l'auto-entrepreneur et pourquoi les clients vont-ils la choisir plus tôt qu'une autre ?

3) Comment l'entrepreneur va-t-il faire connaître son offre, ses services, ses produits ?

4) Quel type de relation sera établi avec les clients ?

5) Avec quels moyens ? Quels sont les besoins indispensables au fonctionnement de l'activité ?

6) Quelles sont les activités nécessaires au fonctionnement de l'entreprise ?

7) Quels sont les partenaires, intervenants stratégiques, fournisseurs ?

8) Quels seront les prix, comment seront-ils déterminés ?

9) Quels sont les coûts les plus importants ?

Pour l'aider dans la mise en place de son *business model*, l'auto-entrepreneur peut s'aider des deux schémas ci-dessous qu'il pourra remplir.

1. Outil issu du livre *Business Model Generation* d'Alexander Osterwalder et Yves Pigneur publié chez John Wiley & Sons.

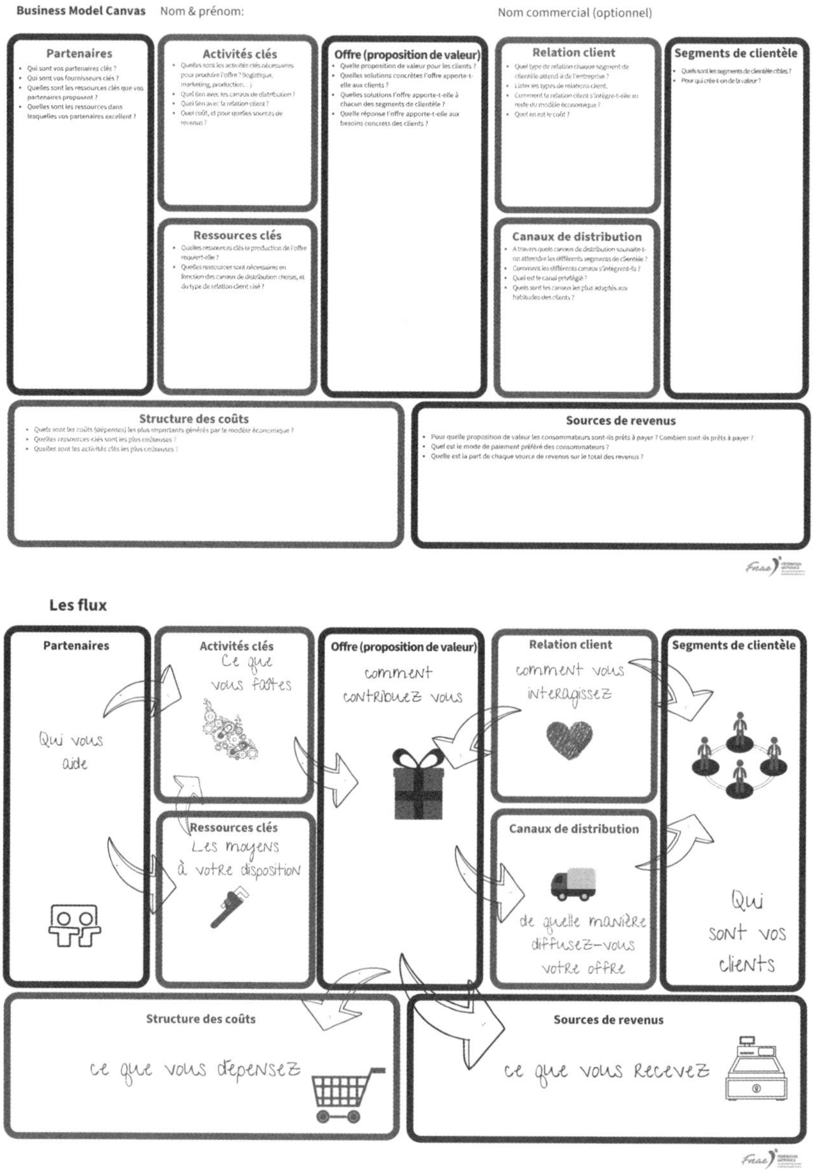

Le *business model* CANVAS pour synthétiser son *business model*

LE *BUSINESS PLAN*

Le *business plan* décrit la stratégie financière et commerciale choisie pour mener à bien un projet entrepreneurial : il montrera la solidité du projet et rassurera.

Il se décompose généralement en quatre parties :

- **Le CV du créateur** : la réussite d'un projet de création d'entreprise repose pour beaucoup sur le parcours, l'expérience et les compétences du créateur. Le CV devra notamment montrer l'adéquation entre les expériences professionnelles du créateur et le secteur d'activité dans lequel il souhaite créer.
- **Une présentation du marché (concurrents, offres existantes)** : l'objectif de cette partie permet d'estimer s'il existe des personnes prêtes à payer pour le produit ou le service proposé.
- **La stratégie commerciale et les moyens de production définis** : L'entrepreneur y présente l'ensemble des moyens qui vont permettre de conquérir de nouveaux clients... et donc de booster les ventes.
- **Une présentation du dossier financier** : cette partie comportera tous les aspects financiers du projet d'entreprise à savoir pour un auto-entrepreneur :
  - les ressources et les besoins en financement ;
  - le compte de résultat prévisionnel ;
  - le plan de trésorerie sur trois ans ;
  - la rentabilité et le point mort.

Dans le cas de la micro-entreprise, si l'auto-entrepreneur n'a pas l'obligation de réaliser un bilan, un tableau restituant les charges de fonctionnement de l'entreprise et ses recettes permet une visibilité plus réaliste et mieux chiffrée du projet.

BUSINESS MODEL ET *BUSINESS PLAN* SONT-ILS UTILES ?

FOCUS

Trop d'auto-entrepreneurs se lancent sans réellement réfléchir à tous ces points et ne calculent pas leur rentabilité ; la durée de vie de leur entreprise est ainsi comptée...

Cette absence de préparation a pour conséquence des prix de vente sous-estimés ou des coûts horaires inférieurs à la réalité du marché – au risque de passer pour un prestataire peu sérieux et de s'attirer les foudres des autres professionnels du domaine. Mais surtout, cela ne permet pas à l'auto-entrepreneur de vivre correctement de son activité.

C'est là que le *business plan* et la réalisation *a minima* d'un compte de résultat prévisionnel permettront au créateur de fixer des prix justes qui lui permettront de vivre correctement.

Estimer la viabilité de son projet

Pour estimer la viabilité d'un projet, il convient de s'interroger sur les points suivants : quelle est la proposition de valeur, l'offre, le marché, la rentabilité de l'entreprise et les critères qui différencient le créateur des autres prestataires ?

Le marché : il s'agit de la clientèle, la concurrence ainsi qu'une prise en compte des tendances et des évolutions technologiques qui peuvent influer sur le marché

La clientèle : qui sont les clients de l'entrepreneur ? Une **étude de marché** permettra de déterminer leurs habitudes de consommation : comment, sur le parcours de leurs journées, semaines, mois, vont-ils croiser l'offre du créateur (pour déterminer les canaux de communication à utiliser) ?

L'étude de marché se réalise avec différents outils empruntés aux métiers du marketing : les études qualitatives ou quantitatives.

- **L'étude quantitative** est une étude réalisée par un sondage ou un questionnaire qui apporte des résultats quantifiables. L'étude de marché peut être réalisée très simplement à l'aide d'un questionnaire de 10 à 15 questions qui donneront une tendance. Le questionnaire pourra être diffusé soit en face-à-face, dans la rue par exemple, sur un marché, ou par e-mail à l'aide d'un formulaire en ligne ou *via* les réseaux sociaux.
- **L'étude qualitative** permet d'aller en profondeur et de comprendre ou d'expliquer un comportement, des motivations. Cette étude permet par exemple de travailler de nouvelles idées, de les tester. Imaginons une personne qui lance un nouveau service comme l'astrothérapie, nouveau métier qu'elle ne sait pas comment présenter. En regroupant plusieurs personnes et en leur posant différentes questions, elle pourra trouver des idées sur comment se présenter et faire connaître son activité.

La concurrence : il s'agit des différents acteurs qui interviennent sur le marché avec des offres identiques à celles du créateur. Il faut ensuite déterminer la nature et le positionnement de leur offre.

La tendance : est-elle stable, en progression, en récession ? **Des évolutions technologiques** vont-elles avoir une influence dans un avenir proche sur votre projet ?

Calculer la rentabilité de son entreprise

La rentabilité, c'est tout simplement ce qu'il reste après avoir tout payé.

Définir sa rentabilité permet entre autres de savoir si le régime de la micro-entreprise est adapté au projet ! L'idée n'est pas que tous les créateurs créent une micro-entreprise, mais que chacun trouve le régime fiscal et social adapté à son projet.

Il convient de rappeler que le régime de la micro-entreprise est un régime forfaitaire, c'est-à-dire que le montant des charges et frais professionnels est forfaitairement déterminé en fonction de la nature de l'activité :

- pour une activité libérale, le montant total des charges ne devra pas dépasser 34 % du chiffre d'affaires ;
- pour une activité de service commercial ou artisanal, le montant total des charges ne devra pas dépasser 50 % du chiffre d'affaires ;
- pour une activité de négoce, gîte ou chambre d'hôte, le montant total des charges ne devra pas dépasser 71 % du chiffre d'affaires.

Au-delà, l'entrepreneur sera perdant !

> Pour opter pour le régime de l'auto-entrepreneur, il ne faut donc pas que **l'ensemble de ses charges** dépasse le **pourcentage de l'abattement forfaitaire**.

Pour calculer la rentabilité de son entreprise, il faut calculer son **prix de revient**, ce qui permet de savoir si les prix de vente envisagés sont suffisants ou non.

Calculer le prix de revient

Le prix de revient est l'ensemble des coûts variables et fixes, directs ou indirects.

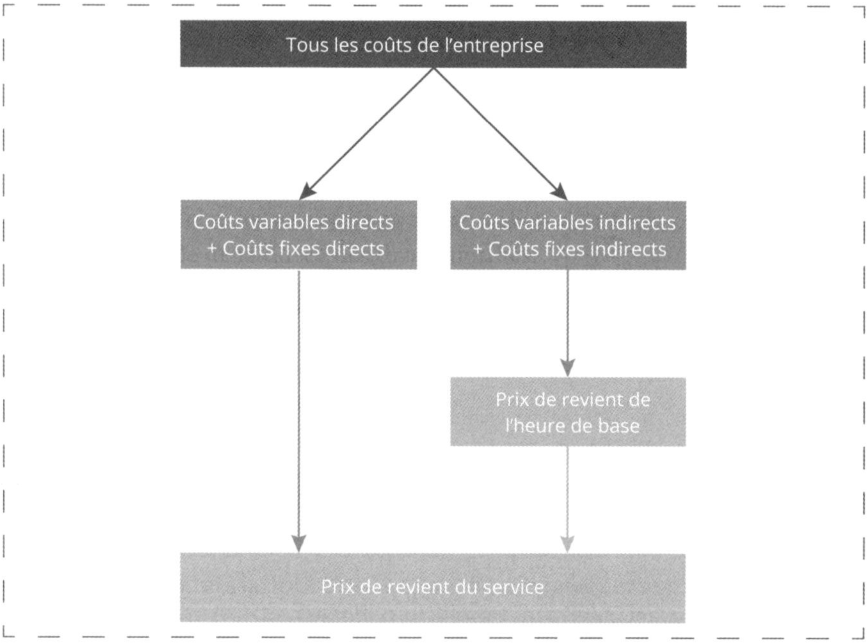

Prix de vente – Prix de revient = Marge = Bénéfice = Revenu

Le chiffre d'affaires

Le chiffre d'affaires est constitué de l'ensemble des recettes encaissées par l'auto-entrepreneur (attention, un grand nombre d'auto-entrepreneurs se trompent et déclarent le chiffre d'affaires facturé).

Il est important de connaître les dates à laquelle les règlements des prestations entrent dans le chiffre d'affaires afin de bien tenir son livre des recettes.

Si le client règle :

- En espèces : c'est au moment où il remet les espèces que le règlement entre dans le CA.
- Par chèque : c'est au moment où il remet le chèque ou que l'auto-entrepreneur le reçoit par voie postale.
- Par carte bancaire : c'est au moment où le paiement est enregistré par le terminal de paiement électronique (TPE).

- Par virement : c'est au moment où l'argent arrive sur le compte de l'auto-entrepreneur.
- Par effet de commerce : c'est la date de l'échéance figurant sur ce dernier.
- Par votre prélèvement SEPA sur le compte de l'auto-entrepreneur : c'est la date à laquelle l'argent est crédité sur le compte bancaire.
- Par l'intermédiaire d'un mandataire, d'un service de paiement ou d'un IOBSP (intermédiaire en opérations de banque et en services de paiement) : c'est au moment où le client paye.

Calculer ses charges

Pourquoi calculer ses charges puisque l'auto-entrepreneur ne peut rien déduire ?

L'auto-entrepreneur a toujours des charges

Pour un prestataire de services intellectuels, beaucoup pensent à tort que leur marge est de 100 %.

En effet, même s'il n'a pas de coût fixe direct, il a forcément des coûts fixes indirects comme des frais de déplacement, mais il a surtout des coûts indirects fixes et variables qui viendront impacter son prix de revient.

Un auto-entrepreneur doit même considérer que les cotisations sociales sont des coûts fixes directs, puisque s'il vend une heure de prestation à 50 €, il devra payer 14 € de charges sociales sur ce montant.

La notion de seuil de rentabilité

Le seuil de rentabilité permet de calculer le chiffre d'affaires qu'il sera nécessaire de réaliser pour couvrir l'ensemble des frais et charges et ainsi commencer à gagner de l'argent.

Il existe deux méthodes simples pour calculer un seuil de rentabilité :

- déterminer le chiffre d'affaires qu'il faut réaliser pour ne pas perdre d'argent ;
- déterminer le chiffre d'affaires qu'il faut faire pour répondre à ses besoins personnels.

Méthode 1

Dans cet exemple pour calculer le seuil de rentabilité, on part de l'exemple d'un auto-entrepreneur réalisant 12 000 € de chiffres d'affaires duquel on déduira l'ensemble de ses charges.

EXEMPLE

	1ère année
Chiffre d'affaires prévisionnel HT	12 000 €
Charges fixes (ce sont les charges qui sont à payer quel que soit le CA)	2 450 €
Charges variables (ce sont les charges qui dépendent du CA et du nombre de ventes)	5 790 €
Chiffre d'affaires – charges variables = marge sur coûts variables	6 210 €
Marge sur coûts variables / chiffre d'affaires = taux de marge sur coûts variables	0,517 €
Charges fixes / taux de marge sur coûts variables = seuil de rentabilité	4 734 €

Méthode 2

Dans cet exemple, le seuil de rentabilité est de 4 734 €. C'est-à-dire qu'il faut réaliser 4 734 € de chiffre d'affaires pour ne pas perdre d'argent.

EXEMPLE

	Taux	Montant	
		Mensuel	Annuel
Charges fixes		200 €	2 400 €
CFE			350 €
Besoins personnels		1 000 €	12 000 €
Sous total			14 750 €
Taux de charges sociales	22,00 %		
Taux de charges variables	10,00 %		
Taux global	32,00 %		
CA à réaliser		1 808 €	21 691 €

Un prestataire de service libéral qui souhaiterait gagner en moyenne 1 000 € par mois devra réaliser un chiffre d'affaires annuel de 21 691 €.

Les principales charges de fonctionnement d'un auto-entrepreneur

Parmi les charges de fonctionnement de l'auto-entrepreneur, on trouve :

Les assurances

- **Pour les déplacements** : pour l'usage du véhicule personnel, il est fortement conseillé d'informer son assureur que celui-ci sert également dans un cadre professionnel. Ce surcoût éventuel devient une **charge de fonctionnement**.
- **Une assurance décennale ou une responsabilité civile** : pour les artisans une assurance **décennale**, pour les autres métiers. Lorsque celle-ci n'est pas obligatoire, il faut estimer les risques. Une **responsabilité civile professionnelle** permettra de dormir sur ses deux oreilles, mais *a minima* l'auto-entrepreneur devra penser à souscrire une **protection juridique professionnelle**.

Mutuelle et prévoyance

La mutuelle ne concerne pas les salariés en activité secondaire ou les auto-entrepreneurs bénéficiaires de la mutuelle de leur conjoint.

La prévoyance, utile en cas d'accident et de maladie, permettra d'avoir des revenus de substitution (l'équivalent d'un arrêt maladie).

Publicité, publication, relations publiques

Cette partie liste tous les éléments de communication dont a besoin le créateur : création et hébergement d'un site Internet, graphiste, impression de cartes de visite, ses frais d'Internet et de téléphone. L'auto-entrepreneur, utilisant l'abonnement Internet et téléphonique de son logement, pense souvent que celui-ci ne représente pas une charge pour son entreprise.

Cette partie prend en compte les logiciels, l'équipement informatique (il ne faut pas oublier que la durée d'un ordinateur est en moyenne de cinq ans).

Le dépôt de marque, si l'auto-entrepreneur décide de créer un **nom commercial ou une marque**.

Il lui faudra également chiffrer ses frais de déplacement.

Services bancaires et assimilés

Il s'agit des coûts engendrés par la tenue du compte bancaire.

Local ou bureau à domicile

On impute une partie de l'électricité et/ou du gaz à son entreprise. En effet si l'auto-entrepreneur travaillait dans un bureau extérieur (en tant qu'indépendant ou salarié), il ne serait pas chez lui la journée et donc utiliserait moins d'électricité et de chauffage.

Cet exercice permet ainsi de calculer sa rentabilité, de se projeter dans le cas où il serait possible de déduire ses frais (sous un autre régime) : ce travail sera utile par exemple pour étudier si l'activité semble plus rentable au régime réel.

Pour ceux qui sont en **activité secondaire**, si l'exercice peut sembler fastidieux, il faut se projeter, car peut-être un jour auront-ils envie d'en faire leur activité principale et, si leurs prix sont sous-estimés, ils risquent de mauvaises surprises.

Ce tableau n'est pas exhaustif, en fonction de chaque activité, des lignes peuvent se rajouter, mais il donne une base de travail.

Charges			
Charges fixes		Mensuel	Annuel
Assurances	Habitation (part entreprise)		
	Véhicule (part déplacements professionnels)		
	RC Pro — RC Exploitation		
	Décennale		
	Médiation de la consommation		
	Protection juridique professionnelle		
Mutuelle et prévoyance	Mutuelle		
	Prévoyance		

Services bancaires et assimilés	Frais fixes (tenue compte, carte bancaire…)		
Local ou bureau à domicile	Intérêts d'emprunt (si vous êtes propriétaire) ou part de loyer imputable à l'entreprise		
	Électricité/gaz		
	Autres impôts CFE		
	Eau		
	Taxe foncière (si propriétaire) (part entreprise)		
Communication	Internet téléphone portable		
	Hébergement sites internet et nom de domaine		
	Logiciels (antivirus, comptabilité…)		
Autres			
Total charges fixes			
	Charges variables		
Indiquez le montant prévisionnel de vos charges variables pour 1 000 € de CA			
Services bancaires et assimilés	Coûts variables (Virement, TEP, IOBSP…)		
Communication, développement commercial	Mise en page, graphiste		
	Affiches, flyers, carte de visite, dépliants…		
	Fourniture de bureau (cartouches d'encre, papier…)		
	Hôtel, restaurant, invitation client		
Achat matières premières			
Consommables professionnels			
Déplacements	Carburant (part entreprise)		
	Stationnement, train, métro…		
Entretien véhicule (part entreprise)	Pneumatique, révision…		
Total charges variables			

Posséder les qualifications professionnelles nécessaires aux services proposés

Si certains métiers peuvent s'exercer sans qualification professionnelle précise (une expertise, une formation restent néanmoins fortement conseillées sinon indispensables pour être reconnu comme un professionnel sérieux et qualifié), les métiers de l'artisanat sont soumis à des règles strictes quant à leurs qualifications professionnelles. Tout le monde ne peut pas s'improviser plombier !

Depuis la loi Sapin 2, il est ainsi nécessaire d'**être titulaire d**'une **qualification professionnelle par métier** pour pouvoir exercer le métier d'artisan. L'exercice d'activités réalisées à titre partiel est possible sans diplôme comme le bricolage, la pose d'ongles...

Pour comprendre cette évolution de la loi et la distinction entre **la notion de métier** et celle de **catégorie professionnelle,** prenons l'exemple d'un plombier.

EXEMPLE

– Avant le 1er juin 2017, un auto-entrepreneur titulaire d'un diplôme de plombier pouvait réaliser des activités de maçonnerie.

– Depuis le 1er juin 2017, un auto-entrepreneur titulaire d'un diplôme de plombier ne peut plus réaliser des activités de maçonnerie, sauf si elles sont directement liées à son activité de plomberie (réalisation d'un support béton pour poser un ballon d'eau chaude, par exemple).

Les professionnels concernés exercent une **activité soumise à l'obligation de qualification professionnelle** en application de l'article 16 de la loi n° 96-603 du 5 juillet 1996 relative au développement et à la promotion du commerce et de l'artisanat.

Il est donc nécessaire d'avoir un **certificat d'aptitude professionnelle** (CAP), un **brevet d'études professionnelles** (BEP) ou un diplôme équivalent dans le métier ou dans la partie d'activité envisagée pour pouvoir l'exercer.

Un accès partiel au métier plus simple

Un auto-entrepreneur qui voudrait se déclarer et qui posséderait une partie des qualifications requises n'a plus besoin de la qualification totale. Il peut en effet demander le bénéfice d'une **mesure de compensation** auprès de la chambre des métiers. À compter du dépôt de sa demande, la chambre des métiers aura quatre mois pour lui répondre. Pour prendre sa décision, elle devra comparer la qualification qu'il maîtrise avec le diplôme qui est normalement requis.

Si la chambre des métiers accepte la mesure de compensation, il faudra, lors de l'inscription au Répertoire des métiers, bien préciser que le métier est exercé au titre de l'accès partiel.

EXEMPLE

Pour mieux comprendre, prenons le cas d'une personne souhaitant faire de la pose de faux ongles ou de faux cils : il n'est pas dans ce cas nécessaire de disposer du CAP d'esthéticienne. Ou encore une décoratrice de cupcakes[1], qui n'aura pas besoin d'avoir de qualification en pâtisserie.

1. Petit gâteau d'origine américaine coloré en portion individuelle, ayant la forme du muffin, cuit dans un moule en papier et généralement recouvert de glaçage et parfois décoré.

Chapitre 18

Se lancer

Les outils et sites Internet utiles pour se lancer

Pour se lancer, l'auto-entrepreneur dispose, sur le Net, de différents outils qui l'accompagneront dans la création de son entreprise, mais également pour poser ses idées, réaliser des études de marché, trouver des informations utiles, des fiches pratiques.

ODIL

L'Insee a créé ODIL, un outil pour réaliser une étude de marché :

creation-entreprise.insee.fr

BPI France (anciennement AFE – Agence France Entrepreneur)

BPI France propose également des dossiers métiers (ouvrir un *food truck*, devenir *wedding planner*). Une véritable mine d'or d'informations ainsi qu'un parcours pour aider à réaliser son *business plan*.

La Fédération nationale des auto-entrepreneurs et micro-entrepreneurs

Depuis 2009, la FNAE (Fédération des auto-entrepreneurs et micro-entrepreneurs) représente les auto-entrepreneurs auprès des institutions et pouvoirs publics et défend le régime.

Représentée au sein du Conseil de la protection sociale des indépendants, la Fédération compte 85 000 adhérents en 2021 et propose une multitude de services dont deux formations sur tout le territoire en présentiel et FOAD[1] sur le régime de la micro-entreprise et pour évaluer et faire évoluer sa micro-entreprise, des webinaires, des mini-formations thématiques et un Mooc, site d'e-learning pour permettre à l'auto-entrepreneur de se former en ligne.

formation-auto-entrepreneur.fr

Elle propose de nombreux outils comme un dossier spécifique sur la gestion de la TVA, pour travailler avec les plateformes ou un guide pour passer au régime réel, un pack complet de documents d'aide à la création et à la gestion, un système d'assistance en ligne, un comité d'entreprise, un service de médiation de la consommation, une application smartphone et tablette disponible sous iOS et Android (auto-entrepreneur pratique), ainsi que des rendez-vous conseils qui peuvent également avoir lieu en anglais !

federation-auto-entrepreneur.fr

Le site officiel pour créer son entreprise et la gérer : auto-entrepreneur.urssaf.fr

Développé par les Urssaf, le site **auto-entrepreneur.urssaf.fr** est le site incontournable de l'auto-entrepreneur, qui pourra :

- y créer sa micro-entreprise ;
- y faire ses déclarations de chiffre d'affaires et payer ses cotisations ;
- y retrouver tous ses documents (attestation de versement, attestation de vigilance) ;
- correspondre avec l'Urssaf pour demander des délais de paiement, opter ou non pour le versement libératoire forfaitaire ;
- modifier son activité, la clôturer.

Les aides à la création

Il existe sur l'ensemble du territoire des aides spécifiques à chacun, recensées dans le Répertoire national des aides aux entreprises : **aides-entreprises.fr.**

1. À distance.

L'Agefiph, des aides pour les personnes en situation de handicap

L'Agefiph met à la disposition de personnes reconnues travailleurs handicapés des aides financières avant la création de l'entreprise.

Une aide au conseil et à l'accompagnement à la création ou la reprise d'entreprise

C'est une aide que Cap Emploi, Pôle Emploi ou des missions locales peuvent mettre en place, qui permet au créateur de bénéficier d'un accompagnement par un professionnel de la création d'entreprise, sélectionné par l'Agefiph, avant et pendant la création ou la reprise d'une entreprise.

L'auto-entrepreneur, comme tout créateur d'entreprise, accède également à une trousse micro-assurance qui comprend quatre garanties : multirisque professionnelle, responsabilité civile professionnelle, prévoyance (accident, maladie) et santé (soins médicaux, dentaires et hospitalisation).

Une aide à la création d'entreprise

Il s'agit d'une aide financière, d'un montant de 5 000 €, accordée pour participer au financement du démarrage de l'activité.

Pour être éligible, le budget du créateur pour son lancement doit être d'un montant au moins équivalent à 7 500 € comprenant *a minima* un apport personnel d'un minimum de 1 500 € et l'aide forfaitaire de l'Agefiph de 5 000 €.

Le cumul est possible avec d'autres aides comme le prêt NACRE.

L'aide aux déplacements en compensation du handicap

Cette aide est également accessible aux créateurs d'entreprise en situation de handicap. D'un montant maximum de 5 000 €, elle est accordée pour prendre en charge les surcoûts liés au handicap dans les déplacements.

La prime d'activité

Les auto-entrepreneurs aussi peuvent bénéficier de la prime d'activité, une aide versée par la CAF, sous conditions de ressources. Elle tient compte de la composition familiale et du revenu global du foyer.

CONDITIONS D'OBTENTION DE LA PRIME D'ACTIVITÉ — FOCUS

Pour pouvoir prétendre à la prime d'activité, l'auto-entrepreneur doit :

- avoir une activité professionnelle et percevoir des revenus modestes ;
- résider en France *de manière stable et effective*.

Il faut ensuite se rendre sur le site Internet de la CAF pour faire une simulation et, en cas d'éligibilité, en faire la demande. Une fois celle-ci acceptée, il faut déclarer chaque trimestre le chiffre d'affaires réalisé auprès de la CAF.

Le revenu de solidarité active (RSA)

Le revenu de solidarité active (RSA) permet aux personnes sans ressources d'avoir accès à un minimum de revenu qui varie selon la composition du foyer. Le RSA est ouvert, sous certaines conditions, aux personnes d'au moins 25 ans et aux jeunes actifs de 18 à 24 ans s'ils sont parents isolés ou justifient d'une certaine durée d'activité professionnelle.

Un auto-entrepreneur peut percevoir le RSA et continuer à le percevoir même s'il crée son activité ! Et ce, tant que son chiffre d'affaires ne dépasse pas un certain montant.

Il doit remplir l'ensemble des conditions suivantes :

- avoir 25 ans ou plus (sauf en cas de grossesse ou si l'auto-entrepreneur a déjà au moins un enfant à charge) ;
- être Français, Européen ayant un droit de séjour ou être étranger en situation régulière en France depuis au moins cinq ans ;
- résider en France.

Si l'auto-entrepreneur touche déjà le RSA et qu'il crée ensuite une micro-entreprise, le RSA est intégralement maintenu pendant les trois premiers mois. Ensuite, il devra déclarer chaque trimestre ses revenus d'activité professionnelle à la CAF qui calculera ses droits.

Calcul du RSA après trois mois

RSA = Montant forfaitaire RSA + 62 % des revenus d'activité du foyer fiscal – Ressources du foyer fiscal – Forfait d'aide au logement

Il faut déclarer à la CAF le montant du chiffre d'affaires après l'abattement fiscal applicable à l'activité, soit pour l'auto-entrepreneur :

- 71 % pour la vente de marchandises en l'état ou transformées ;
- 50 % pour les prestations de service BIC ;
- 34 % pour les professions libérales et services BNC.

Même si l'auto-entrepreneur ne bénéficie pas du RSA à l'ouverture de son entreprise, il peut y prétendre pendant son activité, en fonction de ses revenus. Bon à savoir en période de coup dur !

La garantie égalité femmes (ex-FGIG)

Cette garantie est dédiée aux femmes demandeuses d'emploi ou en situation de précarité qui veulent créer ou reprendre une entreprise. Elle couvre, entre autres, jusqu'à **80 %** du montant du prêt bancaire. Pour en bénéficier, il faut contacter l'association territoriale France Active de sa région.

Les prêts d'honneur

Il s'agit de prêts pour aider les créateurs ou les repreneurs d'entreprise :

- à monter le plan de financement de leur projet dans les meilleures conditions, grâce à un accompagnement personnalisé ;
- à financer leur projet, grâce à l'octroi notamment d'un prêt d'honneur ;
- une fois l'entreprise créée et le prêt accordé, à pérenniser la jeune entreprise pendant les trois premières années de son développement.

Ce sont des prêts personnels, à taux 0, sans garantie ni caution personnelle. Ils s'étalent en moyenne de 3 000 € à 50 000 € et sont remboursables entre deux à cinq ans.

Ils sont accordés par des associations à but non lucratif. Les organismes référents sont Initiative France et le Réseau Entreprendre.

L'Adie et le microcrédit

L'Adie est une association loi 1901 qui propose une offre complète pour les entrepreneurs n'ayant pas accès au crédit bancaire. Elle propose un accompagnement personnalisé des créateurs dans la création de leur activité et leur développement, ainsi que des micro-assurances avec des micro-crédits jusqu'à 10 000 €.

adie.org

Les aides des collectivités territoriales

Il est important avant la création de son entreprise de se renseigner auprès des collectivités territoriales sur les aides qui peuvent exister : des dispositifs financiers comme des prêts avantageux ou des garanties, des aides aux bénéficiaires des minima sociaux.

La fondation Entrepreneurs de la Cité

Fondation reconnue d'utilité publique, Entrepreneurs de la Cité permet aux créateurs d'accéder à l'assurance et de protéger leur entreprise à des conditions uniques.

entrepreneursdelacite.org

Créer son entreprise : les différentes solutions en fonction du statut (en ligne, payantes)

Pour créer sa micro-entreprise, l'auto-entrepreneur dispose de plusieurs solutions en fonction de sa nature d'activité. En 2023, c'est l'Insee qui sera le gestionnaire officiel du guichet unique, les CFE devraient alors disparaître.

Le site Internet officiel : auto-entrepreneur.urssaf.fr

C'est ce site qui permettra par la suite de gérer son compte, le règlement de ses cotisations et ses relations avec l'Urssaf.

Une fois la demande d'immatriculation effectuée, la création du compte est automatique ; les informations de connexion doivent être conservées pour la suite de la gestion de l'activité de l'auto-entrepreneur.

Pour les professions libérales

Si l'auto-entrepreneur relève des professions libérales, il pourra réaliser tout le parcours de création de sa micro-entreprise directement sur le site **auto-entrepreneur.urssaf.fr.**

Si son activité relève de l'artisanat ou du commerce, il sera redirigé vers le CFE compétent. Mais le passage par le site **auto-entrepreneur.urssaf.fr** reste la première étape, car elle permet la création du compte dédié de l'auto-entrepreneur sur le site.

Pour les commerçants et artisans

Pour les activités commerciales, l'auto-entrepreneur sera ainsi redirigé vers **guichet-entreprises.fr** et pour les activités artisanales vers le site **cfe-metiers.com**.

> Désormais, au travers du site **auto-entrepreneur.urssaf.fr**, le parcours de la création est simplifié : le compte du cotisant est créé parallèlement à sa demande de création d'entreprise.
>
> **BON À SAVOIR**

Les sites Internet payants

Pour ceux qui ne se sentent pas à l'aise à l'idée de créer seuls leur micro-entreprise ou ne savent pas comment retrouver l'intitulé du métier qui leur correspond, différents sites Internet proposent des services d'immatriculation en ligne payants. Il faut faire attention lors de la commande à bien distinguer le service d'immatriculation des autres coûts éventuels comme une assistance mensuelle (donc facturée) pour l'accès à un logiciel de facturation ou une hot-line.

La Fédération nationale des auto-entrepreneurs et micro-entrepreneurs, syndicat professionnel des auto-entrepreneurs, propose également ce type de service.

federation-auto-entrepreneur.fr

Le centre de formalités (CFE) compétent

Le CFE compétent dépend du secteur d'activité dans lequel exerce l'auto-entrepreneur.

Activité professionnelle	CFE compétent
Entreprise commerciale (sauf en cas d'inscription obligatoire au Répertoire des métiers).	Chambre de commerce et d'industrie (CCI).
Entreprise artisanale ou entreprise commerciale qui doit s'inscrire au Répertoire des métiers.	Chambre des métiers et de l'artisanat (CMA).

Activité professionnelle	CFE compétent
Agent commercial.	Greffe du tribunal du commerce ou le service des impôts aux entreprises dans les départements et régions d'outre-mer (DROM).
Profession libérale.	Urssaf ou Caisse générale de la sécurité sociale (DROM).

Dès lors qu'elle est réalisée par l'auto-entrepreneur, l'immatriculation doit être gratuite sauf s'il décide de faire appel à un prestataire.

Enregistrer son activité

Il faut demander son immatriculation au CFE compétent ou la réaliser en ligne dans les huit jours qui suivent le début de l'activité.

Les créateurs ont tendance à créer en premier leur micro-entreprise et ensuite à réfléchir à leurs tarifs, leurs outils de vente. De longs mois peuvent s'écouler avant le début réel de l'activité ; par conséquent, ils risquent de ne pas utiliser tout le potentiel de l'ACRE sur tout le lancement de leur activité ; il vaut mieux attendre d'être vraiment prêt et d'avoir trouvé son premier client ! Le CFE compétent est celui du siège social de l'entreprise individuelle. Il centralisera les pièces nécessaires à la demande et les transmettra aux différents organismes notamment pour la couverture sociale de l'entrepreneur. Le dossier vaut déclaration à partir du moment où il est régulier et complet : l'auto-entrepreneur est alors considéré comme un professionnel.

En attendant la réception de l'avis INSEE, le CFE délivre un récépissé de dépôt de dossier de création d'entreprise qui porte la mention « en attente d'immatriculation » et permet ainsi à l'auto-entrepreneur d'entreprendre des démarches comme ouvrir un compte bancaire ou souscrire un contrat d'assurance.

L'attribution par l'Insee du numéro SIRET et du code APE

Une fois l'entreprise créée, l'Insee attribue un numéro d'identification unique par établissement appelé SIRET qui se compose du SIREN (identification de l'entreprise) et du NIC (identification de l'établissement).

Le SIREN est lié à l'auto-entrepreneur, c'est une sorte de « numéro de Sécurité sociale » de l'entreprise et donc un numéro qu'il aura à vie. S'il a déjà eu une entreprise par le passé, les neuf premiers chiffres seront les mêmes. Ils restent identiques même en cas de changement d'activité.

Le NIC, lui, est lié au lieu d'activité et change en cas de déménagement. Ainsi toute ouverture, fermeture ou transfert d'établissement doit être signalé et le NIC changera automatiquement.

C'est également l'Insee qui attribue le code APE de l'entreprise. Ce code désigne l'activité principale de l'entreprise ; il a un rôle essentiellement d'outil de statistique et permet de classer l'activité principale de l'entreprise par rapport à la nomenclature d'activités française (code NAF). Il peut arriver que lors de l'immatriculation une erreur se produise dans le code APE ; il suffit dans ce cas de contacter l'Insee *via* leur site Internet afin de faire corriger l'erreur : **insee.fr**

Les démarches obligatoires (se déclarer, s'immatriculer aux RCS et RM, réaliser un changement)

L'auto-entrepreneur, si son activité est commerciale ou artisanale, doit s'immatriculer au Registre du commerce et des sociétés (RCS) pour les commerçants et au Répertoire des métiers (RM) pour les artisans. Toutes les professions libérales sont dispensées de cette inscription.

Remplir le formulaire pour s'immatriculer

Il y a deux formulaires pour s'immatriculer en fonction de l'activité. Chaque formulaire Cerfa (formulaire administratif réglementé) a son numéro : celui lié à la création d'une micro-entreprise pour les artisans et commerçants s'appelle le « P0 CMB Micro-Entrepreneur » et celui pour les professions libérales le « P2PL ». Mais pas de panique, si l'auto-entrepreneur passe par le site Internet officiel (**auto-entrepreneur.urssaf.fr**) ou un prestataire, la démarche est simple et il aura juste des champs à remplir.

Ces formulaires se composent de différentes rubriques :

- Dans un premier temps, si le créateur a déjà eu une entreprise, il devra faire figurer son ancien numéro de SIREN afin de permettre à l'administration de le retrouver et ainsi de compléter son dossier.
- Dans une première partie, il faudra remplir différents **champs relatifs à l'auto-entrepreneur** : nom et prénom, date et lieu de naissance…
- À la suite, il répondra à des questions sur son activité et son lieu d'exercice : il y indiquera entre autres l'adresse de son entreprise, son ou ses activité(s), et éventuellement son nom commercial[1].
- Une autre partie est consacrée à sa **déclaration sociale** : il indiquera son numéro de Sécurité sociale (dans le cas où il n'en possède pas, il lui en sera attribué suite à la création de son entreprise), le cumul éventuel de situations, le statut du conjoint collaborateur s'il y en a un.
- Puis une partie sur l'**option fiscale** choisie, où il indique s'il opte pour le versement libératoire des impôts.
- La dernière partie est consacrée aux informations complémentaires comme une adresse de correspondance.

Les formalités déclaratives

Une fois ce formulaire rempli et transmis, l'auto-entrepreneur recevra quelques jours plus tard son numéro SIREN, numéro d'identification de l'entreprise. Il lui restera quelques démarches à effectuer :

1. Voir chapitre 25, page 261.

- Découvrir son espace sur le site officiel **auto-entrepreneur.urssaf.fr pour faire ses déclarations.**
- Sur **impots.gouv.fr, il lui faudra créer son compte professionnel** pour le règlement de la **cotisation foncière des entreprises**, même si l'auto-entrepreneur en est exonéré. Ce compte se distingue du compte personnel que chaque contribuable a déjà. C'est dans cet espace que l'auto-entrepreneur pourra mettre en place son paiement (celui-ci se fait uniquement par voie dématérialisée). Il ne faut pas hésiter à opter pour la mensualisation qui permet d'échelonner le règlement. Les auto-entrepreneurs sont exonérés de la CFE la première année et les années suivantes si leur chiffre d'affaires est inférieur à 5 000 €[1].

ATTENTION AUX ARNAQUES À LA CRÉATION

FOCUS

Lors de la création de sa micro-entreprise, l'auto-entrepreneur reçoit une multitude de courriers aux allures très officiels et demandant de payer des inscriptions à différents registres ou services.

Il devra être très vigilant, car ces courriers sont des arnaques !

Le créateur, quelle que soit sa forme juridique, qu'il soit en entreprise individuelle ou en société, s'interroge souvent sur la façon dont ces sociétés ont eu connaissance en si peu de temps de la création de son activité.

La réponse se trouve dans le fichier de l'Insee qui est en accès libre et dans l'impossibilité pour le législateur de protéger le créateur face à ces arnaques.

Faut-il dans ce cas, lors de son immatriculation, choisir de ne pas rendre ses données accessibles ? C'est une solution, mais dans ce cas si l'auto-entrepreneur ou le créateur a besoin en cours d'année d'un avis Insee il devra en faire la demande directement auprès de l'Insee, ce qui prendra un peu plus de temps que si ces données étaient accessibles. Il peut en effet retrouver son avis Insee avec son numéro de SIREN à l'adresse **avis-situation-sirene.insee.fr.**

1. Voir chapitre 6, page 90.

Il arrive que des entreprises ou des particuliers détournent le logo et l'identité de l'Urssaf, de la Sécurité sociale des indépendants ou des Impôts afin d'obtenir des copies couleurs de la carte d'identité du créateur ou de tous documents justifiant de son identité. Il faut dans ce cas informer l'institution concernée.

BON À SAVOIR

Signaler un changement

Il est possible tout au long de la vie de son entreprise de modifier son activité, l'adresse, d'ajouter une activité secondaire ou de fermer l'entreprise. Une démarche qui, comme celle de la création de l'entreprise, peut se faire seul en ligne sur le site officiel **auto-entrepreneur.urssaf.fr**, auprès de sites Internet spécialisés payants, ou encore en se déplaçant directement au CFE compétent.

Pour le faire en toute autonomie sur le site officiel **auto-entrepreneur.urssaf.fr**, il faut cliquer sur « Gérer mon auto-entreprise », puis « Modifier ou cesser mon auto-entreprise » et se laisser guider.

En cas de changement d'adresse ou d'activité, l'entrepreneur recevra un nouveau numéro de SIRET.

Si l'auto-entrepreneur se retrouve dans l'une de ces situations :

- passer d'une activité de profession libérale à une activité de commerçant ou d'artisan ;
- changer d'activité principale pour passer d'une activité libérale à une activité de commerçant,

il devra alors **radier l'activité** en profession libérale, car il y a **changement de groupe professionnel**, et **reprendre une nouvelle micro-entreprise** de commerçant ou d'artisan, entreprise à laquelle il pourra adjoindre une activité secondaire de prestation de service. La vigilance est de rigueur lors de cette démarche, car l'ACRE[1] ne pourra être transposée si ce changement a lieu dans les trois premières années de l'entreprise. L'inverse est également vrai pour le passage d'une micro-entreprise de commerçant ou d'artisan à profession libérale.

BON À SAVOIR

1. Aide aux créateurs et repreneurs d'entreprise : voir chapitre 19, page 203.

Avoir plusieurs activités

Un entrepreneur individuel peut avoir autant d'activités qu'il le souhaite car il n'y a aucune limitation. En revanche, il ne peut avoir qu'une seule activité principale, qui sera celle qui génère le chiffre d'affaires le plus important. C'est l'activité principale qui déterminera le code APE de l'entreprise.

Quand un auto-entrepreneur a plusieurs activités de nature différente, lors de sa déclaration de chiffre d'affaires, il déclare le chiffre d'affaires correspondant à chaque nature d'activité (s'il a plusieurs activités de même nature, il les déclare ensemble).

Ainsi, lors de la création d'entreprise il est important de bien déclarer l'activité principale et les activités secondaires.

Comment changer de code APE

Pour signaler une erreur de codification APE pour l'entreprise, il faudra envoyer un formulaire de modification, disponible sur le site de l'Insee à la direction régionale de l'Insee.

Protéger son patrimoine

Avant 2015 et la loi Macron, l'auto-entrepreneur, s'il possédait une résidence principale et voulait la protéger, devait passer devant le notaire, voire créer une EIRL. Une démarche qui ne s'avère plus indispensable, car sa résidence principale ne peut plus faire l'objet d'une saisie immobilière par ses créanciers professionnels.

La notion de patrimoine entre l'entreprise individuelle et la société

Au contraire de la société qui dissocie le patrimoine personnel du créateur de celui de la société (qui est considérée comme une personne morale), l'entrepreneur individuel ne fait qu'un avec son entreprise. Il dispose donc d'un seul patrimoine composé de ses biens professionnels et de ses biens personnels. En cas de difficultés, tous ses créanciers, professionnels comme personnels, peuvent faire saisir ses biens.

La loi Macron

La loi Macron est venue renforcer la **protection de l'entrepreneur individuel** en **rendant insaisissable de plein droit sa résidence principale**, faisant ainsi économiser ces frais aux entrepreneurs. Cette disposition ne s'applique **que sur la résidence principale** ; dans le cas où l'entrepreneur possède d'autres biens, il lui est conseillé de se retourner vers la **déclaration d'insaisissabilité** ou **l'EIRL**.

La déclaration d'insaisissabilité

La loi avait, en 2003, instauré la faculté pour l'entrepreneur individuel de protéger d'une saisie ses biens fonciers, qu'ils soient bâtis ou non bâtis, tant qu'ils n'étaient pas affectés à un usage professionnel. Pour cela, il lui fallait réaliser une **déclaration d'insaisissabilité devant notaire** pour un coût d'environ 500 €. Cette démarche reste une solution dans le cas où l'auto-entrepreneur aurait plus que sa résidence principale dans son patrimoine.

> **BON À SAVOIR**
>
> Si l'auto-entrepreneur utilise sa résidence principale pour y exercer son activité, la partie non utilisée pour l'usage professionnel est également insaisissable de droit, sans qu'un état descriptif de division soit, comme auparavant, nécessaire. De plus, le fait que l'entrepreneur individuel se domicilie (lieu du siège de l'entreprise) dans son local d'habitation ne fait pas obstacle à ce que ce local soit de droit insaisissable.

- La protection automatique ne vaut qu'à l'égard des créanciers professionnels.
- Elle ne vaut que pour les créances nées après le 7 août 2015.
- Elle n'est pas opposable à l'administration fiscale en cas de manœuvres frauduleuses ou d'inobservation grave et répétée de ses obligations fiscales.

La solution de l'EIRL (entreprise individuelle à responsabilité limitée)

Le statut de l'EIRL permet également de **protéger les biens personnels de l'auto-entrepreneur** : il remplit une déclaration d'affectation du patrimoine affecté à son activité professionnelle.

Les formalités à accomplir pour créer une EIRL — FOCUS

Si l'auto-entrepreneur affecte au patrimoine professionnel un bien immobilier, par exemple, il devra alors avoir recours à un notaire. Pour un bien immobilier d'une valeur supérieure à 30 000 €, il devra le faire évaluer (par un commissaire aux comptes, un expert-comptable, un notaire) et, dans le cas d'un bien commun ou indivis, il lui faudra obtenir l'accord de son conjoint ou des co-indivisaires.

Le coût de création d'une EIRL se compose des frais de greffe et de notaire en cas de biens supérieurs à 30 000 €. La déclaration d'affectation du patrimoine est, elle, gratuite.

Les EIRL doivent déposer leurs comptes annuels auprès du registre où a été déposée la déclaration de patrimoine d'affectation.

Chapitre 19

Auto-entrepreneur et Pôle Emploi : les règles à connaître

Lorsque l'on est **demandeur d'emploi** et que l'envie de créer sa propre activité titille, comment se lancer en toute sécurité ? Il est légitime que le futur créateur se pose une pléiade de questions comme le fait de pouvoir continuer à toucher l'ARE (allocations-chômage), les éventuelles aides pour démarrer, le cumul des revenus dégagés sur son entreprise avec ce qu'il perçoit de Pôle Emploi... Comprendre le fonctionnement des **règles de Pôle Emploi** permettra au créateur de bien démarrer son lancement.

La France aime les acronymes, et souvent entre ACRE, ARCE, NACRE et ARE il est coutume de s'emmêler les pinceaux. Derrière ces termes, se cachent des **aides ou des prêts à la création d'entreprise**. S'il peut sembler difficile de les distinguer par leurs noms, ils interviennent à des étapes différentes du projet et peuvent se cumuler.

Aide à la création et à la reprise d'entreprise (ACRE)

Auparavant réservée aux demandeurs d'emploi, bénéficiaires des minima sociaux, étudiants de moins de 25 ans..., sous certaines conditions, l'ACCRE (aide aux chômeurs créateurs ou repreneurs d'entreprise) a depuis le 1er janvier 2019 perdu un C et s'appelle désormais **ACRE** (aide à la création et à la reprise d'entreprise).

Après une année où elle a été accessible à tous, le gouvernement rétropédale : désormais, ce sont ceux qui bénéficiaient de l'ACCRE qui peuvent, depuis le 1er janvier 2020, bénéficier de l'ACRE.

Ainsi, depuis le 1er janvier, peuvent bénéficier de l'ACRE :

- les demandeurs d'emploi indemnisés ;
- les demandeurs d'emploi non indemnisés inscrits comme demandeurs d'emplois six mois au cours des dix-huit derniers mois ;
- les bénéficiaires de l'ASS ou du revenu de solidarité active ;
- les personnes âgées de 18 ans à moins de 26 ans ;
- les personnes de moins de 30 ans handicapées ;
- les salariés ou personnes licenciées d'une entreprise soumise à l'une des procédures de sauvegarde, redressement ou liquidation judiciaires, et qui reprennent tout ou partie d'une entreprise ;
- les personnes ayant conclu un contrat d'appui au projet d'entreprise ;
- les personnes physiques créant ou reprenant une entreprise implantée au sein d'un quartier prioritaire de la politique de la ville ;
- les bénéficiaires du complément de libre choix d'activité.

En quoi consiste l'ACRE ?

L'ACRE est un coup de pouce à la création, qui accorde une exonération partielle de l'ensemble des charges sociales sur un an. Le créateur paye 50 % du taux global sur les douze premiers mois d'activité. Le taux de cotisation pour le micro-social avec l'ACRE est donc :

- vente de marchandises : 50 % en année 1 ;
- prestation de service (BIC ou BNC) ou profession libérale : 50 % en année 1.

Quand peut-on perdre le bénéfice de c ?

Il est possible de perdre le bénéfice de l'ACRE dans le cas où l'auto-entrepreneur dépasse un certain seuil de chiffre d'affaires : il en perd le bénéfice de manière définitive au 1er jour du mois ou du trimestre qui suit le dépassement.

Afin de ne pas perdre le bénéfice de l'ACRE, les revenus d'activité doivent être inférieurs au plafond annuel de la Sécurité sociale (Pass). Pour 2020, le revenu annuel ne doit ainsi pas dépasser 41 136 €.

Ce chiffre est réactualisé chaque année. Pour connaître les montants de l'année en cours, il faut se rendre sur le site **auto-entrepreneur.urssaf.fr.**

Faire la demande de l'ACRE

Lors de la création de son entreprise, l'auto-entrepreneur devra remplir un formulaire pour faire sa demande d'ACRE et aura 45 jours pour le retourner avec le justificatif demandé, attestant de son éligibilité.

Si le créateur a pour projet à court terme de créer une société, il est conseillé de garder le bénéfice de l'ACRE pour cette dernière. Attention à ne pas créer la micro-entreprise trop tôt mais au moment où arrive la première commande !

Taux des cotisations sociales par type d'activité pour les bénéficiaires de l'Acre

Type d'activité	1re période 50 % d'exonération	2e période taux normal de cotisation à la fin de l'Acre
Activité d'achat, revente et de vente de denrées à consommer sur place et de prestations d'hébergement (BIC)	6,4 %	12,8 %
Prestations de services artisanales ou commerciales (BIC et BNC) et PLNR (BNC)	11 %	22 %
Professions libérales réglementées relevant de la Cipav (BNC)	11 %	22 %
Cas particulier : location de meublés de tourisme classés	3 % (BIC et PLNR) ou 3,30 % (PL Cipav)	6 %

Les impacts de l'ACRE

Beaucoup se posent la question de l'impact de l'ACRE sur leurs cotisations retraites ou leurs droits sociaux.

Attention aux idées reçues car mêmes les organismes sociaux peuvent parfois se tromper, nous l'avons vu lors de la mise en place de l'aide RCI versée par le CPSTI pendant le premier confinement lié à la période Covid.

Pendant la période ou le créateur bénéfice de l'ACRE, l'exonération porte sur les cotisations correspondant :

- à l'assurance-maladie, maternité, invalidité, décès ;

- aux prestations familiales ;
- à l'assurance vieillesse de base.

Les contributions relatives à la CSG-CRDS, à la retraite complémentaire et à la formation professionnelle continue ne sont pas exonérées.

Pendant cette période d'exonération, le chef d'entreprise acquiert des trimestres auprès du régime de sa nouvelle activité, en fonction de son revenu. Les trimestres acquis sont des trimestres validés mais non cotisés : il faut donc bien peser le pour et le contre avant d'opter pour l'ACRE ou non. Tout dépendra de la carrière et du nombre de trimestres nécessaires au créateur.

L'aide à la reprise ou à la création d'entreprise (ARCE)

Choisir de percevoir ses allocations-chômage sous forme de capital est une option intéressante si la création de la micro-entreprise nécessite un investissement de départ. Il faut néanmoins en peser les risques, car si le créateur n'a pas besoin de capital, cela le priverait d'un revenu régulier, surtout s'il n'a pas une visibilité suffisante sur son activité.

Avec l'ARCE, l'auto-entrepreneur fait le choix de percevoir **45 % du montant de ses indemnités chômage**.

Il s'agit d'une aide attribuée par Pôle Emploi destinée aux demandeurs d'emploi qui bénéficient de l'allocation d'aide au retour à l'emploi (ARE) et qui ont obtenu l'ACRE.

Dans quels cas l'ARCE peut-elle être attribuée ?

Elle peut être attribuée dans les cas suivants :

- demandeurs d'emploi bénéficiaires de l'ARE qui créent ou reprennent une entreprise ;
- demandeurs d'emploi autorisés à bénéficier de l'ARE, même s'ils ne la perçoivent pas au moment du démarrage effectif de leur activité ;
- personnes licenciées qui entament des démarches pour créer ou reprendre une entreprise pendant leur période de préavis, leur congé de reclassement ou leur congé de mobilité, et qui sont admises au bénéfice de l'ARE.

Attention, l'ARCE est attribuée une seule fois par ouverture de droits et ne pourra être cumulée avec le maintien de l'ARE en cas de reprise d'activité occasionnelle ou réduite.

Comment et quand est versée l'ARCE ?

Elle est versée en deux fois :

- le premier versement à la date de début d'activité ;
- le second, six mois après le premier versement.

Que se passe-t-il si l'auto-entrepreneur décide de fermer sa micro-entreprise ?

Si l'auto-entrepreneur décide de fermer sa micro-entreprise et qu'il bénéficie de l'ARCE, il lui est alors possible de récupérer le reliquat de ses droits à condition qu'ils ne soient pas déchus, sous réserve d'une réinscription comme demandeur d'emploi.

L'allocation d'aide au retour à l'emploi (ARE) pour les personnes involontairement privées d'emploi

Derrière cet acronyme se cache tout simplement ce que l'on appelle communément **la traditionnelle allocation-chômage**, soit le revenu mensuel de remplacement que verse Pôle Emploi après les calculs des droits.

Pour y prétendre, il faut avoir travaillé au moins 6 mois (soit 130 jours ou 910 heures) dans les 24 derniers mois à la date de fin du contrat de travail.

Le montant de l'ARE se compose d'une partie fixe et d'une partie variable. Cette aide permet d'entreprendre sereinement son projet de création.

Comment fonctionne l'ARE ?

Il faut remplir l'ensemble des conditions d'attribution de l'ARE :

- maintenir son inscription à Pôle Emploi ;
- ne pas percevoir l'ARCE ;
- continuer à s'actualiser chaque mois auprès de Pôle Emploi et déclarer les revenus dégagés sur sa micro-entreprise.

Quel est le montant de l'ARE et sa durée ?

L'ARE versée en cas de reprise ou de création d'entreprise est calculée sur la base de l'ARE mensuelle que le demandeur d'emploi aurait reçue s'il n'avait pas repris une activité. On lui impute 70 % du salaire brut mensuel procuré par l'activité reprise.

Le nombre de jours indemnisables est ensuite calculé sur la base des revenus procurés par l'entreprise.

> Le montant de la nouvelle ARE ajouté au salaire issu de l'activité de la micro-entreprise ne doit pas excéder le salaire journalier de référence (SJR) reçu dans le cadre du dernier emploi.

Pour résumer, si l'auto-entrepreneur réalise du chiffre d'affaires dans le cadre de son activité et qu'il déclare être toujours à la recherche d'un emploi, son ARE lui sera versée partiellement.

Le montant de l'ARE versée correspondra au montant de l'ARE journalière multiplié par le nombre de jours indemnisables par mois au titre de l'ARE.

Ce nombre de jours indemnisables est calculé d'après la formule suivante :

(Montant de l'ARE mensuelle – 70 % des rémunérations déclarées au titre des assurances sociales)/Montant de l'ARE journalière

Lorsque l'auto-entrepreneur commence son activité, le calcul du nombre de jours indemnisables se fait sur la base d'un montant forfaitaire. Une régularisation annuelle est ensuite effectuée à partir des rémunérations réelles soumises à cotisations de Sécurité sociale.

Depuis le 1er janvier 2018, lorsque le revenu professionnel ne peut pas être déterminé immédiatement, l'allocation versée correspond à 70 % de l'allocation mensuelle normalement due en l'absence de reprise d'activité. Cela concerne par exemple les micro-entrepreneurs qui payent trimestriellement leurs cotisations sociales. Dans ce cas, une régularisation annuelle interviendra *a posteriori*.

Les revenus déclarés correspondent au chiffre d'affaires auquel est appliqué un abattement forfaitaire pour frais professionnels égal à :

- 71 % pour les activités d'achat-revente et fourniture de logement ;
- 50 % pour les activités de prestations de service ;
- 34 % pour les activités libérales.

Faut-il créer sa micro-entreprise avant ou après la perte de l'emploi principal ?

Dans le cas où l'auto-entrepreneur a créé sa micro-entreprise **avant la perte de son emploi principal** : il peut cumuler la totalité de son ARE et les revenus de sa micro-entreprise

Dans le cas où il a créé sa micro-entreprise **après la perte de son emploi**, son allocation est recalculée tous les mois en fonction des revenus générés dans le cadre sa micro-entreprise.

Attention, le cumul entre l'ARE et les revenus de la micro-entreprise ne doit pas être supérieur au salaire journalier de référence (SJR). Si cela se produit, l'auto-entrepreneur ne touchera pas d'allocations-chômage le mois concerné, mais ses droits aux allocations seront prolongés d'autant.

Quand cesse l'ARE ?

Le versement de l'ARE cesse :

- si l'indépendant reprend une activité professionnelle salariée ou non, en France ou à l'étranger, sauf autorisation de cumul de l'ARE avec un revenu d'activité ;
- s'il bénéficie de l'aide à la reprise ou à la création d'entreprise (ARCE) ;
- s'il bénéficie d'indemnités journalières de la Sécurité sociale ;
- s'il bénéficie de la prestation partagée d'éducation de l'enfant (PreParE) ou de l'allocation journalière de présence parentale (AJPP) ;
- s'il a conclu un contrat de service civique ;
- s'il remplit les conditions pour bénéficier d'une retraite à taux plein ou s'il a atteint l'âge limite d'activité ;
- s'il ne réside plus en France ;
- s'il a effectué une déclaration inexacte ou mensongère ayant eu pour effet d'entraîner le versement injustifié d'allocations ;
- s'il est exclu du bénéfice de l'ARE par le préfet.

Le dispositif NACRE

Le dispositif NACRE (nouvel accompagnement pour la création ou la reprise d'entreprise) permet de profiter d'un accompagnement dans la mise en place et le financement du projet d'entreprise du créateur, sur une durée de trois ans.

Cet accompagnement inclut une aide à la finalisation du projet, à sa structuration financière et un accompagnement au développement de l'entreprise.

Il se décline en trois étapes :

- Une aide au montage pour aider à créer un dossier de présentation du projet de création. Cet accompagnement dure quatre mois.
- Une aide au financement constitué d'un prêt à taux zéro et sans garantie, qui doit obligatoirement s'accompagner d'un prêt bancaire d'au moins le même montant. Ce prêt à taux zéro est compris entre 1 000 € et 8 000 € sur cinq ans maximum.
- Un accompagnement sur les trois premières années de l'entreprise par des professionnels de la création d'entreprise qui seront là à toutes les étapes du projet du créateur.

Qui peut bénéficier de l'aide NACRE ?

L'aide NACRE est accessible aux :

- demandeurs d'emploi bénéficiaires de l'ARE ou de l'ASR ;
- personnes de 18 à 25 ans (ou de moins de 30 ans si la personne ne touche pas d'allocations-chômage ou n'est pas reconnue handicapée) ;
- créateurs d'entreprise bénéficiaires du RSA, de l'ASS ou de l'ATA ;
- demandeurs d'emploi non indemnisés inscrits depuis plus de six mois ;
- personnes de 50 ans et plus inscrites sur la liste Pôle Emploi ;
- personnes qui créent une entreprise dans une zone urbaine sensible (ZUS) ;
- bénéficiaires du complément libre choix d'activité (CLCA) ;
- salariés repreneurs de leur entreprise en redressement ou liquidation judiciaire.

Comment bénéficier du NACRE ?

Il faut faire une demande d'accompagnement par lettre recommandée avec accusé de réception auprès d'un organisme conventionné par l'État et la Caisse des dépôts et consignations (CDC).

Le plus simple est de se rapprocher de la DIRECCTE de sa région (direction régionale des entreprises, de la concurrence, du travail et de l'emploi) pour savoir auprès de quel organisme en faire la demande.

Il faut savoir que l'accès au NACRE peut être refusé, si par exemple il est estimé que le projet n'est pas économiquement viable. En cas de refus, il ne faut pas s'avouer vaincu, il est en effet possible de faire un recours.

De même, si le créateur ne respecte pas ses engagements, l'organisme d'accompagnement peut résilier le contrat. Là encore en cas de contestation, il existe une possibilité de recours.

L'aide NACRE peut se cumuler avec d'autres aides comme l'ACRE (exonération de charges sociales) ou l'ARCE (allocations-chômage versées en une fois) (voir précédemment).

L'allocation de solidarité spécifique (ASS)

Si les droits auxquels peut prétendre l'auto-entrepreneur arrivent à leur fin, il est possible sous certaines conditions de bénéficier de l'allocation de solidarité spécifique (ASS). Son montant journalier est de 16,89 €.

- En cas de création de son entreprise et d'obtention de l'ACRE, le créateur peut continuer à percevoir son allocation dans le cadre du dispositif d'ACCRE-ASS pendant douze mois.
- En cas de création de son entreprise sans obtenir l'ACRE, il bénéficie d'un complément de revenus et peut continuer à percevoir la totalité de l'ASS pendant trois mois. Mais attention, le renouvellement des droits ASS intervient au terme de six mois d'allocation.

Dans le cas où le créateur ne peut prétendre à cette aide (pour un motif autre que la condition de ressources), il lui sera possible de demander une l'aide à l'allocataire arrivant en fin de droits égale à 27 fois le montant de la partie fixe de l'ARE, soit 325,35 € en 2021.

Que se passe-t-il en cas de cessation de l'activité avec l'ASS ?

Il existe quatre scénarios possibles :

- L'indépendant avait commencé à percevoir des indemnités chômage avant la création de l'entreprise : dans ce cas, il pourra retrouver un reliquat de ses droits en se réinscrivant sur la liste des demandeurs d'emploi dans un délai de trois ans à compter de l'ouverture de ses droits initiaux augmentée de la durée des droits notifiés.
- S'il n'était pas inscrit comme demandeur d'emploi avant la création de son entreprise après un licenciement ou à la fin de son contrat de travail : dans ce cas il dispose d'une période de trois ans à compter de la fin de son ancien contrat de travail pour s'inscrire comme demandeur d'emploi et demander l'ouverture de ses droits.
- Dans le cas où il a cessé son activité après avoir bénéficié de l'ACRE : ses droits à l'ARE, qui restaient à la veille de la reprise ou de la création d'entreprise, peuvent être repris, mais diminués du montant de l'ARCE versée. La réinscription sur la liste des demandeurs d'emploi doit alors intervenir dans un délai de trois ans à compter de l'ouverture des droits initiaux augmentée de la durée des droits notifiés.
- S'il était démissionnaire : dans ce cas, il pourra être indemnisé en cas d'échec dans un délai de 36 mois suivants la fin de son contrat de travail si son activité prend fin involontairement en raison de difficultés économiques.

Si l'auto-entrepreneur avait démissionné pour créer sa micro-entreprise et qu'il ne remplit pas les conditions pour obtenir une indemnisation, il peut saisir l'instance paritaire régionale de Pôle Emploi.

Le contrat de sécurisation professionnelle (CSP)

Le CSP est un dispositif d'indemnisation et d'accompagnement que les entreprises de moins de 1 000 salariés ou en situation de redressement ou de liquidation judiciaire doivent obligatoirement proposer aux salariés en situation de licenciement économique.

L'objectif est de faciliter le retour à l'emploi et, pour ceux qui ont une âme de créateur, un accompagnement à la création ou reprise d'une entreprise.

Libre à chacun d'accepter ou de refuser un CSP.

S'il décide de suivre le dispositif, le créateur sera accompagné pendant une durée d'un an et indemnisé tous les mois par l'allocation de sécurisation professionnelle (ASP) pour un montant qui pourra s'élever jusqu'à 75 % du salaire journalier brut de référence.

Envie de créer son entreprise à l'issue du CSP ?

Si le bénéficiaire d'un CSP a terminé son contrat de sécurisation professionnelle et se sent prêt à créer son activité, il peut dans ce cas bénéficier de l'ACRE, de l'ARE ou de l'ARCE.

Il faut prendre en compte que son indemnité chômage sera versée dans la limite des droits restants minorés de la durée de versement de l'ASP, sauf s'il avait ouvert ses droits au chômage avant le début du contrat de travail menant au CSP, auquel cas son ARE lui sera versée dans la limite de ses droits restants (à condition de respecter un délai de trois ans entre la date d'admission et la période d'indemnisation).

Créer sa micro-entreprise pendant la durée du CSP

Malheureusement, le cumul n'est pas possible avec une création ou une reprise d'activité. Si le bénéficiaire d'un CSP fait quand même le choix de franchir le pas et de créer son activité avant la fin de son CSP, il perd les bénéfices du CSP à l'immatriculation de son activité. En revanche, il peut, en sortant du dispositif, opter pour les ARE ou l'ARCE.

L'astuce est alors de créer sa micro-entreprise avant d'entrer en CSP : si la micro-entreprise a été créée avant le licenciement économique à l'origine de l'entrée en CSP et que cette activité a généré du chiffre d'affaires avant le licenciement, il est possible de conserver cette micro-entreprise sans incidence sur la CSP.

Le fonctionnement de l'actualisation mensuelle auprès de Pôle Emploi

Afin de déclarer ses revenus liés à l'activité dégagée sur la micro-entreprise, deux cas se présentent en fonction du choix initial fait lors de la création, à savoir si l'auto-entrepreneur a choisi de déclarer mensuellement ou trimestriellement son chiffre d'affaires à l'Urssaf.

Dans le cas d'une déclaration mensuelle de chiffre d'affaires à l'Urssaf

Il faudra actualiser sa situation chaque mois soit sur le site **pole-emploi.fr**, *via* l'application mobile « Mon espace », soit par téléphone au 3949, soit en retournant par courrier la déclaration de situation mensuelle sur laquelle l'auto-entrepreneur indiquera :

- avoir travaillé ;
- le nombre estimé d'heures de travail effectuées au cours du mois ;
- le montant des rémunérations issues de son activité non salariée (même égal à zéro) et d'éventuelles activités salariées.

À la suite de cette déclaration, il recevra un premier paiement (sous réserve qu'il remplisse les conditions nécessaires pour prétendre à ses droits).

Il faut ensuite envoyer rapidement à Pôle Emploi son justificatif, car l'organisme verse un paiement par avance égal à 80 % du complément de l'allocation auquel le créateur peut prétendre aux vues de sa déclaration.

Envoyer son justificatif

Par justificatif, on parle de la copie de la déclaration mensuelle de chiffre d'affaires que l'auto-entrepreneur a réalisé sur le site **auto-entrepreneur.urssaf.fr**.

Comment et où envoyer le justificatif ?

Le plus simple est de l'envoyer directement *via* son compte sur le site **pole-emploi.fr**, mais il est également possible de l'envoyer par courrier.

Le plus important c'est de le faire avant la fin du mois suivant le mois actualisé. Pour le mois de janvier, par exemple, il faudra le faire avant la fin du mois de février.

Ensuite l'auto-entrepreneur reçoit son paiement définitif et Pôle Emploi lui verse le solde de son complément d'allocation mensuelle ou, s'il s'est trompé, lui demande le remboursement des sommes versées en trop : la vigilance est donc de mise.

Si Pôle Emploi ne reçoit pas la copie de déclaration mensuelle dans les délais demandés, il sera demandé à l'auto-entrepreneur de rembourser le paiement reçu par avance pour le mois.

Dans le cas d'une déclaration trimestrielle de chiffre d'affaires à l'Urssaf

Tous les mois, une fois que l'auto-entrepreneur s'est actualisé sur le site de Pôle Emploi, il reçoit un premier paiement, toujours sous réserve de pouvoir prétendre aux allocations. Comme il n'est pas encore en mesure de fournir de justificatif de déclaration de son chiffre d'affaires, puisqu'il déclare celui-ci tous les trimestres, Pôle Emploi lui verse un paiement provisoire égal à 70 % du montant de l'allocation mensuelle due en l'absence de reprise d'activité. Dans ce cas, il doit impérativement justifier, *via* **pole-emploi.fr** ou par courrier, des rémunérations définitives de son activité d'auto-entrepreneur selon les dates suivantes :

- pour le 1er trimestre, il faut envoyer la copie de la déclaration trimestrielle de chiffre d'affaires avant le 30 avril de l'année en cours ;
- pour le 2e trimestre avant le 31 juillet ;
- pour le 3e trimestre avant le 30 novembre ;
- et pour le 4e et dernier trimestre avant le 31 janvier de l'année suivante.

Il est important de ne pas oublier d'envoyer les justificatifs des autres rémunérations issues d'autres activités professionnelles qui auraient été exercées au cours du même mois (bulletins de salaire…).

Il s'agit des mêmes dates butoirs pour la déclaration de chiffre d'affaires trimestrielle, ce qui permet de mieux anticiper et de n'oublier aucune déclaration.

Par la suite, l'auto-entrepreneur recevra son paiement définitif et, comme dans le cas de la déclaration mensuelle, s'il s'est trompé, Pole Emploi lui demandera le remboursement d'éventuels trop-perçus. Également, s'il n'envoie pas la copie de sa déclaration de chiffre d'affaires, Pôle Emploi réclamera l'intégralité des paiements perçus par avance et dans l'attente de la régularisation aucun autre paiement provisoire ne sera réalisé.

L'ASSURANCE CHÔMAGE POUR RÉALISER UN PROJET

FOCUS

Depuis le 1er novembre 2019, les salariés ayant au moins cinq ans d'ancienneté dans leur entreprise peuvent démissionner et bénéficier de l'assurance-chômage pour réaliser un projet professionnel. Ils doivent pour être éligibles, avoir été accompagnés par un conseil en évolution professionnelle en amont de la démission et le projet doit avoir été reconnu comme réel et sérieux par la commission paritaire interprofessionnelle régionale.

L'allocation des travailleurs indépendants (ATI) : les travailleurs indépendants peuvent également toucher, sous certaines conditions, une indemnisation de 800 € par mois pendant six mois, sans cotisation supplémentaire[1]. Le dispositif qui ne connaît pas un grand succès (911 bénéficiaires en 2021) devrait connaître une refonte.

1. Plus d'info sur la page **www.unedic.org/indemnisation/vos-questions-sur-indemnisation-assurance-chomage/je-demissionne-pour-mener-un-projet.**

Chapitre 20

Se faire aider en cas de coup dur : l'action sociale pour les indépendants

Il est proposé un ensemble d'aides à destination des indépendants qui connaissent des difficultés d'ordre personnel ou professionnel, qu'ils soient actifs ou retraités. L'ensemble de ces aides spécifiques touchent le recouvrement (Urssaf), la Caisse d'assurance-maladie et la Caisse d'assurance-retraite. Elles sont attribuées par les instances régionales du CPSTI (Conseil de la protection sociale des indépendants), et répondent aux besoins et aux situations spécifiques propres aux indépendants et non prévus par la loi. Il existe différents dispositifs de soutien selon les difficultés rencontrées.

Par exemple, en cas de difficultés de paiement, la possibilité de demander :

- des délais de paiement ou un échéancier pour étaler le règlement des cotisations ;
- une réévaluation des cotisations sur une estimation de revenu, en fonction de circonstances particulières (problèmes de santé, sinistre, défaillance d'un client important, accident de la vie) qui vont entraîner une baisse de revenus professionnels ;
- une prise en charge partielle ou totale d'une échéance de cotisation au titre de l'action sociale.

> **BON À SAVOIR**
>
> L'aide aux cotisants en difficulté est accordée aux chefs d'entreprise cotisant au régime général, quel que soit le statut justifiant l'affiliation et en cas de poly-activité exercée à titre principal.

Les aides gérées par le recouvrement

Aide aux cotisants en difficultés (ACED)

Une aide utile en cas de difficultés d'ordre personnel ou professionnel, qui repose sur la prise en charge totale ou partielle de cotisations et de contributions sociales personnelles en cas de difficultés particulières.

Aide aux actifs victimes de catastrophes et d'intempéries

Il s'agit d'une aide d'urgence accordée aux indépendants actifs victimes de catastrophes, naturelles ou non, et d'intempéries. Son montant est plafonné à 2 000 €.

Aide financière exceptionnelle aux actifs

L'aide financière exceptionnelle aux indépendants actifs vise à les accompagner face à une difficulté exceptionnelle et ponctuelle qui, si elle n'était pas surmontée, pourrait :

- menacer la poursuite et donc la pérennité de l'activité (il est ainsi possible d'avoir une aide financière pour clôturer son entreprise) ;
- donner lieu à une situation de précarité.

Son montant est plafonné à 6 000 €.

Accompagnement au départ de la retraite

Il s'agit d'une aide aux nouveaux retraités (anciens travailleurs indépendants), dont le montant des ressources avant et après passage à la retraite est et reste modeste. Cette aide permet de :

- « faire le plein » des droits si l'activité a réellement diminué au fil des années et si le cotisant a rencontré des difficultés à honorer l'intégralité du paiement de ses cotisations et contributions sociales personnelles ;
- faire face à la période transitoire du passage à la retraite, souvent difficile pour les travailleurs indépendants.

Cette aide se compose d'une aide financière et d'une aide visant la prise en charge des cotisations sociales. Il est possible de bénéficier de cette aide dans le cadre d'un cumul emploi retraite.

D'un montant maximum de 10 000 €, le montant accordé s'apprécie en fonction du montant des revenus.

Les aides gérées par l'Assurance-retraite

Soutien aux conjoints survivants

Cette aide vise à soutenir les conjoints survivants afin de les aider à faire face aux difficultés financières immédiates qui peuvent être consécutives à la perte de leur conjoint. Elle doit être demandée dans un délai maximal de six mois après le décès. Son montant maximum est de 2 000 €.

Aide complémentaire à l'habitat (ACH)

Cette prestation a pour objectif d'aider à adapter le cadre de vie d'un retraité pour préserver son autonomie et lutter contre la précarité énergétique. Son montant est compris entre 2 500 € et 3 500 €.

Chèque autonomie des indépendants (CADI)

Le chèque autonomie des indépendants, appelé CADI, permet de prendre en charge tout ou partie du transport des retraités majoritaires de plus de 75 ans, sous condition de ressources. Les chéquiers sont composés d'une série de vingt chèques de 7,50 € soit 150 €.

Les aides gérées par l'Assurance-maladie

Aide financière exceptionnelle aux invalides

Cette aide est accessible aux indépendants artisans et commerçants titulaires d'une pension d'invalidité qui connaissent des difficultés financières ponctuelles dues à la conjoncture économique ou à un aléa de leur vie privée (problème de santé, évolutions de situation familiale…). Son plafond est de 2 000 €.

Aide au répit du travailleur indépendant actif

L'aide au répit vise à aider et à accompagner une personne (conjoint, enfant, ascendant) en perte d'autonomie (situation d'affection de longue durée, de handicap, d'accident…) qui mobilise nécessairement les proches. Dans ce cas, l'indépendant (l'aidant) doit alors concilier cet investissement familial avec sa vie professionnelle.

L'aide est versée directement au travailleur indépendant et la demande de prise en charge est limitée à douze jours au maximum par an.

Aide au maintien dans l'activité professionnelle des indépendants (MAPI)

Face au handicap, aux maladies invalidantes, aux accidents du travail, aux maladies professionnelles, le dispositif de maintien dans l'activité professionnelle des indépendants (MAPI) permet par exemple :

- une aide à la construction d'un projet professionnel ;
- un maintien dans l'activité avec un aménagement de l'environnement professionnel, dans une activité indépendante avec une réorientation professionnelle éventuelle ou dans une activité professionnelle avec un changement de statut ;
- une mise en invalidité.

> **BON À SAVOIR**
>
> Pour découvrir toutes ces aides, une seule adresse : le site **secu-independants.fr**, onglet « Action sociale ». S'ajoutent à ces aides les aides non spécifiques (donc accessibles aux travailleurs indépendants), mises en place par la CPAM (pour ce qui attrait à la maladie, à la maternité, aux accidents…) et la CNAV[1] (maintien à domicile, travaux d'adaptation).

1. Caisse nationale d'assurance vieillesse.

Chapitre 21

Les impôts

Choisir entre le prélèvement à la source (PAS) et le versement libératoire forfaitaire (VLF)

L'auto-entrepreneur, s'il est imposable, dispose de deux possibilités pour payer son impôt en fonction de ses revenus : le **VLF**, versement libératoire forfaitaire, ou le **PAS**, prélèvement à la source mis en place en 2019.

Dans le cas du **VLF**, il paye l'impôt sur le revenu à titre définitif tout au long de l'année, au fur et à mesure du paiement de ces cotisations sociales ; dans le cas du **PAS**, il paye ses impôts tous les mois.

Le montant de l'impôt n'est pas forcément identique dans les deux cas. Aussi, avant de choisir, il est important d'avoir une bonne vision sur l'activité à venir, car si dans le cas du PAS et en cas de trop-perçu, l'auto-entrepreneur pourra être remboursé, dans le cas du VLF, impôt confiscatoire, il n'y a pas de remboursement.

Alors, pourquoi ne pas choisir le PAS par défaut ? Tout simplement parce que le VLF peut s'avérer beaucoup plus intéressant.

Le versement libératoire forfaitaire de l'impôt (VLF)

Grande nouveauté créée avec le régime de l'auto-entrepreneur, le **VLF est réservé aux micro-entrepreneurs** dont le revenu fiscal de référence (RFR) du foyer fiscal de l'avant-dernière année (année N – 2) n'excède pas un certain seuil pour une part de quotient familial. Ce montant est majoré de 50 % par demi-part ou de 25 % par quart de part supplémentaire. Par exemple, pour bénéficier du **versement libératoire forfaitaire en 2021**, le revenu fiscal de référence de l'année 2020 (correspondant à l'impôt déclaré en 2019) doit être inférieur à 27 519 € par part de quotient familial (personne seule). Soit 55 038 € pour un couple (deux parts), 82 557 € pour un couple avec deux enfants (trois parts), etc.

Un taux différent en fonction de l'activité

Dans le cas du VLF qu'il paye en même temps que ses cotisations sociales directement à l'Urssaf (qui reverse ensuite les cotisations fiscales aux impôts), son montant est calculé par rapport au montant mensuel ou trimestriel du chiffre d'affaires hors taxe, selon les taux suivants :

- 1 % pour les entreprises de vente ou de fourniture de logement (BIC) ;
- 1,7 % pour les prestations de service (BIC et BNC) ;
- 2,2 % au titre des bénéfices non commerciaux (BNC).

Les modalités de paiement et de déclaration

Chaque mois ou trimestre, les auto-entrepreneurs déclarent leur chiffre d'affaires sur le site **auto-entrepreneur.urssaf.fr**. Cette déclaration ne les exonère pas de l'obligation d'indiquer chaque année le montant du chiffre d'affaires réalisé sur leur déclaration de revenus (déclaration complémentaire n° 2042-C PRO).

Opter, ou pas, pour le VLF

L'option pour le VLF est un choix que doit faire l'auto-entrepreneur. S'il n'a pas pris cette option lors de la création de son activité, il peut le faire chaque année sur le site **auto-entrepreneur.urssaf.fr** :

- au plus tard le 30 septembre pour une application l'année suivante ;
- pour les nouveaux auto-entrepreneurs, au plus tard le dernier jour du 3e mois suivant celui de la création (par exemple au 30 juin pour une création en mars).

En revanche, si le revenu fiscal de référence dépasse les seuils de revenus, l'auto-entrepreneur ne peut pas choisir cette option. Il ne sera pas pour autant exclu du régime de la micro-entreprise et pourra continuer à bénéficier des autres avantages offerts par le régime, dont l'application du régime micro-social permettant un versement proportionnel des charges.

À la création de sa micro-entreprise, l'auto-entrepreneur n'est pas obligé d'opter immédiatement pour le versement libératoire forfaitaire de l'impôt, car il dispose **d'un délai de trois mois**.

Sortir du dispositif du VLF

L'option pour le VLF n'est pas limitée dans le temps : elle vaut jusqu'à ce qu'elle soit dénoncée par l'auto-entrepreneur ou que celui-ci dépasse le seuil de revenus autorisé.

Le versement libératoire de l'impôt sur le revenu prend ainsi fin dans les cas suivants :

- En cas de dénonciation de l'option, ce qui signifie que de son propre chef l'auto-entrepreneur demande à l'administration fiscale de ne plus bénéficier du dispositif.
- Si l'auto-entrepreneur effectue cette demande directement auprès de l'Urssaf, au plus tard le 30 septembre de l'année précédant celle au titre de laquelle elle est exercée.
- S'il quitte le régime de la micro-entreprise (en cas de dépassement des plafonds de chiffre d'affaires du régime micro-fiscal ou s'il choisit l'option pour le régime réel d'imposition) : dans ce cas, le versement libératoire prend fin automatiquement.
- Si ses revenus dépassent le seuil prévu : lorsque les revenus du foyer fiscal de l'avant-dernière année dépassent un certain seuil pour une part de quotient familial (seuil majoré de 50 % par demi-part et 25 % par quart de part supplémentaire) :
  - 27 086 € pour une personne seule (en 2019) ;
  - 54 172 € pour un couple – deux parts (en 2019).

Le montant du revenu fiscal de référence évolue chaque année et celui de l'année en cours se retrouve sur le site **impots.gouv.fr/portail/professionnel/le-versement-liberatoire**.

Renoncer au VLF ne change rien au prélèvement des cotisations sociales selon les taux en vigueur.

Depuis le 1er janvier 2019, si l'auto-entrepreneur est imposable et s'il dépasse le seuil l'autorisant au versement libératoire de l'impôt, il est alors **soumis au prélèvement à la source.**

Le prélèvement à la source, collecté en temps réel

Le prélèvement à la source (PAS) est entré en vigueur au 1er janvier 2019. Il concerne tous les revenus de type salaire, pension, allocation versée par le(s) employeur(s) et les organismes payeurs (CPAM, CAF, Pôle Emploi…).

Les auto-entrepreneurs qui sont soumis au VLF ne sont pas soumis au PAS. Ils payent en effet déjà l'impôt sur le revenu en temps réel. Dans ce cas de figure, l'auto-entrepreneur effectue le versement de son impôt sur le revenu en même temps que le paiement (mensuel ou trimestriel) de ses cotisations sociales.

Comment est géré le PAS pour les salariés qui sont également auto-entrepreneurs ?

FOCUS

Depuis le 1er janvier 2019, les salariés sont automatiquement soumis au prélèvement à la source : s'ils ont entrepris en parallèle une activité d'auto-entrepreneur, les revenus de leur micro-entreprise seront soit soumis au PAS, soit au VLF.

Le versement libératoire : avantage ou inconvénient ?

L'option pour le **versement libératoire de l'impôt** sur le revenu se révèle souvent plus avantageuse que le mode d'imposition classique du régime micro-BIC ou micro-BNC, mais ce n'est pas toujours le cas. En effet, **s'il s'avère que l'auto-entrepreneur n'est pas imposable, il payera de l'impôt et ne pourra être remboursé**.

Dans le cas d'un auto-entrepreneur célibataire dont l'activité commerciale a généré 20 000 € de chiffre d'affaires en 2017, sa source unique de revenus, il n'aura pas d'impôts à payer puisque, après abattement de 71 %, ses revenus imposables s'élèvent à 5 800 €, soit un montant inférieur à la première tranche imposable (qui démarre à 9 807 € pour les revenus de 2017 déclarés en 2018).

En revanche, s'il avait opté pour le versement libératoire de l'impôt, il aurait réglé 200 € (1 % de 20 000 €) au titre de l'impôt sur le revenu.

> Le site des impôts permet de faire des simulations tout au long de l'année, pour faire le bon choix.
>
> **BON À SAVOIR**

Le rôle de la déclaration annuelle de revenus

La déclaration de revenus en mai reste essentielle dans le cas du prélèvement à la source, car elle permet à l'administration d'actualiser en septembre le montant de l'acompte mensuel ou trimestriel, ainsi que pour l'option du versement libératoire forfaitaire.

Dans le cas du PAS : en cours d'année, tout imprévu ou changement de situation significatif (comme un arrêt de l'activité, une forte croissance, des problèmes familiaux, un mariage, etc.) entraînant une variation importante et durable des revenus peut faire l'objet d'une demande de révision auprès du centre des impôts.

Quid de l'étudiant qui souhaite créer une micro-entreprise ?

Comment gérer le cas de l'étudiant qui souhaite, en complément de ses études, créer une micro-entreprise ? Doit-il opter pour le VLF ? Quelles sont les incidences sur la déclaration de ses parents ?

EXEMPLE

Prenons le cas d'Arthur, étudiant en école de commerce, qui souhaite créer son activité pour proposer de la création de sites Internet. Ses parents s'interrogent à juste titre sur la répercussion sur leur déclaration d'impôt.

Ils ont trois parts, une part chacun et une demi-part pour leur fils. Se présentent alors deux possibilités :

- Soit Arthur reste rattaché au foyer fiscal de ses parents. Tout sera alors une histoire de tranche : si les revenus du jeune créateur font changer ses parents de tranche fiscale, il n'est pas sûr que cela soit vu d'un bon œil. Il faudra dans ce cas fixer des règles : un chiffre d'affaires à ne pas dépasser si les parents souhaitent conserver, le temps de ses études, une part supplémentaire. Une discussion à avoir calculatrice à la main, autour d'un bon repas ! Dans ce cas, si le revenu du foyer fiscal ne dépasse pas le montant prévu par la loi, il pourra bénéficier du VLF. Dans le cas contraire, ses impôts liés à son activité viendront s'ajouter à ceux de ses parents dans le cadre du PAS.
- Soit il demande son autonomie fiscale et, dans ce cas, les parents perdent la part ou la demi-part. Arthur peut alors être non imposable et, dans ce cas, il n'aura pas d'impôt à régler ; s'il dégage suffisamment de chiffre d'affaires, il peut opter, en fonction du montant après abattement, soit pour le VLF, soit pour le PAS.

Chapitre 22

Comment ne pas se retrouver en situation de salariat déguisé

L'évolution de la société et son ubérisation[1], l'affaiblissement des formes de travail dites « traditionnelles », la volonté de chacun de trouver un meilleur équilibre entre vie personnelle et professionnelle, et la création du régime de l'auto-entrepreneur font sans doute partie des raisons qui boostent **le recours aux prestataires indépendants**.

Les TPE et PME l'ont bien compris et externalisent de plus en plus certaines missions auprès d'autres entreprises ou de travailleurs indépendants : on parle alors de free-lances, de prestataires.

L'entreprise alors cliente de l'indépendant, qu'il soit auto-entrepreneur, en portage salarial, en coopérative ou même au régime réel, agit comme **donneur d'ordre**. Est mis en place entre les deux parties un **contrat de prestation**, dont la nature est différente du contrat de travail.

Ce sont les **conditions d'exercice de l'activité** qui déterminent le statut applicable et non la volonté exprimée par les parties ou l'appellation qu'elles ont donnée à leur collaboration.

Dans ce contexte, la frontière entre salariat et prestation peut parfois être fine. Le risque existe alors que le recours au prestataire soit abandonné par peur d'une requalification en contrat de travail.

1. Le néologisme « ubérisation » s'est formé à partir du nom de la société Uber. On parle d'ubérisation lorsqu'un modèle économique basé sur les technologies digitales entre en concurrence frontale avec les usages de l'économie classique.

Qu'est-ce que le salariat déguisé ?

Le salariat déguisé est lié à la notion de travail dissimulé. Il s'agit du recours volontaire à la pratique de faux statuts : comme un faux bénévole, un faux travailleur indépendant, un faux stagiaire (on parle alors de « délit de travail dissimulé »).

Travail indépendant *versus* travail salarié

Il existe une distinction essentielle qui permet de bien dissocier les deux types de travail et évitera de nombreux ennuis aux différentes parties.

Dans le cadre du droit du travail, le salarié bénéficie de protections, comme le droit aux allocations-chômage, sur le temps de travail… **des droits qui ne concernent pas le travailleur indépendant.**

Dans le cas d'un contrat de travail, l'employeur paye des cotisations sociales à l'Urssaf et verse un salaire à son salarié, alors que pour un prestataire on parle d'honoraires et c'est ce dernier qui versera à l'Urssaf les cotisations sociales.

De nombreuses entreprises sont ainsi tentées de substituer un poste salarié en faisant appel à un indépendant, avec de nombreuses dérives : une rémunération qui s'avère, charges déduites, moins importantes qu'un SMIC et aucune protection en cas de rupture de la prestation malgré une dépendance économique forte. La seule solution est alors pour l'indépendant le recours aux prud'hommes pour demander la requalification de son contrat en contrat de travail.

Si l'indépendant ou le client s'interroge sur le fait qu'il y ait ou non situation de salariat déguisé, il y a forte à parier que la situation initiale manque de clarté :

- **Dans le cas du client** : si celui-ci choisit de s'orienter vers un travailleur indépendant à la place d'une embauche pour éviter de payer des charges sociales.
- **Dans le cas d'un travailleur indépendant :** si, lors d'un recrutement, l'employeur se transforme en donneur d'ordre en lui proposant de « l'embaucher » en tant qu'auto-entrepreneur. Deux mots qui ne vont pas ensemble.

Tout dépend donc du mode de fonctionnement des conditions dans lesquelles le travailleur exerce sa mission en lien avec le donneur d'ordre, car le risque de requalification est réel si la relation n'est pas bien définie.

Le lien de subordination

Le lien de subordination se caractérise par l'exécution d'un travail sous l'autorité d'un employeur qui a le pouvoir de donner des ordres et des directives, d'en contrôler l'exécution et de sanctionner les manquements de son subordonné.

Pour caractériser le lien de subordination, l'Urssaf ou le juge vérifie l'existence d'un service organisé et l'effectivité du pouvoir de direction et de sanction de l'employeur.

Contrôle et sanctions pénales en cas de travail dissimulé

Contrôle de l'Urssaf

L'inspecteur de l'Urssaf recherchera, à partir des conditions de réalisation de la prestation de travail, les indices laissant supposer **l'existence d'un lien de subordination juridique permanente**.

- L'Urssaf et l'Inspection du travail ont la possibilité de remettre en cause un contrat de prestation.
- S'il s'avère que la relation salariale a été sciemment maquillée en contrat de prestation, un procès-verbal de travail dissimulé par dissimulation d'emploi salarié pourra être établi et l'entreprise sera tenue au paiement des cotisations et contributions sociales à la charge des employeurs.

Les sanctions éventuelles

Les sanctions maximales sont lourdes et différentes selon les cas :

- **Personne physique** : 45 000 € d'amende et trois ans d'emprisonnement. Ces sanctions sont portées à cinq ans et 75 000 € d'amende pour :
  - l'emploi dissimulé d'un mineur soumis à l'obligation scolaire ;
  - des faits commis à l'égard de plusieurs personnes ou d'une personne dont la vulnérabilité ou l'état de dépendance sont apparents ou connus de l'auteur.
- **Personne morale** : 225 000 € d'amende et placement sous surveillance judiciaire.

Êtes-vous indépendant par choix ou cela vous a-t-il été imposé ?

C'est la question de base que doit se poser l'indépendant. Lui a-t-on imposé son statut à défaut d'une embauche ou est-ce un choix personnel que d'être travailleur indépendant ? Maîtrise-t-il l'organisation des tâches qu'il effectue. Se développe-t-il en cherchant d'autres clients ?

Afin d'éviter toute remise en cause, voici quelques questions à vous poser pour connaître le statut approprié :

• Les horaires de l'auto-entrepreneur sont-ils déterminés par le donneur d'ordre (l'entreprise) ?	Oui/Non
• Les horaires sont-ils imposés et contrôlés ?	Oui/Non
• Le lieu de travail est-il imposé par l'entreprise ?	Oui/Non
• L'entreprise fournit-elle des moyens ou outils au prestataire (comme un ordinateur) ?	Oui/Non
• L'entreprise est-elle la seule cliente de l'auto-entrepreneur ?	Oui/Non
• L'entreprise a-t-elle procédé elle-même à l'inscription de son prestataire comme travailleur indépendant (création de la micro-entreprise) ?	Oui/Non
• L'entreprise a-t-elle oublié de demander une attestation de vigilance à son prestataire ?	Oui/Non
• L'assurance civile de l'intervenant est-elle prise en charge par l'entreprise ?	Oui/Non
• L'entreprise contrôle-t-elle l'exécution par l'intervenant des ordres qu'elle lui donne ?	Oui/Non
• L'entreprise donne-t-elle des ordres et directives à l'intervenant ?	Oui/Non
• L'entreprise applique-t-elle des sanctions à l'auto-entrepreneur ?	Oui/Non
• L'entreprise a-t-elle oublié de réaliser un contrat de prestation avec le prestataire ?	Oui/Non
• L'entreprise verse-t-elle une rémunération fixe et régulière à l'intervenant ?	Oui/Non
• La rémunération de l'intervenant lui est-elle imposée ?	Oui/Non

Si l'indépendant répond positivement à la majorité des questions posées, la relation salariale est manifeste.

Le donneur d'ordre devra faire le nécessaire et régulariser la situation en embauchant le prestataire selon le droit du travail. Se séparer de lui du jour au lendemain, par peur d'être rattrapé par la loi, n'empêchera pas l'indépendant de redemander la requalification de son contrat, se voyant lésé étant en situation de dépendance économique.

Comment éviter de se retrouver en situation de salariat déguisé ?

L'auto-entrepreneur a trouvé un client et souhaite collaborer de manière régulière avec lui ; les deux parties de bonne foi s'interrogent sur la situation de faux indépendant.

Penser qu'il suffit d'avoir plusieurs clients pour ne pas risquer la requalification, où qu'il suffit de faire un devis, d'établir un contrat de prestation, n'est pas une sécurité en soi.

En effet, un indépendant peut avoir plusieurs clients, mais devra prouver qu'il n'y a **pas de lien de subordination entre lui et son client**.

Sur le contrat, on peut s'interroger sur qui est à l'initiative du contrat et surtout être vigilant sur le fait qu'il ne contienne aucune clause qui relèverait du Code du travail.

Il est important de comprendre que le nombre de clients n'a aucune importance, c'est la **nature de la relation** qui existe entre l'indépendant et son client qui prime. C'est avant tout une **question de posture**. L'indépendant, qu'il soit auto-entrepreneur ou non, ne doit pas perdre de vue qu'il doit traiter avec son prestataire d'égal à égal. C'est à lui d'établir le **contrat de collaboration** ou un **contrat de prestation**.

Bien souvent, les nouveaux créateurs, au cours de leurs premières missions, sortant de l'univers salarié, peuvent avoir du mal à intégrer qu'ils sont comme leurs clients, des professionnels : la notion de hiérarchie, de rendre compte n'existe plus. En se mettant à son compte, l'auto-entrepreneur vient proposer des prestations pour lesquelles il a une expertise. Il aura négocié ses conditions tarifaires sans se sous-estimer et proposer à une prestation de qualité tout en sécurisant le cadre de son application : il établira ainsi un contrat de prestation qui sécurisera les deux parties et définira un cadre clair d'exercice de la mission confiée.

QUE DOIT COMPORTER LE CONTRAT DE PRESTATION ? FOCUS

- L'identification des parties. Il est souhaitable que les parties soient identifiées dans cet ordre : le prestataire puis le client.
- La nature de la prestation, définie de manière claire et exhaustive.
- Les moyens mis à disposition par les parties.
- Le délai ou la durée de la mission ou de la prestation, renouvellement, préavis, résiliation, litige.
- Les obligations des parties.
- Les modalités financières, la rémunération.
- La date et les signatures des parties.

L'établissement d'un contrat en bonne et due forme met l'indépendant à l'abri d'un **risque de requalification**, le protège en cas de litige et donne du crédit, du professionnalisme et du sérieux à la relation.

LES RISQUES DE REQUALIFICATION

Il est important de comprendre que la **requalification** en cas de contrôle de l'Inspection du travail ou des services de l'Urssaf aura de graves conséquences sur la poursuite de l'activité.

La requalification en salariat d'une relation de travail peut intervenir dans différents cas :

- L'auto-entrepreneur saisit le **conseil des prud'hommes** pour obtenir des dommages et intérêts pour licenciement sans cause réelle et sérieuse, en raison, notamment, du non-respect de la procédure de licenciement.
- Les **Urssaf**, à l'issue d'un contrôle de l'entreprise, procèdent à son redressement pour obtenir à titre rétroactif son assujettissement au régime général et le versement de l'ensemble des cotisations de Sécurité sociale.
- Sous la coordination de **l'Office central de lutte contre le travail illégal**, qui constitue un organe pluridisciplinaire spécialisé dans la lutte contre le travail illégal confié à la gendarmerie, des investigations de police judiciaire sont menées conjointement par la police, la gendarmerie et les organismes de protection sociale, à l'encontre d'une entreprise, afin

de mettre en évidence le fait que celle-ci recrute en réalité des salariés et qu'elle est coupable du délit de travail dissimulé.

Un outil efficace contre le salariat déguisé : l'attestation de vigilance

En cas d'absence d'attestation ou de fausse attestation, le donneur d'ordre peut être sanctionné pour **complicité de travail dissimulé** et devra régler les cotisations sociales de l'indépendant.

Les entreprises qui concluent un contrat en vue de l'exécution d'un travail, de la fourniture d'une prestation de service ou de l'accomplissement d'un acte de commerce, doivent **vérifier que leur prestataire s'acquitte de ses obligations en matière sociale** pour tout contrat d'au moins 5 000 € HT.

En pratique, l'auto-entrepreneur doit, lors de la conclusion du contrat avec une entreprise, puis tous les six mois, remettre à son donneur d'ordre une attestation de vigilance délivrée par l'Urssaf qu'il retrouve sur le site **auto-entrepreneur.urssaf.fr**, « Mon compte ». À charge de son client d'en vérifier l'authenticité *via* le site de l'Urssaf.

En cas d'absence d'attestation ou de fausse attestation, le donneur d'ordre peut être sanctionné pour **complicité de travail dissimulé** et devra régler les cotisations sociales de l'indépendant.

Quelles informations retrouve-t-on sur l'attestation de vigilance ?

FOCUS

Figure sur l'attestation l'identification de l'entreprise (sa dénomination, l'adresse de son siège sociale) et l'information que l'indépendant est à jour de ses obligations sociales à la date d'exigibilité de la dernière période traitée (les six derniers mois échus). Même si le prestataire bénéficie d'un accord de paiement en plusieurs fois, l'attestation peut être obtenue ; en revanche, s'il fait l'objet d'une verbalisation pour salariat déguisé, il ne pourra obtenir son attestation.

La confidentialité est préservée car les informations qui relèvent de la relation entre l'Urssaf et le cotisant n'y figurent pas !

Le vocabulaire à connaître

La dépendance économique

La loi ne définit plus l'état de dépendance économique, mais il s'agit d'un **critère fondamental** que continuent à utiliser l'Autorité de la concurrence et la cour d'appel de Paris dans leur jurisprudence. La dépendance économique permet de sanctionner des comportements tenant à un rapport de force qui résulte du fait que la puissance relative d'une entreprise rend ses partenaires vulnérables, et notamment ses prestataires indépendants.

Lien de subordination

La subordination est **l'état de dépendance d'une personne à l'égard d'une autre**. Elle s'inscrit dans un ordre hiérarchique qui fait qu'une personne est soumise, dans ses fonctions, à l'autorité d'une autre, et qu'elle doit lui rendre des comptes. Le lien de subordination est un **lien juridique** et ne consiste pas seulement en une dépendance économique.

Requalification

Il s'agit du fait de considérer que le contrat de prestation n'était pas de nature commerciale, mais de nature salariale. Le contrat est requalifié en contrat de travail si la relation d'affaires recouvre un lien de subordination entre commanditaire et prestataire. Cette transformation en contrat de travail n'est ni instantanée ni automatique. Elle résulte obligatoirement d'une requalification décidée par un juge qui constate l'existence d'un lien de subordination entre :

- un prestataire (faussement) indépendant ou bénévole,
- et son client.

(!) Seul le juge peut opérer la requalification en contrat de travail.

Chapitre 23

S'assurer, se protéger au quotidien ainsi que ses clients

Savoir mesurer les risques

Faut-il obligatoirement être assuré lorsque l'on crée une micro-entreprise ?

L'auto-entrepreneur est avant tout un chef d'entreprise comme les autres et il existe à ce titre un ensemble d'assurances qui peuvent être obligatoires ou recommandées. Les contrats n'étant pas rétroactifs, mieux vaut prévenir que guérir.

L'existence ou non d'assurances obligatoires est en fonction de l'activité exercée. **Les métiers du bâtiment**, par exemple, sont dans l'obligation d'avoir souscrit une assurance **responsabilité civile décennale**. Le numéro de contrat d'assurance, les coordonnées de l'assureur, la couverture géographique du contrat ou de la garantie doivent au demeurant figurer également sur leurs devis et leurs factures.

Comment savoir si l'activité est soumise à une obligation d'assurance ?

Le plus simple est de se renseigner auprès des organismes comme les chambres de métiers ou les chambres de commerce et d'industrie, ainsi qu'auprès des ordres ou organisations professionnels.

Dans le cadre de certains métiers, comme la formation, si l'assurance n'est pas obligatoire, elle est nécessaire pour pouvoir obtenir une certification comme le Datadock ou la certification Qualiopi pour les formateurs.

Dans les métiers manuels où l'auto-entrepreneur manipule le corps de son client, il est ainsi fortement conseillé de s'assurer, sa responsabilité pouvant être facilement engagée.

Tous les métiers qui facturent des particuliers sont dans l'obligation de souscrire à un service de **médiation de la consommation**[1]. S'il ne s'agit pas là d'une assurance, c'est un contrat obligatoire dont la non-souscription peut avoir de lourdes conséquences.

QUELLE ASSURANCE POUR LES VÉHICULES UTILISÉS DANS UN CADRE PROFESSIONNEL ? — FOCUS

Le véhicule de l'auto-entrepreneur doit être obligatoirement couvert par une garantie civile, quel que soit son usage. Si son véhicule personnel lui sert également dans le cadre de ses déplacements professionnels, il doit s'assurer auprès de sa compagnie d'assurances d'être bien couvert pendant les trajets liés à son activité.

LA RESPONSABILITÉ CIVILE POUR TOUS ET L'ASSURANCE DÉCENNALE POUR LES ARTISANS

Il existe différents types d'assurances qui permettent de protéger l'entrepreneur et ses clients.

Souscrire une responsabilité civile professionnelle

Même si cela n'est pas strictement obligatoire, il est très fortement conseillé de souscrire une **assurance responsabilité civile professionnelle** : les risques qu'un client se retourne vers son prestataire sont réels.

Par exemple, un créateur de site Internet pourra voir sa responsabilité engagée si le site de son client n'est pas fonctionnel pendant un certain temps et fait perdre à ce dernier un important chiffre d'affaires.

1. Voir chapitre 24, page 255.

En effet, comme tout professionnel, un auto-entrepreneur est responsable des dommages qu'il aura causés suite à des objets vendus, fabriqués, réparés ou installés dans le cadre de son activité professionnelle.

Il est important pour commencer en toute sérénité son activité de vérifier :

- les risques couverts, les garanties en option et les exclusions ;
- l'adaptation des montants de garantie aux risques encourus ;
- le montant des franchises (sommes qui restent à la charge du professionnel).

Une assurance responsabilité civile professionnelle, que l'on appelle dans le langage courant « RC Pro », permet à l'auto-entrepreneur de s'assurer contre les dommages qu'il pourrait causer à ses clients ou d'autres tiers.

Elle garantit les **dommages matériels** comme la perte ou la destruction d'un bien, les **dommages immatériels ou corporels** consécutifs à des erreurs, des négligences ou des imprudences causées par l'indépendant ou même son stagiaire.

BON À SAVOIR

Souvent perdus parmi les offres, les auto-entrepreneurs font trop souvent l'impasse sur cette assurance. Il s'agit d'une recherche de prestataires qu'il faut mener avant la création de son entreprise, auprès d'un courtier, d'une compagnie d'assurances ou d'un organisme bancaire.

Souscrire une garantie spécifique aux professionnels du bâtiment

Le professionnel de la construction (entrepreneur, maître d'œuvre, architecte) est soumis à un régime **de responsabilité décennale** : pendant dix ans, il engage sa responsabilité sur d'éventuels dommages causés à la suite de son chantier (vices ou dommages de construction).

Cette assurance est obligatoire, que ce soit pour des travaux dans le neuf ou la rénovation.

Le risque en cas d'absence de garantie décennale est une peine de dix jours à six mois d'emprisonnement et une amende de 75 000 € (article L. 243-3 du Code des assurances), sans compter l'absence de couverture des dommages causés en cas de litige avec le client.

L'assurance doit être obligatoirement souscrite avant le début du chantier et ne couvre que les travaux réalisés pendant la période de validité du contrat.

L'auto-entrepreneur est également tenu de remettre à son client un justificatif de son contrat d'assurance. Si tout est en ordre, en cas de dommage, c'est alors l'assureur qui prendra en charge le paiement des réparations selon la couverture mise en place lors de la signature du contrat.

Entrepreneurs de la Cité, la micro-assurance

Entrepreneurs de la Cité est une fondation à découvrir qui propose des assurances professionnelles à tarifs réduits pour lancer son entreprise et, contrairement à un pack d'assurances, c'est l'auto-entrepreneur qui choisit ses garanties.

BON À SAVOIR

L'ASSISTANCE JURIDIQUE, PREMIER GARDE-FOU POUR SE DÉFENDRE

Base minimum de l'auto-entrepreneur, elle permet d'avoir accès à moindre coût à des conseils juridiques liés à son activité professionnelle.

C'est une assurance qui existe à titre personnel et peut être incluse dans l'assurance habitation, mais elle n'est, dans ce cas, valable que pour les questions d'ordre personnel ; aussi s'assurer d'avoir une assistance juridique qui permet de poser des questions dans le cadre de son activité est indispensable.

L'assistance juridique donne accès à un service téléphonique assuré par des juristes qui aident l'assuré dans les domaines du droit à résoudre un conflit avec un client ou un fournisseur, mais apportent également un soutien dans la rédaction de courriers, de relances.

LA PROTECTION JURIDIQUE

La protection juridique professionnelle est différente de la protection juridique personnelle. Elle permet de faciliter le règlement des litiges avec l'administration ou des clients, et couvre ainsi une partie des frais d'avocats par exemple.

5

L'entreprise au quotidien

Chapitre 24

La micro-entreprise au quotidien

Gérer ses comptes

Gérer ses comptes ne se limite pas uniquement à la gestion de son compte bancaire. Si le régime de la micro-entreprise est un régime simple dans son fonctionnement, l'auto-entrepreneur a néanmoins des droits et des obligations : tenir sa facturation, répondre à des obligations comptables et administratives.

Tous les mois ou tous les trimestres, l'auto-entrepreneur devra **payer ses charges sociales** (et fiscales le cas échéant) sur son chiffre d'affaires : il est ainsi prudent de ne pas tout dépenser et de mettre de côté environ 25 % de son chiffre d'affaires.

La solution pourrait être d'ouvrir un livret et, dès que l'auto-entrepreneur encaisse un règlement, d'en déplacer 25 % (ou 15 % pour les activités d'achat revente) vers ce livret. Si ces taux sont légèrement supérieurs au taux de recouvrement des cotisations sociales et fiscales, cela permet de laisser une petite marge de trésorerie. Cet exercice pourra éviter des impayés de cotisations et, plus tard, des redressements.

Pour la gestion de la TVA, la même rigueur est essentielle : trop souvent les entrepreneurs considèrent la TVA qu'ils ont collectée comme de la trésorerie ; or la TVA collectée ne leur appartient pas, elle est reversée à l'État.

Une bonne gestion des comptes sera l'une des bases de la réussite de l'entreprise.	**BON À SAVOIR**

Le compte bancaire dédié

Si la première année d'activité et en deçà d'un chiffre d'affaires de 5 000 €, l'auto-entrepreneur n'est pas tenu d'ouvrir un compte bancaire dédié, c'est fortement conseillé. Il permet d'y déposer tout ce qui est du ressort de l'activité et surtout, en cas de contrôle, de bien dissocier les revenus liés à l'activité d'indépendant de ceux liés à une activité salariée. Rien n'oblige, en revanche, de souscrire à des services comme la carte bancaire (payant), tout peut se faire par virement, ce qui permet de faire des économies.

En ouvrant sa micro-entreprise, l'auto-entrepreneur fait le choix d'une comptabilité réduite au strict minimum, mais compartimenter son activité et la séparer de son compte bancaire facilite la tenue de la comptabilité.

Concernant le **compte bancaire** et le choix d'un **compte professionnel ou personnel**, il y a ce que dit la loi et ce que disent les banques.

Ce que dit la loi

La loi du 18 juin 2014, dite « loi Pinel », encadre la création d'un compte bancaire pour les auto-entrepreneurs : « Le travailleur indépendant [...] est tenu, au plus tard douze mois après la déclaration de la création de son entreprise, de dédier un compte ouvert dans un des établissements mentionnés à l'article L. 123-24 du Code de commerce à l'exercice de l'ensemble des transactions financières liées à son activité professionnelle » (article L. 133-6-8-4 du Code de la sécurité sociale).

Pour la Direction de l'information légale et administrative (Premier ministre) à propos de la comptabilité du micro-entrepreneur : « Quelle que soit l'activité exercée, le micro-entrepreneur est soumis à l'obligation de détenir un compte dédié à l'ensemble des transactions financières liées à son activité professionnelle, dans un établissement de crédit ou un bureau de chèques postaux. [...] Il ne s'agit pas obligatoirement d'un compte qualifié « de professionnel » par les banques, cette appellation étant purement commerciale. Le micro-entrepreneur peut utiliser un compte courant pour des prestations plus réduites, mais ce compte doit être séparé du compte personnel. »

La loi est donc claire, **l'auto-entrepreneur a l'obligation d'ouvrir un compte bancaire dédié, mais pas forcément un compte professionnel**.

Cependant, la loi PACTE d'avril 2019 est venue assouplir encore les règles, le compte bancaire devenant facultatif pour les auto-entrepreneurs réalisant un chiffre d'affaires annuel inférieur à 10 000 € (pendant un délai de deux ans).

Ce que disent les banques

Il n'y a pas un jour sans qu'un auto-entrepreneur ne se heurte au refus d'un conseiller bancaire à l'ouverture d'un compte courant, s'appuyant sur l'obligation légale d'ouvrir un compte dédié à l'activité d'auto-entrepreneur, activité qui a nécessairement un caractère professionnel.

En 2018, les auto-entrepreneurs étaient 81 % à posséder un compte bancaire distinct pour leur activité professionnelle, et les trois quarts étaient des comptes personnels[1]. En effet, dans le cas d'un auto-entrepreneur, un simple compte particulier est suffisant.

Cependant si l'auto-entrepreneur désire **ouvrir un compte courant sous un nom commercial**, posséder des moyens de paiement au nom commercial de son entreprise, disposer d'un terminal de paiement de carte bancaire ou effectuer un crédit pour son entreprise, il devra ouvrir un **compte professionnel**.

Dans le cas où sa banque lui impose un compte professionnel, mais qu'il tient à avoir un compte personnel, il ne faut oublier qu'il est libre de changer de banque !

Alors compte pro ou compte perso ?

Il ne faut pas se le cacher, ouvrir un compte pro présente certains intérêts, surtout pour un auto-entrepreneur en activité principale : son conseiller sera plus à même de le suivre et de l'accompagner avec un prêt. Pendant la crise Covid, les banques ont plus facilement gelé les emprunts des indépendants avec un compte professionnel. Certaines banques proposent un service de recouvrement en cas d'impayés qui peut s'avérer utile. Reste à négocier avec son banquier des conditions avantageuses pour que le coût mensuel ne vienne pas alourdir le budget de l'auto-entrepreneur. Des organismes bancaires l'ont compris et proposent des solutions adaptées au budget des auto-entrepreneurs.

1. Étude menée par la FNAE en avril 2016 auprès d'un panel de 250 personnes.

Le livre des recettes et le registre des achats

L'auto-entrepreneur doit tenir à jour un certain nombre de pièces, dont un **livre de recettes** et, uniquement si son activité relève de l'achat-revente, un **registre des achats**.

Le livre des recettes

Si l'auto-entrepreneur n'est pas familiarisé avec les termes de comptabilité, le terme « livre » représente une liste des factures émises avec un certain nombre d'informations, un livre journal qui détaille les recettes. Il doit être paginé et doit mentionner de **manière chronologique le montant et l'origine des recettes perçues**, en distinguant de manière claire les modalités de règlement, dont les recettes. Les références des pièces justificatives doivent également y figurer. À noter que depuis la loi Sapin 2, ce livre des recettes **ne doit pas être modifiable.** Le plus simple est donc de prendre un **logiciel de devis et factures** pour gérer son activité, qui éditera en un simple clic le livre des recettes !

Le registre des achats

Il s'agit d'un registre récapitulatif par année présentant, dans l'ordre chronologique, le détail des achats pour les activités consistant à vendre des marchandises, objets, fournitures et denrées à emporter ou à consommer sur place, ou à fournir un logement (activités relevant du seuil le plus élevé). Ce registre doit distinguer les règlements en espèces des autres règlements, et indiquer les références des pièces justificatives.

Les professions libérales en prestation de service ne sont pas concernées par cette obligation.

Les solutions pour tenir le livre des recettes et le registre des achats

Plusieurs possibilités sont proposées à l'auto-entrepreneur :

- acheter ses livres comptables en librairie ;
- se procurer un logiciel de gestion certifié (gratuit ou payant) ;
- créer lui-même ses documents papiers sur de simples feuilles de papier.

Il ne peut plus, en revanche, créer lui-même ses registres en utilisant un tableur numérique.

BON À SAVOIR

Facturer avec un tableur ou un logiciel certifié

L'article 88 du PLF 2016 (loi anti-fraude) a introduit l'obligation pour toute entreprise assujettie à la TVA de s'équiper d'un logiciel certifié : *exit* les factures sous un logiciel de traitement de texte ou un tableur. Mais pour ceux qui sont encore en franchise de TVA, la loi anti-fraude ne s'applique pas.

Si l'auto-entrepreneur n'est pas assujetti à la TVA

Il pourra continuer à **réaliser ses factures avec un tableur ou éditeur de texte**, mais celles-ci doivent respecter un certain nombre d'obligations. Un logiciel permettra de mieux centraliser les données clients, de faire des relances, avec une vision instantanée des factures en souffrance, de respecter les règles encadrant la facture, de réduire le risque d'erreur qui pourrait coûter cher (toutes mentions manquantes feront l'objet d'une pénalité de 15 €), et de faire gagner du temps.

Si l'auto-entrepreneur facture la TVA

Dans ce cas, la question ne se pose pas, **la loi anti-fraude impose depuis le 1er janvier 2018 le recours à un logiciel de devis et factures certifié**. Si l'auto-entrepreneur persiste malgré tout à réaliser ses factures sans un logiciel, il encourt une amende de 7 500 € et une régularisation obligatoire dans les 60 jours. Cette nouvelle obligation est prévue au 3° *bis* de l'article 286 du Code général des impôts (CGI).

L'assujetti à la TVA peut justifier du respect de ces conditions de deux manières :

- le logiciel ou système de caisse est certifié par un organisme accrédité ;
- ou l'assujetti dispose d'une attestation individuelle de l'éditeur du logiciel ou système de caisse certifiant le respect des conditions.

De nombreux logiciels accompagnent l'auto-entrepreneur au quotidien : Devis & factures avec ou sans TVA, de la FNAE ou Instant gestion. Il existe également des solutions en ligne gratuites ou payantes. Il est conseillé de choisir une version qui bénéfice de mises à jour !

Comment et quand déclarer son chiffre d'affaires

Si l'auto-entrepreneur a fait le choix de la **déclaration mensuelle**, il déclare son chiffre d'affaires avant le dernier jour du mois. Dans le cas où il a choisi la **déclaration trimestrielle**, il devra déclarer celui-ci aux dates suivantes :

Échéancier fiscal et social

Déclarations trimestrielles

Périodes	Date d'ouverture de l'échéance en ligne	Exigibilité	Date de mise à disposition de l'attestation de CA
1er trimestre 2021	1er avril 2021	30 avril 2021	1er mai 2021
2e trimestre 2021	1er juillet 2021	31 juillet 2021	1er août 2021
3e trimestre 2021	1er octobre 2021	31 octobre 2021	1er novembre 2021
4e trimestre 2021	1er janvier 2022	31 janvier 2022	1er février 2022

LES TAXES CONSULAIRES — FOCUS

Pour joindre le service technique de l'Urssaf (utilisation du site auto-entrepreneur.urssaf.fr, déclaration, paiement des cotisations, problèmes techniques) : le **3698** (gratuit + prix appel).

Pour joindre Net-Entreprises (concernent ceux qui n'auraient pas encore fait migrer leur compte vers **urssaf.auto-entrepreneur.fr**) : 0 820 000 516 (service 0,05 €/min + prix appel), pour tout problème technique lié à la connexion avec vos identifiants Net-Entreprises.

GÉRER SES FRAIS PROFESSIONNELS AVEC LES DÉBOURS

Le régime de l'auto-entrepreneur est simple dans sa gestion, mais cette simplicité à un coût : l'indépendant ne peut rien déduire. Il existe néanmoins une possibilité pour certains frais, encadrée par la loi : c'est la règle des débours.

Les débours

En comptabilité, les **débours** sont des sommes payées au nom du client, qui serait seul poursuivi en cas de non-paiement. Correspondent aux « débours » les sommes effectivement dépensées au nom du client. Leur remboursement par celui-ci n'est pas compris dans les recettes. Le dispositif permet ainsi de déporter les frais de son activité en dehors de son chiffre d'affaires.

(!) Attention, car tous les frais professionnels ne rentrent pas dans les débours.

Certains se font rembourser « hors facture » leurs frais de déplacement, c'est-à-dire des indemnités kilométriques, des frais de repas ou d'hébergement. Une pratique qui ne correspond pas aux règles fiscales. Dans ces cas, il faut éditer une facture aux normes et payer sur ces sommes des charges sociales.

Dans le cas du débours, il s'agit d'une dépense réalisée au nom du client ; la facture doit donc être établie à son nom et l'auto-entrepreneur ne fait qu'avancer le règlement. Imaginons un artisan, qui installe chez l'une de ses clientes un lavabo qu'il achète pour elle :

- Il devra dans un premier temps, obtenir un accord écrit du client intitulé « mandat de débours ». Cet accord précise l'achat et le budget alloué et sert de preuve en cas de contestation du client pour rembourser la somme engagée par l'auto-entrepreneur au nom du client.
- Le débours doit être mentionné dans la facture globale, à côté de la prestation de l'auto-entrepreneur, accompagné des justificatifs. Le client verse le montant du débours à l'euro près. À noter, le dispositif interdit toute marge sur le débours.
- La facture doit être émise au nom du client et sera réglée par l'auto-entrepreneur.
- Une copie de l'accord de mandat, de la facture et des justificatifs sont à conserver en comptabilité pour, en cas de contrôle fiscal ou social, pouvoir apporter la preuve des débours et du chiffre d'affaires réalisé en tant qu'auto-entrepreneur. Le livre de recettes, alors obligatoire pour l'auto-entrepreneur, trace ces dépenses avec la mention de « débours » à côté de la somme correspondante. À noter, les frais de débours ne sont pas soumis à un seuil.

La référence légale est l'article 267 II du Code général des impôts.

Si le client final est une entreprise assujettie à la TVA, elle n'aura pas le droit de la récupérer sur les produits achetés même si la facture finale est à son nom.

Les principales règles des débours

- Les factures doivent toujours être au nom du client.
- La dépense doit obligatoirement être réalisée au nom du client, une nuit d'hôtel dans le cadre d'un déplacement ne saurait être prise en compte.

Une seule vraie contrainte : bien tenir le livre des recettes.

Quelles solutions pour les frais de déplacement ?

BON À SAVOIR

L'auto-entrepreneur peut se retrouver à devoir prendre le train ou l'avion et avoir négocié avec son client une prise en charge des frais de transport. La seule alternative est alors que son client achète les billets directement.

Les devis et factures avec ou sans TVA

Entre professionnels, l'édition d'une facture est obligatoire pour toutes prestations (produits et/ou services). En ce qui concerne la vente par un professionnel à un particulier, il existe des divergences. La facture est obligatoire si :

- le client la demande,
- en cas de vente à distance,
- lorsque le montant est supérieur à 25 € pour les prestations de service.

Doivent figurer sur une facture les éléments suivants :

- **L'identité du vendeur** : nom et adresse de l'auto-entrepreneur.
- **L'identification du vendeur** : numéro de SIREN, ainsi que la mention « RCS Ville » ou bien « RM Ville », ville étant le nom de la ville où est immatriculé l'auto-entrepreneur (hors professions libérales).
- **L'adresse de facturation.**
- **Le numéro du bon de commande.**
- **Le numéro de facture** : ils doivent se suivre séquentiellement, sans trous, et doivent être précédés sur la facture du libellé « Facture N° ». Si l'auto-entrepreneur doit supprimer une facture, il ne faut surtout pas l'effacer, mais faire un avoir et utiliser la mention « Avoir N° ».
- **La date d'émission** : elle doit en principe correspondre au jour où la vente du produit ou du service est conclue entre les deux parties.
- **L'identité de l'acheteur** : nom et coordonnées, raison sociale le cas échéant, SIREN s'il est connu.
- **La désignation des produits et services** : une ligne par produit, avec la quantité, le prix unitaire, la référence, l'intitulé et toutes les caractéristiques qui peuvent avoir une influence sur le prix.
- **Le prix à payer** : le montant total net de taxes de la facture si non assujetti à la TVA, ou les montants HT et TTC si assujetti à la TVA.
- **La mention de la franchise de TVA** : « TVA non applicable, art. 293B du CGI » si non assujetti ou le **taux de TVA applicable**, de manière claire par ligne.
- **Les réductions et remises** : les réductions de prix (rabais, remises, ristournes) doivent être indiquées par ligne de produits concernés.

- **La date de livraison** : date à laquelle est effectuée la livraison des biens ou la prestation de service si cette date est différente de la date d'émission de la facture.
- **La date limite de paiement** : date limite de paiement précise (la mention « paiement comptant à réception de la facture » est tolérée).
- **Les pénalités de retard** : le taux des pénalités de retard appliqué en cas de retard de paiement. En l'absence d'indication, c'est le taux légal en vigueur qui s'applique (taux minimal 2,580 % en 2019). La TVA ne s'applique pas.
- **L'indemnité pour frais de recouvrement** : indemnité forfaitaire pour frais de recouvrement au profit du créancier d'une valeur de 40 €.
- **Les conditions d'escompte** : taux de réduction appliqué en cas de paiement anticipé. Si aucun escompte n'est proposé, il faut indiquer « Pas d'escompte pour règlement anticipé ».

Établir des CGV ou un contrat de prestation pour se protéger et protéger ses clients

Dans la pratique, les auto-entrepreneurs sont encore peu nombreux à prendre le temps de rédiger leurs propres conditions générales de vente (CGV), malgré les nombreux modèles disponibles sur Internet.

Dans le cadre de son activité professionnelle, il est conseillé, même si ce n'est pas toujours obligatoire, de souscrire à une **responsabilité civile** en fonction de son activité. Celle-ci protégera l'auto-entrepreneur dans l'exercice de son activité, et bien souvent y est inclus un service *a minima* d'assistance juridique qui pourra proposer des modèles de contrats ou de CGV. Les syndicats ou associations d'entrepreneurs proposent également bien souvent des modèles.

Que les clients soient des professionnels ou des particuliers, mettre en place des **conditions générales de vente** ou un **contrat de prestation** est indispensable. En effet, ces documents permettent l'instauration d'une relation de travail sereine et sécurisée pour les deux parties et peuvent, en fonction de certains critères, se substituer à l'autre.

La loi oblige tout professionnel à communiquer ses CGV à tout client qui en fait la demande pour une activité professionnelle. Il est important donc d'anticiper.

De plus, si les clients de l'indépendant sont des particuliers, il doit depuis le 1er janvier 2016 leur permettre **l'accès à un dispositif de médiation de la consommation** en vue de la résolution amiable de tout litige éventuel. Cette obligation résulte de l'article L.612-1 du code de la consommation.

Les conditions générales de vente (CGV)

Les CGV seront le pilier de la négociation commerciale et serviront de base de discussion pour la mise en place de conditions particulières.

Elles seront également d'une grande aide dans le cas d'un non-paiement d'une prestation, car les conditions de recours, les modalités et le tribunal compétent y figureront. Dans le même sens, les règles sont définies si l'auto-entrepreneur ne réalise pas correctement sa prestation pour son client. Attention à ne pas tomber dans la clause abusive qu'un tribunal pourra rendre caduque. Il n'est pas possible de faire signer n'importe quoi à son client ; l'inverse est aussi vrai.

Une fois les CGV rédigées, il est indiqué de les faire relire par un avocat ou de demander conseil à son assistance juridique.

Comment les rédiger ?

En se basant sur des modèles et surtout en se projetant : il est important de prendre toutes les situations en compte et d'en définir le cadre. Un graphiste Web, par exemple, définira ses conditions de règlement à chaque étape du processus de création comme le versement d'un acompte de 30 % à la commande, de 20 % à la livraison des différentes propositions, et le solde à la livraison du site.

Les CGV permettent également de définir le rôle de chacun, ce que le client doit fournir comme éléments et les processus de validation de chaque étape de la prestation, si elle en compte plusieurs.

Le contenu des CGV

Au-delà des indications propres à chaque secteur, les CGV doivent obligatoirement mentionner :

- les conditions de vente ;
- le barème des prix unitaires ;
- les éventuelles réductions de prix et conditions d'escompte ;

- les conditions de règlement, notamment les délais de paiement et pénalités de retard.

Il est également possible de rajouter que les frais de recouvrement seront à la charge du client, petite astuce légale qui permet de faire supporter à son client professionnel les commissions d'un organisme de recouvrement.

L'escompte

L'escompte est une **réduction consentie à un acheteur en cas de paiement anticipé**. C'est un choix personnel à faire : il est possible d'accorder un escompte (remise) pour un paiement comptant, dès lors qu'il est proposé à tous les clients. Il doit figurer dans les CGV et sur les factures.

Dans la pratique, il est conseillé lors de l'envoi d'un devis à un client par e-mail ou courrier d'y joindre les CGV, en indiquant sur le devis : « La signature du devis vaut acceptation des conditions générales de vente jointes. »

Auto-entrepreneur dans l'e-commerce

Dans ce cas de figure, il est indispensable de joindre les CGV en même temps que la facture. C'est une obligation fixée par la Cour de Justice de l'Union européenne (CJUE) qui décrit les modalités d'information que doivent respecter les sites d'e-commerce afin de communiquer et de faire accepter leurs CGV à leurs acheteurs.

Auto-entrepreneur dans les services à la personne

Si l'auto-entrepreneur bénéfice d'un **numéro de prestataire dans les services à la personne**[1], il devra faire figurer la mention d'un crédit d'impôt possible pour le client. Dans ce cas il devra également en informer ses clients dans ses CGV. Il est conseillé de rappeler aux clients qu'ils sont les seuls responsables de l'utilisation qu'ils feront de ces attestations et que l'auto-entrepreneur ne saura être responsable en cas de litige avec l'administration fiscale.

1. Voir chapitre 4, page 55.

Auto-entrepreneur dans la vente à domicile, hors établissement

L'article L. 121-25 du Code de la consommation ainsi que la loi Hamon de juin 2014 sur la consommation spécifient qu'en cas de signature de contrat suite à un démarchage (par exemple au domicile du client), hors de l'établissement du prestataire (sauf foire, salon ou autre manifestation commerciale), ou encore à distance, le client peut renoncer à sa commande ou son engagement d'achat dans les quatorze jours, jours fériés compris, à compter du lendemain de la signature dudit contrat. Cette obligation vaut pour des clients particuliers ou pour des professionnels si l'objet du contrat visé n'entre pas dans le champ de l'activité principale du professionnel sollicité et que le nombre de salariés employés par celui-ci est inférieur ou égal à cinq.

Le contrat de prestation

FOCUS

Le contrat de prestation de service est un contrat conclu entre deux personnes, un client d'une part et un prestataire d'autre part. Ce contrat est encadré par la loi, mais des critères de définition ont été fixés par la jurisprudence.

S'il définit les relations entre deux prestataires, il faut être vigilant sur son contenu : on parle d'un **contrat de mission indépendante** lorsqu'un professionnel exécute des prestations pour le compte d'une entreprise, en toute indépendance juridique. Ce contrat ne constitue donc ni un contrat de vente ni une cession de biens. C'est un contrat par lequel un prestataire va mettre à disposition de son client son savoir-faire dans un domaine spécifique et déterminé. Il s'agit en quelque sorte d'une « vente de service ». Ainsi l'objet du contrat va être un service que le prestataire va proposer à son client. Les services proposés sont d'une grande amplitude ; il peut s'agir d'un service intellectuel comme celui d'un besoin en informatique (construire un site Internet, éditer un logiciel, de l'assistance...) ou d'un service matériel (nettoyage, service à la personne...).

Ce contrat peut être requalifié par l'Urssaf ou par les tribunaux en contrat de travail si les conditions d'exercice font ressortir que l'auto-entrepreneur n'est pas réellement indépendant et qu'un lien de subordination existe entre lui et l'entreprise cliente. En cas de litige, il faut savoir que les juges s'appuieront sur un faisceau d'indices parmi lesquels on peut citer :

- la mise à disposition d'un bureau, de l'usage du téléphone, des fournitures qui sont nécessaires, des services d'une secrétaire, etc. ;
- des délais imposés par le contrat ;

- le fait que la société donne des directives et détermine le montant de la rémunération.

Il est donc important de faire attention à la rédaction du contrat, de le faire signer par les deux parties **avant le commencement de la mission** et si la mission sort du cadre prévu, d'établir un avenant.

Quelles sont les différences avec les CGV ?

Les CGV composent le cadre de base de l'activité et les conditions que propose par défaut l'auto-entrepreneur pour la relation avec ses clients. Elles répondent à un ensemble de questions que le client est en droit de se poser, tout en reprenant les dispositions légales obligatoires comme le délai de paiement, les modalités de résiliation, les notions de propriétés intellectuelles, le droit applicable, la responsabilité de chacune des parties. Il faut les joindre aux devis et factures.

Le contrat de prestation de service s'applique à un client et à une prestation spécifique et s'ajoute aux CGV. Il va fixer les règles et contours de l'intervention, les modalités d'exécution de la mission auprès d'un client précis. Il est possible de n'avoir qu'un seul modèle de CGV, mais chaque contrat de prestation est à adapter à chaque situation.

En revanche, si les prestations d'un client à un autre sont similaires, l'indépendant a le droit d'utiliser uniquement ses CGV qui feront alors office de contrat.

Dans le même esprit, si le contrat reprend les éléments que l'on retrouve dans les CGV, celui-ci suffira. Le contrat sera adapté à chaque client et à chaque situation spécifique.

Garantir à ses clients la protection de leurs données avec le RGPD

Qu'est-ce que le RGPD ?

Le Règlement général sur la protection des données est un texte européen qui renforce considérablement les droits des citoyens afin d'avoir une meilleure visibilité sur leurs données numériques, et leur donner une meilleure maîtrise sur l'utilisation qui en est faite.

La notion de donnée personnelle : il s'agit de toute information se rapportant à une personne physique identifiée ou identifiable, directement (par son prénom par exemple) ou indirectement (par un numéro de client, un numéro de téléphone...).

Les auto-entrepreneurs sont-ils concernés ?

Toutes les entreprises sont concernées par le Règlement européen sur la protection des données (RGPD) dès lors qu'elles collectent, conservent et utilisent des données à caractère personnel.

Comment mettre en place le RGPD ?

- Il faut d'abord faire un **état des lieux** dressant la liste des fichiers. La CNIL propose un modèle pour créer un registre et aider dans sa mise en place[1]. Il reprend la liste des activités impliquant le traitement de données personnelles. Par exemple pour un sophrologue, le fichier client : il faudra créer et tenir à jour une fiche de registre par activité.
- On y trouvera l'objet du traitement de données personnelles et ses fonctionnalités, la catégorie des données utilisées : état civil, identité, données d'identification, images (nom, prénom, adresse, photographie, date et lieu de naissance...), etc. Et enfin, il y est précisé qui a accès aux données et la durée pendant laquelle elles sont conservées.
- **Faire le tri dans ses données**, en vérifiant si elles sont sensibles : dans ce cas, l'entrepreneur devra s'assurer qu'il a le droit de les utiliser et que les données collectées, avant la mise en place du RGPD, sont bien conformes. Dans le cas contraire, il faudra renoncer à leur utilisation et demander, pour les conserver, le consentement des personnes concernées.
- **La transparence avant tout**. Il faut informer les clients concernés par cette démarche de collecte de données et leur expliquer pourquoi celles-ci sont conservées, qui y a accès, combien de temps elles sont conservées et si elles sont transférées à des tiers.
- **Sécuriser les données**. Pour bien faire, il est conseillé de **stocker les informations dans différents espaces sécurisés** et d'**utiliser des mots de passe difficiles**, sans oublier de **mettre les logiciels et antivirus à jour**.

1. cnil.fr/sites/default/files/atoms/files/registre_rgpd_basique.pdf.

Travailler avec des clients particuliers

L'obligation d'un médiateur de la consommation pour des clients particuliers

Loi un peu trop passée inaperçue, les professionnels travaillant avec des particuliers sont dans l'obligation depuis le 1er janvier 2016 de permettre à leurs clients l'accès à un dispositif de médiation de la consommation, dans l'objectif de résoudre à l'amiable tout éventuel litige.

Dans les faits, on constate qu'un recours à la justice porte préjudice aux professionnels qui n'ont pas rempli cette obligation.

> **BON À SAVOIR**
>
> **Comment trouver son médiateur de la consommation ?**
>
> Ils sont regroupés par association. Les fédérations et syndicats proposent souvent des offres groupées comme le fait la Fédération nationale des auto-entrepreneurs et micro-entrepreneurs.

L'auto-entrepreneur se doit ainsi d'identifier le médiateur de la consommation dont il souhaite relever et se rapprocher de lui afin d'adhérer à son dispositif de médiation de la consommation après s'être assuré que les modalités de cette adhésion et son coût correspondent aux besoins de son entreprise.

Il faut compter une moyenne de 50 € par an pour un indépendant. Par la suite, en cas de désaccord, le consommateur peut demander une médiation, étape avant un éventuel recours en justice. Médiation que l'auto-entrepreneur est libre d'accepter ou non (dans ce cas le médiateur facturera le coût de la médiation). Dans la pratique si le professionnel refuse la médiation et que l'affaire se finit au tribunal, cela n'ira pas à son avantage ; il est donc fortement conseillé d'accepter la médiation, faite pour désengorger les tribunaux.

> **LA MÉDIATION** — FOCUS
>
> **La médiation est un mode alternatif de règlement des différends qui implique l'intervention d'un tiers : le médiateur.** Il a pour mission d'entendre les parties en conflit, de les réunir pour confronter leur point de vue et trouver une solution.

Par consommateur, on entend « toute personne physique qui agit à des fins qui n'entrent pas dans le cadre de son activité commerciale, industrielle, artisanale, libérale ou agricole ».

La loi Hamon si l'on facture des particuliers

La loi du 17 mars 2014, dite « loi Hamon » vient protéger le particulier dans ses achats en ligne et en cas de signature de contrat hors établissement (domicile, travail, lieux inhabituels de vente) auprès des professionnels. Une réglementation que l'indépendant doit prendre en compte dans le cadre des propositions de services et de produits. Le consommateur dispose ainsi d'un délai de quatorze jours pour changer d'avis dans le cadre d'un achat à distance ou d'un achat après un démarchage téléphonique. Le droit de rétractation s'applique aussi si le produit est soldé, d'occasion ou déstocké.

Le délai de rétractation

Le délai de rétraction se distingue du délai de retour (renvoi du bien)

Selon l'article L. 121-21 du Code de la consommation, un délai de quatorze jours est accordé au consommateur pour exercer son droit de rétractation. Ce délai s'applique à partir de la signature du contrat dans le cas d'une prestation de service et à partir du moment où le consommateur reçoit le bien dans le cadre de la vente de marchandise.

À ce délai, vient s'ajouter un délai de quatorze jours pendant lequel le consommateur peut renvoyer le produit, et ce à compter de la mise en œuvre de son **droit de rétractation**.

Le cumul de la durée d'exercice du droit de rétractation et du droit de renvoi du produit représente ainsi vingt-huit jours !

La loi Hamon permet ainsi d'améliorer la protection du consommateur, mais impose aux professionnels de délivrer une confirmation claire et complète de ses droits (rétraction et modalités de retour).

Si les informations ne sont pas précises, le délai de rétractation est alors prolongé de douze mois.

Travailler avec la fonction publique

Comme toute entreprise ou société, l'auto-entrepreneur peut être amené à travailler avec la fonction publique. Il peut ainsi avoir besoin de fournir une attestation de régularité fiscale, qui dans le cadre de procédure de marchés publics, justifiera de la régularité de sa situation fiscale.

Elle peut être obtenue :

- auprès du service des impôts des entreprises (SIE) en utilisant le formulaire n° 3666 dans le cas des auto-entrepreneurs
- et, s'ils facturent la TVA directement, en ligne sur impots.gouv.fr.

L'attestation de régularité fiscale peut être obtenue tout au long de l'année.

Travailler avec des plateformes

La France compte plus de 7 000 plateformes, tout type d'activité confondu (marketplace, plateforme d'intermédiation[1], intermédiaire de paiement[2]). Un acteur qui devient parfois incontournable pour certains auto-entrepreneurs. Se pose alors la question du montant de chiffre d'affaires à déclarer à l'Urssaf, quand la plateforme prélève des frais sur le prix de la prestation.

La règle universelle du régime s'applique alors : on ne peut rien déduire en micro-entreprise à l'exception des débours.

Les obligations des plateformes

L'article 242 bis 3° du CGI stipule que la plateforme a l'obligation de transmettre à l'administration fiscale, au plus tard le 31 janvier de l'année qui suit celle durant laquelle les transactions ont été réalisées par son intermédiaire, **un document mentionnant l'ensemble des informations transmises au vendeur ou au prestataire** telles que mentionnées au 242 bis 2°.

1. Qui mettent en relation un vendeur et un prestataire par exemple.
2. Pour les règlements en carte bleue ou ligne par exemple, qui prélèvent une commission.

Quel chiffre d'affaires déclarer ?

Quelle que soit la plateforme ou le type de plateforme que vous utilisez, **les commissions prélevées par ces dernières sont des charges de fonctionnement.** Il est donc important de bien veiller à la rentabilité de son activité.

Ainsi même dans le cas de la vente en ligne par exemple, les frais d'envoi et d'expédition ne peuvent être déduits. S'il est possible d'utiliser pour certains la règle des débours, la démarche reste fastidieuse (obtenir un mandat de débours, établir la facture d'envoi au nom du client, voir page 246).

Chapitre 25

Quelques conseils pour bien communiquer avec sa micro-entreprise

La présence numérique de l'auto-entrepreneur (sur Internet et les réseaux sociaux) peut contribuer au développement de son activité. Si certains se font connaître par le bouche-à-oreille, le consommateur est de plus en plus enclin à vérifier les références des prestataires, notamment par le biais des moteurs de recherche, Google en tête et son outil « Google My Business » qui permet d'afficher un prestataire sur une carte géographique, des outils d'aide au choix non négligeables.

L'AFNIC[1] a développé un outil qui permet de tester sa présence numérique sur le Web intitulé « réussir avec le Web ».

La présence digitale[2] du créateur passe ainsi par un site Internet que le futur client trouvera facilement lors de ses recherches, des documents professionnels pour présenter son activité (cartes de visite, flyer, brochures), un compte créé dans l'outil gratuit Google My Business, ainsi qu'un profil professionnel à jour sur les réseaux comme LinkedIn ou Viadeo.

Créer son site Internet

Avant de créer son site Internet, il faut bien comprendre son rôle, car Internet regorge d'offres gratuites.

1. Association française pour le nommage Internet en coopération.
2. Les leviers qui permettent d'être présents sur Internet (site Internet, réseaux sociaux...).

Un site Web représente la vitrine de l'activité et doit, dans la majorité des cas, être bien référencé. On parle alors de **référencement naturel** (techniques qui permettent à un site de bien se positionner dans les résultats de recherche des moteurs de recherche) ou de SEO (Search Engine Optimization).

Prenons le cas d'un restaurant avec une restauration unique, un chef talentueux, une carte à en réjouir les papilles. Plaçons ce restaurant en haut d'une falaise, dans un coin tellement isolé que personne ne peut s'y rendre, même un hélicoptère ne peut l'atteindre.

Cette image, certes exagérée, reflète ce qu'il se passe si un professionnel non formé décide de créer seul son site Internet *via* les solutions gratuites, sans notion de référencement naturel. Même si son site est très visuel et attractif, s'il n'est pas construit et réfléchi avec les fondamentaux qui lui permettront de remonter dans les résultats de recherche, il restera vide de visiteurs et donc de chiffre d'affaires potentiel.

Trop souvent les créateurs pensent que leur site Internet est bien référencé : en tapant leur nom et leur prénom, ils apparaissent en premier ! Imaginons une troupe d'artistes produisant des spectacles pour enfants. En effet, en recherchant leur nom dans Google, par exemple, l'utilisateur les trouvera, mais en cherchant des requêtes plus génériques ou hors notoriété (et donc susceptibles de générer de nouveaux prospects) telles que « spectacle pour enfant » ou « spectacle pour comité d'entreprise », si le travail préalable de référencement naturel n'a pas été réalisé, il y a peu de chances qu'ils apparaissent.

Alors comment faire ? Ne pas être dupe vis-à-vis des publicités que l'on voit à la télévision et qui proposent de construire son site gratuitement, et plutôt se former ou faire appel à un professionnel.

Se pose alors la question du coût, car il y a peu de chances qu'un site Internet en dessous de 1 000 € soit un site bien réalisé : cela supposerait que le prestataire bâcle son travail ou se sous-estime.

Il ne faut pas oublier que le créateur dispose de crédits à la formation dès la création de son entreprise, alors pourquoi ne pas chercher une formation pour apprendre les règles du référencement naturel et choisir de créer un site *via* les solutions en ligne ou de confier son site à un prestataire ? Ranking Métrics propose par exemple des formations pour maîtriser toutes les règles du référencement naturel et bien plus encore, qui donneront à l'indépendant désireux de réaliser seul son site Internet de solides compétences.

Le site Internet peut représenter un effet de levier économique et financier non négligeable. Si l'auto-entrepreneur estime ne pas pouvoir le financer, demander un prêt à son banquier est possible.

Pour bien choisir un prestataire, il existe un outil gratuit qui permet d'analyser le site Internet du créateur de sites : **myrankingmetrics.com**.

Cet outil clair permettra de comprendre si le prestataire est sérieux et parle SEO.

> **Attention aux arnaques**
>
> De nombreuses entreprises ont vendu des sites Internet à des clients qui se retrouvaient avec un contrat d'une durée de cinq ans dont ils ne pouvaient sortir. Les sites créés sont souvent de faible qualité et le travail de référencement naturel pas effectué. Il est préférable de faire le choix d'un prestataire compétent. Pour cela, il faut lui demander quels sont les sites de ses clients dont il est le plus fier au niveau référencement naturel et les analyser (par exemple, gratuitement avec l'outil Myrankingmetrics). Ainsi l'auto-entrepreneur saura si ce prestataire est fiable, ou pas.

Choisir un nom commercial et créer sa marque

Lors de la création de la micro-entreprise il n'est pas nécessaire de fournir un éventuel nom commercial, contrairement à une société qui doit avoir une raison sociale. Pour l'administration, l'entreprise a le prénom et le nom de son créateur ; néanmoins, celui-ci a le droit de choisir un nom commercial, de créer sa marque.

Il pourra ainsi sur ses documents (cartes de visite, devis, factures, etc.) indiquer sa marque et la protéger en la déposant à l'Institut national de la propriété intellectuelle (INPI). Le coût est de 190 € pour 10 ans.

Les formalités pour créer un nom commercial

Si l'activité de l'auto-entrepreneur ressort des professions libérales, il n'y a pas de formalités. En revanche, les commerçants et les artisans doivent indiquer le nom commercial qu'ils souhaitent utiliser lors de leur inscription au Registre du commerce et des sociétés (RCS) ou au Répertoire des métiers (RM).

Déposer sa marque et la notion de propriété intellectuelle

L'auto-entrepreneur doit vérifier, avant tout dépôt, que son nom de marque n'est pas déjà déposé (si tel était le cas et que le dépôt a quand même eu lieu, il perdrait les frais engagés pour le dépôt).

Une fois la marque déposée, il est également possible de la protéger en achetant les URL (adresses Internet) correspondant à son nom de marque.

EXEMPLE

Prenons l'exemple de Sylvie, créatrice des confitures « Entre Bois et Vergers » à Glisolles, qui, lors de sa création d'entreprise, était très emballée par un premier nom qu'elle avait trouvé. Une petite vérification sur le site de l'INPI plus tard, elle se retrouvait à devoir repartir de zéro, le nom avait déjà été trouvé et déposé par quelqu'un (**bases-marques.inpi.fr**) mais elle a finalement fini par trouver un nom qui révélait à merveille les parfums de ses confitures.

Il arrive également qu'oubliant ce point, des auto-entrepreneurs créent une marque, ne vérifient pas, créent leurs supports (logo, cartes de visite, site Internet, voire enseigne pour un magasin) et aient, par manque de vigilance, la mauvaise surprise de recevoir de la part du propriétaire de celle-ci un courrier leur demandant, sous peine de procès, de cesser l'utilisation de la marque déposée.

Si le créateur n'obtient pas de résultats lors de sa recherche simple, cela ne veut pas dire qu'il peut déposer sa marque ; il est recommandé de procéder à une recherche approfondie de similarités (orthographiques, phonétiques et intellectuelles) auprès de l'INPI.

Si l'auto-entrepreneur fait le choix d'avoir un nom commercial, il devra néanmoins veiller à ce que tous les documents qu'il adresse à l'administration soient bien en son nom propre ainsi que les règlements.

Comment et qui peut déposer une marque ?

Pour déposer une marque, il faut que celle-ci soit représentée graphiquement. Cette représentation graphique peut prendre des formes variées telles qu'un nom, un mot, un slogan, un dessin, un logo…

Certains mots ou groupes de mots ne peuvent pas être déposés en tant que marque. C'est le cas d'une expression qui sert à désigner un produit ou un service, ou de termes qui pourraient prêter à confusion et qui seraient de nature à tromper le consommateur sur les caractéristiques, la provenance ou la nature du produit.

S'agissant d'une marque représentée par un logo, il n'est pas possible de la déposer si le logo reproduit ou imite un logo qui bénéficie d'un droit antérieur, pour des produits ou des services qui seraient identiques ou similaires.

Qu'est-ce qu'un droit antérieur ?

Par droit antérieur on entend une marque déjà déposée ou une marque très connue mais non déposée (« marque notoire »), une dénomination sociale, un nom commercial, une enseigne connue sur l'ensemble du territoire national.

BON À SAVOIR

Toute personne physique ou morale a la capacité de déposer une marque. La personne qui effectue le dépôt en devient le propriétaire. Depuis le 16 octobre 2018, le dépôt de marque se fait uniquement par Internet sur le site de INPI (**procedures.inpi.fr**).

Quelle est la durée d'un dépôt de marque ?

La marque est protégée pour dix ans à compter de la date du dépôt. Il faudra donc s'assurer, par une surveillance régulière, que la marque créée ne soit pas utilisée ou imitée pour des produits ou des services identiques ou similaires.

Les documents de communication : logo, cartes de visite, flyers

Établir sa charte graphique permet de définir les règles majeures d'utilisation des signes d'une entreprise et, pour l'utilisateur, de facilement l'identifier au travers des différents supports (site Internet, logo, cartes de visite, factures, supports de communication, etc.).

Le logo de l'entreprise

La création d'une micro-entreprise marque le début d'une nouvelle histoire qui se reflète au travers de son logo. Partie intégrante de l'identité visuelle de l'entreprise, de par sa typographie et ses couleurs, il est possible d'y ajouter un symbole plus ou moins abstrait, reflet de l'entreprise, de son métier.

Pour sa conception, il faut penser compréhension, mémorisation, valorisation, cohérence et intemporel. Si la création d'un logo par un graphiste peut être une charge importante, l'astuce en attendant d'en avoir les moyens, est de simplement choisir une typographie (une police) et une couleur que l'on retrouvera sur chacun de ses supports. Il est aussi possible de créer son logo facilement soi-même avec, par exemple, Freelogodesign ou bien Canva. Mais rien ne remplacera le savoir-faire d'un graphiste qui saura harmoniser et donner du sens au logo.

Cartes de visite papier ou digitales

Ensuite vient la **carte de visite**, élément incontournable du professionnel même à l'heure du digital, car le papier fait de la résistance ! Même si de plus en plus par soucis écologiques, certains préfèrent transférer leurs coordonnées *via* leur smartphone, la carte de visite papier semble avoir de beaux jours devant elle.

La Vcard, la carte de visite digitale, est tout simplement la carte de visite présente dans le smartphone sur laquelle l'on va indiquer ses coordonnées complètes et joindre sa photo ou son logo. Il suffit ensuite de transférer celle-ci vers un autre utilisateur et il aura automatiquement les dernières coordonnées de la personne à jour.

La carte de visite permet d'avoir accès aux informations importantes : nom et prénom de la personne rencontrée, adresse de son site Internet, son adresse e-mail, ses coordonnées et son métier.

C'est l'élément dont devra se doter l'auto-entrepreneur et ce, avant même la création de son entreprise. Lorsque l'entrepreneur montre sa carte de visite à ses proches tout en leur parlant de son projet, celui-ci devient plus concret pour les autres qui regorgent alors bien souvent d'idées pour l'aider dans sa prospection.

La carte de visite matérialise l'entreprise, le lancement d'une activité vis-à-vis de l'entourage et des prospects.

LES INFORMATIONS À Y FAIRE FIGURER FOCUS

- Le logo de l'entreprise et son slogan.
- Une indication des services proposés.
- Le nom et le prénom de l'indépendant.
- Son numéro de téléphone et son adresse e-mail.
- L'adresse de son entreprise.
- L'adresse de son site Internet.

Comment réaliser ses cartes de visite

L'idéal est bien sûr de faire appel à un graphiste qui saura réaliser une carte de visite professionnelle avec une mise en page soignée et attractive. Mais il ne faut pas se le cacher, les auto-entrepreneurs qui se lancent n'ont pas tous les moyens de faire appel à un professionnel. Alors comment faire ?

Il existe des sites Internet, dont on voit les publicités à la télévision et qui proposent aux professionnels de réaliser leur carte de visite *via* leur site. Mais vigilance sur ce point, car le logo ou l'image fournis par le site et utilisés sur la carte ne deviennent pas la propriété du créateur et ne pourront pas être réutilisés sur d'autres supports (il ne faut pas oublier la continuité de la charte graphique).

Créer soi-même ses cartes de visite et ses outils de communication

Canva.com permet de créer de nombreux visuels. C'est un outil simple, avec une version gratuite et facile à prendre en main. Quelle que soit la créativité de l'utilisateur, les nombreux modèles proposés permettent de créer une mise en page attrayante.

Pour les plus aguerris, **PIXLR.com** est un logiciel en ligne qui permet de retoucher gratuitement ses photos, avec des outils similaires à ceux de la suite Adobe que connaissent bien les graphistes.

Internet regorge également de sites d'impression pour les supports de communication. Les amoureux du papier trouveront leur bonheur chez Moo qui propose des impressions sur du papier haut de gamme, sans parler des imprimeurs avec pignon sur rue.

> **Libre de droits ne veut pas dire gratuit** !
>
> Les images libres de droits sont des œuvres de l'esprit dont l'utilisation est régie par des licences (qui permettent d'en limiter l'utilisation ou la diffusion). Il est important de bien comprendre que l'on ne peut pas utiliser librement les photos trouvées sur les moteurs de recherche. S'il suffit d'une recherche sur Internet pour trouver la photo d'un proche, ce n'est pas pour autant qu'elle pourrait être utilisée sur un site Internet ou dans une campagne publicitaire. Il faut donc passer par une banque d'images gratuite ou payante.

Il y a les gratuites comme Pixabay, Flirck ou Fotomélia, ou les payantes avec un choix plus large comme Adobe Stock ou Shutterstock.	**BON À SAVOIR**

Être présent sur Google My Business, outil gratuit

Google My Business est l'un des outils incontournables des entreprises : la carte géographique est devenue la référence pour trouver un prestataire sur Internet, dans les smartphones. Il revient à chaque professionnel de maîtriser son image et de créer sa fiche.

Créer sa fiche

Cela peut sembler étonnant, mais il est possible pour un tiers de créer la fiche d'une entreprise à sa place. Il y a deux manières pour devenir propriétaire de sa fiche et valider sa propriété : soit par téléphone soit par courrier postal.

Interagir avec les internautes

Il est très important de toujours répondre aux avis, bonne pratique qui rassurera les clients.

Maîtriser son image sur LinkedIn et Viadeo

Les prospects et clients de l'auto-entrepreneur sont de plus en plus renseignés et ont besoin d'avoir de nombreuses sources d'information à leur portée : un site Internet, une présence sur les réseaux sociaux, etc. C'est là qu'interviennent LinkedIn et Viadeo, qui sont des réseaux sociaux spécialisés pour les professionnels.

Pourquoi créer des profils LinkedIn et Viadeo ?

Ils permettent d'assurer un bon référencement naturel de l'entreprise dans les moteurs de recherche et de générer plus de trafic vers le site Web de l'indépendant. De plus, si le créateur développe son expertise et propose du contenu de qualité sur son site Internet ou son blog, il pourra les faire relayer par ces médias et ainsi développer sa notoriété.

Les clients, les consommateurs ont de plus en plus tendance à « googleliser » avant d'acheter ; avoir un compte LinkedIn ou Viadeo permet donc de maîtriser son image, de rassurer. L'auto-entrepreneur développe alors son influence et son image positive auprès du public avec l'objectif de donner envie d'accéder à son savoir-faire.

Si ces réseaux sociaux sont très orientés sur le « B2B », c'est-à-dire de professionnel à professionnel, on peut penser qu'il est rare de chercher un peintre ou le professeur de langues de ses enfants sur LinkedIn ou Viadeo. Pourtant, le client est susceptible de tomber sur le profil de l'auto-entrepreneur sur le moteur de recherche.

Comment utiliser ces réseaux ?

Il est très important d'intégrer sur ses réseaux sociaux son logo, des photos de qualité (prises chez un photographe de préférence) et une description claire pour assurer le sérieux de l'entreprise. Il faut penser à tenir son profil régulièrement à jour pour qu'il reste vivant et véhicule une bonne image sur le Web.

Le fichier client

Posséder un fichier client est un outil indispensable pour une entreprise : *a minima*, il faut les coordonnées des clients pour établir les factures.

Connaître ses clients et avoir la capacité de communiquer avec eux représente un avantage commercial. Si l'on parle de fichier client, il faut immédiatement penser RGPD[1].

Les outils pour fidéliser ses clients

La fidélisation des clients est une préoccupation commune à tous les chefs d'entreprise. En effet, cela coûte beaucoup moins cher de vendre à un client déjà connu, plutôt que de conquérir de nouveaux clients. Suivant son secteur d'activité, les stratégies mises en place pour fidéliser les clients peuvent différer. Voici une liste non exhaustive.

La newsletter ou l'e-mailing

La newsletter est un e-mail qui arrive dans la boîte e-mail du client ; elle est personnalisée aux couleurs de l'entreprise, courte et informative. Il ne faut surtout pas envoyer un e-mail groupé à tous ses contacts en omettant de les mettre en CCI (copie cachée) : il n'y a en effet rien de plus détestable que de voir son adresse jetée en pâture à l'ensemble des destinataires. Le moyen par excellence de fâcher son client.

Il existe de nombreuses solutions en ligne pour envoyer sa newsletter : parmi les plus connus, on citera MailChimp, MailJet ou MailPoet.

On trouvera dans la newsletter les actualités de l'entreprise, des conseils ou, par exemple, des témoignages de clients.

Le questionnaire de satisfaction

Cet outil permet de montrer aux clients que l'entrepreneur prend en compte leurs avis et sa volonté d'optimiser et d'améliorer ses services. Il ne faut pas hésiter à adresser à la fin de chaque prestation un questionnaire de satisfaction

1. Voir chapitre 24, page 253.

à son client. Celui-ci peut être réalisé à partir d'outils gratuits comme Google Forms ou SurveyMonkey.

Les réseaux sociaux

Les réseaux sociaux sont également un moyen simple et peu onéreux de fidéliser les clients.

L'abonnement ou le renouvellement automatique

L'abonnement offre aux créateurs la tranquillité d'esprit. Il peut s'avérer pertinent, pour une prestation, de proposer un abonnement mensuel, qui sera ainsi plus facilement renouvelé.

> Attention néanmoins à bien faire figurer les modalités de renouvellement dans les CGV et que celles-ci ne soient pas abusives. Le client doit pouvoir sortir d'un contrat de renouvellement automatique.

On pourra également citer d'autres outils comme la carte de fidélité, la remise ou le code promotionnel, le cadeau d'affaires et le parrainage.

Comment développer son réseau

Le réseau, aussi appelé « carnet d'adresses », est l'ensemble des coordonnées de connaissances, amis ou simple relations, directs ou indirects, qui permettront de développer sa clientèle.

Se faire connaître

Afin de développer son réseau, la seule manière qui a fait ses preuves, c'est de parler et de faire parler de soi. Si cet exercice est difficile, cela s'apprend et surtout il faut savoir utiliser ses faiblesses pour les transformer en atout : l'idée n'est pas de changer sa personnalité.

De nombreuses formations permettent d'apprendre à se présenter de manière succincte en retenant l'attention de l'interlocuteur, ce que l'on appelle « pitcher ». Parmi les techniques les plus connues, on trouve l'*elevator pitch*, synthèse courte du projet ou de l'entreprise.

Les pistes pour développer son réseau :

- Parler de son activité à toutes les personnes que rencontre l'auto-entrepreneur.
- « Les amis de mes amis sont mes amis » : en donnant des cartes de visite à son entourage, l'auto-entrepreneur multiplie ses chances que ces derniers en parlent plus facilement à leurs relations et le recommande.
- En devenant membre d'un club ou d'une association professionnelle.
- En participant à des événements professionnels, des *business dating.*
- En tenant un blog.
- En ayant toujours des cartes de visite avec soi, même chez le dentiste...

Les plateformes, les annuaires

Avec les plateformes ou les annuaires, l'objectif est pour l'entrepreneur de se faire connaître et d'obtenir de nouveaux clients : **mon-presta.fr** recense ainsi gratuitement les auto-entrepreneurs et tout indépendant, avec une obligation de mettre à jour leur fiche tous les six mois sous peine de voir celle-ci désactivée, ce qui offre aux utilisateurs un annuaire à jour.

En matière économique, une plateforme est **un intermédiaire qui favorise les échanges économiques** et qui crée un marché.

- Amazon, eBay et Etsy sont des plateformes de commerce en ligne qui mettent en relation des acheteurs et des vendeurs.
- Play Store est une plateforme qui met en relation des utilisateurs et des éditeurs.

L'économie collaborative vise à produire de la valeur en commun qui repose sur de nouvelles formes d'organisation du travail et l'échange.

Il existe de nombreuses plateformes d'économie collaborative ; par exemple :

- Airbnb pour la location de logements ;
- BlaBlaCar pour le covoiturage ;
- YouTube et Viméo pour des contenus audiovisuels.

Les flyers

Contrairement aux apparences, la distribution de flyers est très réglementée et pourrait en cas de non-respect de la législation coûter cher à un indépendant.

Ainsi depuis le 1er janvier 2021, il est interdit de déposer des imprimés non adressés dans les boîtes aux lettres, tout comme le dépôt dans les boîtes aux lettres de cadeaux promotionnels non sollicités.

La distribution d'imprimés publicitaires sur les parebrises des véhicules peut exposer l'auto-entrepreneur à une contravention pouvant s'élever jusqu'à 1 500 € (3 000 € en cas de récidive).

Les mentions obligatoires sur un flyer

- Le nom et l'adresse de l'imprimeur (le non-respect entraîne une amende de 3 750 €).
- Les informations légales de la société bénéficiaire des flyers (amende de 750 € en cas d'absence d'indication).
- Le flyer doit être rédigé en langue française. Dans le cas, par exemple, d'un flyer rédigé en anglais, la version française du texte devra figurer sur le document (amende de 750 €).

L'utilisation des couleurs et des images

- Le texte en noir sur un fond blanc est le privilège de l'administration publique, il faut donc utiliser un fond de couleur si le choix de l'écriture noire est fait.
- De même, les couleurs du drapeau français peuvent être utilisées sur des tracts électoraux mais pas sur les affiches et les circulaires.

L'utilisation d'images

Si on utilise une image d'autrui lors de la création graphique, le crédit photo doit être stipulé sur le flyer à imprimer (amende de 750 €).

Le respect du Code de l'environnement

- La mention « Ne pas jeter sur la voie publique » avec le logo Triman.
- Il est possible de rajouter des mentions (non obligatoires) comme « Imprimé sur du papier recyclé » ou « Imprimé sur du papier PEFC pour le développement des forêts. »

Les exceptions

Les flyers visant à promouvoir des produits alimentaires manufacturés où doivent figurer des informations à caractères sanitaires :

« Pour votre santé, mangez au moins cinq fruits et légumes par jour »

« Pour votre santé, pratiquez une activité physique régulière », etc.

Pour les produits alcoolisés, la mention : « L'abus d'alcool est dangereux pour la santé, à consommer avec modération » doit figurer sur le flyer.

Chapitre 26

Conseils pour emprunter en micro-entreprise

Aborder son banquier

Les créateurs en micro-entreprise rencontrent parfois des difficultés pour emprunter auprès d'une banque. Pour se donner toutes les chances, il est important de préparer un dossier complet.

Que l'auto-entrepreneur ait besoin d'emprunter pour un projet personnel ou professionnel, il est fortement conseillé d'avoir un compte professionnel. La majorité des banques le demanderont, ne serait-ce que parce qu'un conseiller « particulier » n'a pas la même formation qu'un conseiller professionnel et qu'il ne sera pas le plus à même de comprendre l'univers du créateur et interpréter ses chiffres.

Le premier conseil est donc d'avoir un « conseiller pro » qui **accompagnera le créateur tout au long de la vie de son entreprise.** Maintenant, si l'activité exercée en micro-entreprise n'est qu'une activité secondaire, qui représente une faible part du revenu, le discours est bien sûr à adapter. Si l'emprunt concerne un projet lié à l'entreprise, le « compte pro » permettra de demander par exemple un différé pour commencer à rembourser l'emprunt au bout de six mois.

Rassurer le banquier

La première mission, c'est de le rassurer en lui présentant son CV, ses diplômes, son parcours professionnel. Ce n'est pas une présentation qu'il faut faire uniquement à l'oral, l'interlocuteur aura besoin d'un support papier, reprenant toutes ces informations.

Lorsqu'un auto-entrepreneur emprunte, comme n'importe quelle autre personne, tout repose sur lui, sur l'image qu'il renvoie, son parcours, sa motivation. Il s'agit de créer et d'instaurer un cadre de confiance.

Il va de soi que si l'auto-entrepreneur possède du patrimoine, le banquier n'en sera que plus rassuré, mais l'inverse ne doit pas être un frein.

Préparer un dossier complet de son projet

Lorsque l'on interroge des banquiers, ils diront tous qu'ils sont plus enclins à écouter et à accompagner un créateur qui aura travaillé sur son projet – réalisé des prévisionnels, un tableau de ses charges, créé ses CGV, un modèle de devis et de facture – que celui qui arrive les mains dans les poches. C'est une question de bon sens !

Tous ces documents auront pour effet de rassurer le conseiller et de lui prouver que le projet est sérieux et réfléchi. Un dossier complet aura ainsi plus de chances d'être accepté car, d'une part, il montrera que l'entrepreneur est organisé et donc responsable et, d'autre part, la banque aura tous les éléments nécessaires pour se décider.

Faire un prévisionnel de son activité

L'idéal est de faire réaliser un prévisionnel de l'activité par un comptable, mais la démarche représente un coût. Il est tout à fait possible de réaliser seul cet exercice en estimant les charges et les recettes prévues par mois, par exemple.

> (!) Le banquier scrutera le fonctionnement des comptes du créateur ; il faut être transparent et savoir expliquer les coups durs. La franchise sera un atout.

Expliquer et présenter son projet

Il est important de dire à quoi va servir le financement et d'arriver avec différents devis.

Il y a deux approches envisageables : en cas de création d'entreprise et dans le cas où l'entreprise existe déjà.

Il ne faut pas que l'auto-entrepreneur hésite à réaliser pour chaque année d'existence un compte de résultat qui reprendra les charges et les recettes, classées en suivant les bases du plan comptable. Ce petit exercice permettra au créateur de prendre du recul sur son activité et au banquier de se projeter sur la capacité de remboursement de son client[1].

Il sera bon également de joindre l'attestation fiscale annuelle de l'Urssaf ainsi qu'une attestation de vigilance que l'on se procure sur le site **auto-entrepreneur.urssaf.fr** et qui permettra au banquier de savoir si l'entrepreneur est à jour de ses cotisations sociales.

Il est important que l'entrepreneur prépare ses arguments, surtout dans le cadre d'une activité nouvelle ou peu connue.

Pour récapituler, voici les éléments qui composent un dossier :

- une présentation complète de l'auto-entrepreneur, son CV, son parcours ;
- une présentation de son activité (*business model* et *business plan*) ;
- une présentation du marché ;
- un historique de l'entreprise au cas où elle a déjà quelques années d'existence ;
- les attestations fiscales de l'Urssaf ;
- l'attestation de vigilance ;
- pour les nouvelles créations, un prévisionnel réaliste sur trois ans ;
- pour les entreprises déjà créées, un compte de résultat ou un tableau récapitulatif des charges et recettes pour chaque année ainsi qu'un prévisionnel sur le même modèle sur les trois prochaines années ;
- tous les documents qui viendraient apporter encore plus de garanties au dossier.

BON À SAVOIR

Faire appel à un courtier qui ira défendre le dossier de l'entrepreneur est aussi une solution. Le dossier complet garde tout son sens : c'est l'outil indispensable du courtier pour qu'il soit le meilleur ambassadeur de l'auto-entrepreneur.

1. Voir chapitre 17, page 184.

En cas de refus, la solution du micro-crédit personnel ou professionnel

Il y a également la solution du **micro-crédit personnel** pour, comme son nom l'indique, un projet qui ressort de la sphère personnelle : il est destiné aux personnes exclues du système bancaire traditionnel, de par leurs revenus trop faibles ou la fragilité de leur situation professionnelle.

Qu'est-ce que le micro-crédit ? FOCUS

Le micro-crédit est un prêt avec intérêt souvent au moins égal à 5 %. Par exemple, l'Adie, l'Association pour le droit à l'innovation économique, l'un des principaux acteurs, propose des taux d'intérêt de 7,50 % (à taux fixe).

Généralement, le remboursement du prêt n'excède pas 36 mois.

Pour obtenir un micro-crédit, il faut s'adresser à un réseau d'accompagnement qui sert d'intermédiaire et accompagne la personne, étudie son projet, et l'aide à monter son dossier avant de le présenter à une banque agréée.

Dans ces réseaux d'accompagnement, on trouve :

- une régie de quartier ;
- une maison pour l'emploi ou un centre communal d'action sociale (CCAS) ;
- une association à vocation sociale.

Le **micro-crédit professionnel** est accordé pour créer ou développer une activité professionnelle et s'adresse aux personnes qui veulent créer ou reprendre une entreprise, quel que soit le secteur d'activité ou leur statut, à condition qu'ils n'aient pas accès au financement bancaire classique et que leur activité s'exerce en France.

Micro-crédit professionnel, conditions pour l'obtenir

- L'entreprise doit être en cours de création ou doit avoir moins de cinq années d'existence.
- La personne qui sollicite le micro-crédit doit le faire uniquement si elle n'a pas pu obtenir un crédit bancaire.

- Le besoin de financement ne doit pas excéder 10 000 €.
- Une personne doit pouvoir se porter garante à hauteur de 50 % du micro-crédit accordé.

BON À SAVOIR

À qui s'adresser pour obtenir un micro-crédit ?

Il faut s'adresser à un organisme habilité :

- l'Adie ;
- les réseaux bancaires agréés ;
- les réseaux accompagnants comme France active, Initiative France, etc. ;
- Internet et le micro-crédit solidaire.

Chapitre 27

Les recours en cas d'impayés

Penser aux conditions générales de vente

Un grand nombre d'auto-entrepreneurs négligent la mise en place de conditions générales de vente (CGV) ou d'un contrat de prestation et privilégient des factures réalisées avec un tableur ou un traitement de texte, en oubliant des mentions obligatoires très importantes qui contractualisent une prestation et offrent une sécurité en cas d'impayés.

Avant tout, il convient de sécuriser l'exécution d'une prestation en réalisant un devis auquel seront joints soit des CGV soit un contrat de prestation de service[1].

Dans le cadre de la prestation de service, le plus prudent est de ne commencer la prestation que lorsque le devis est retourné signé avec un acompte (un acompte de 30 % à la commande est monnaie courante).

Dans les CGV ou sur le contrat de prestation, il est conseillé de préciser les conditions de règlement que l'on retrouvera également sur le devis et la facture.

Bien souvent, c'est lorsque l'on réalise une mission en urgence, en négligeant de faire signer le devis ou le bon de commande qu'interviennent par la suite les difficultés, l'auto-entrepreneur se retrouvant sans document contractuel engageant son client.

1. Voir p. 249 et suivantes.

Gérer les impayés

Malgré tous les efforts, le client final qui traîne pour régler une facture est malheureusement un état de fait que rencontrent beaucoup d'indépendants qui se retrouvent démunis.

Quelle que soit la taille de l'entreprise, une prestation réalisée doit être réglée et les moyens de réclamer ces règlements existent.

EXEMPLE

Prenons l'exemple d'un peintre qui réalise une prestation chez un particulier, prestation terminée que celui-ci refuse de régler. S'il n'a pas en amont fait signer un devis à son client, demandé un acompte, et réalisé un procès-verbal de chantier une fois les travaux de peinture terminés, son client aura tout loisir de dire qu'il n'est pas satisfait et de refuser de régler. S'engage alors une longue procédure, qui peut s'avérer coûteuse.

La frilosité des indépendants reflète la peur de dégrader la relation commerciale. Il ne faut pas oublier que c'est le client ou l'acheteur qui est en tort en cas de retards de paiement injustifiés.

Les pénalités de retard

Appliquer des pénalités de retard sur les factures

Les micro-entreprises sont toutes susceptibles d'être victimes de retards de paiement de la part de leurs clients. Elles sont alors en droit de leur réclamer des pénalités : la loi les oblige même à prévoir des **pénalités de retard** à l'encontre de leurs clients professionnels. Ces pénalités de retard doivent figurer sur les factures.

Le plus simple est de bannir les solutions de facturation « maison » et d'utiliser un logiciel de facturation. Les factures issues de ce dernier auront toutes les mentions obligatoires qui sécuriseront les contrats de prestation.

Ce que dit la loi FOCUS

Les entreprises sont libres de fixer le **taux des pénalités de retard** infligées à leurs clients en cas de retard de paiement. Toutefois, ce taux ne peut pas être inférieur à trois fois le taux d'intérêt légal.

Lorsque l'entreprise n'a rien prévu, elle peut alors réclamer le taux d'intérêt appliqué par la Banque centrale européenne à son opération de refinancement la plus récente (taux « refi ») majoré de 10 points de pourcentage.

Le paiement des pénalités de retard

L'article L. 441-6 du Code de commerce précise que les pénalités de retard sont **exigibles sans qu'un rappel soit nécessaire**.

En cas de retard de paiement, le fournisseur n'a donc pas besoin d'adresser une mise en demeure à son client pour faire courir les pénalités de retard, car celles-ci courent automatiquement dès le jour suivant la date de règlement mentionnée sur la facture ou, à défaut de mention d'une date de règlement sur la facture, dès le 31e jour suivant la date de réception de la marchandise ou d'exécution de la prestation.

Il convient de rappeler que la date de règlement figurant sur la facture ne peut excéder un délai plafond de 45 jours fin de mois ou de 60 jours nets à compter de la date de la facture.

Lorsque la facture ne prévoit pas de délai de paiement, le règlement doit intervenir au plus tard dans les 30 jours suivant la date de réception des marchandises ou de l'exécution de la prestation.

Le calcul des pénalités de retard

L'assiette de **calcul des pénalités de retard** est constituée des sommes dues par l'acheteur. Les pénalités de retard doivent donc être calculées sur la base du prix net de taxes figurant sur la facture.

Dans le cas d'une facture relative à la réalisation d'une prestation de service d'un montant de 1 500 € émise le 30 avril 2021 et payable au plus tard le 30 juin 2021, le taux des pénalités de retard mentionné sur la facture est de 15 %. Si le client ne règle sa facture que le 15 juillet 2021, le vendeur est en droit de lui réclamer des pénalités de retard pour la période courant du 1er juillet au 15 juillet. Le montant de ces pénalités est alors de [(1 500 € × 15 %)/365] × 15 = 9,25 €.

Ne pas oublier de mentionner le taux des pénalités sur les factures !

La loi oblige les entreprises à mentionner sur leurs factures le **taux des pénalités de retard** qu'elles pratiquent ; dans le cas contraire, l'**amende peut aller jusqu'à 75 000 €**. Autant ne pas jouer avec le feu, car c'est dans l'intérêt de l'auto-entrepreneur.

Il faudra préciser dans les CGV les modalités d'application et leur taux. Tout manquement peut coûter cher : jusqu'à une amende de 15 000 €.

Il est important ensuite de porter les CGV à la connaissance du client en les joignant, par exemple, au devis et en les mentionnant sur tous les documents comme les devis, factures, bons de commande.

Instauration d'une indemnité forfaitaire pour frais de recouvrement

Depuis le 1er janvier 2013, tout retard de paiement donne lieu, en plus des pénalités de retard, au versement d'une indemnité forfaitaire pour frais de recouvrement au profit du créancier.

Le montant de l'indemnité forfaitaire pour frais de recouvrement prévue au douzième alinéa du I de l'article L. 441-6 est fixé à 40 € ; elle sera due de plein droit et sans formalité ou relance par le professionnel en situation de retard.

En pratique : il est important de mentionner cette indemnité forfaitaire dans les CGV et sur les factures de l'entreprise. S'il arrive que les frais de recouvrement soient supérieurs au montant de l'indemnité forfaitaire fixé par décret, l'auto-entrepreneur pourra demander, sur justification, une indemnisation complémentaire.

BON À SAVOIR

Les modalités de l'indemnité forfaitaire de frais de recouvrement

L'indemnité forfaitaire de frais de recouvrement n'est pas soumise à la TVA et ne doit pas être facturée. Il faut savoir qu'elle ne concerne que les professionnels et ne peut être demandée à un particulier. Elle est payable pour chaque facture qui est en retard de paiement.

La procédure de recouvrement

Une procédure simplifiée pour une facture de moins de 4 000 €

Depuis le 1er juin 2016, le législateur a mis en place **une procédure pour permettre aux indépendants de se faire payer plus facilement leurs factures impayées**. Instaurée dans le cadre de la loi Macron du 6 août 2015, cette procédure simplifiée et rapide permet le recouvrement des petites créances. Ainsi, l'auto-entrepreneur dont la créance ne dépasse pas 4 000 €, intérêts compris, peut saisir un huissier de justice :

- par voie électronique ;
- en remplissant un formulaire décrivant la nature du litige ;
- en indiquant le montant des sommes impayées ;
- en joignant des justificatifs.

Cette procédure pourra être mise en œuvre pour les créances contractuelles (réalisation d'une prestation quelconque) ou résultant d'une obligation statutaire.

L'huissier invitera ensuite le débiteur, par lettre recommandée avec avis de réception (LRAR), à participer à la procédure. Ce dernier disposera alors du délai d'un mois pour accepter la proposition de l'huissier. S'il accepte, l'huissier lui proposera un accord sur le montant et les modalités du paiement de sa dette. Puis, une fois que l'huissier aura recueilli l'accord du créancier (l'entreprise qui veut être payée) et du débiteur (celui ou celle qui doit payer) sur le montant et les modalités du paiement, il délivrera un titre exécutoire. Titre qui permettra au créancier de procéder à l'exécution forcée de l'accord au cas où le débiteur n'honorerait pas ses engagements.

À l'inverse, si le débiteur exprime son refus de participer à la procédure, garde le silence pendant le délai d'un mois, ou n'est pas d'accord sur le montant ou sur les modalités de paiement proposés, la procédure de recouvrement simplifiée prendra fin. Pour recouvrer sa créance, le créancier devra alors agir en justice.

Faire appel à une entreprise de recouvrement amiable

Il est possible de faire appel à une entreprise de recouvrement qui proposera différentes formules à l'auto-entrepreneur, bien souvent le simple envoi d'une lettre recommandée à l'en-tête d'un huissier sera dissuasif.

Le médiateur des entreprises[1]

Autre recours, le médiateur des entreprises : sa vocation est d'aider les chefs d'entreprise à trouver des solutions à tous les types de différends qu'ils peuvent rencontrer avec une autre entreprise ou l'administration. Le service de médiation est gratuit, rapide et confidentiel.

Prévoir la prise en charge par le client des frais de recouvrement

Faire appel à une **entreprise de recouvrement** est coûteux ; celle-ci se rémunère en effet sur le montant récupéré, soit en moyenne 15 % HT du montant de la facture, ce qui réduit le chiffre d'affaires récupéré par l'auto-entrepreneur.

Dans le cas de relations B to B (entre professionnels), il est possible d'inclure sur les documents de vente que les frais de recouvrement seront à la charge du client ; cependant cette mesure sera caduque en cas de vente à un particulier.

En d'autres termes, un créancier ayant engagé des frais de recouvrement à la suite d'un retard de paiement est autorisé à les refacturer à son client (professionnel) sur présentation d'un justificatif.

> Attention, les frais de recouvrement amiables peuvent être demandés mais ne sont pas exigibles, seul le débiteur condamné par un juge doit les supporter ainsi que les frais de justice.

Aussi, sur la question de la **prise en charge des frais de recouvrement**, il faut bien dissocier la créance civile de la créance commerciale. Si la loi Hamon protège le consommateur et interdit à tout créancier de réclamer des frais de recouvrement en sus du principal, le Code de commerce autorise clairement cette pratique à l'égard d'une entreprise débitrice.

1. Saisir le médiateur **www.mieist.finances.gouv.fr.**

Qui dit refacturation, dit, pour l'auto-entrepreneur, charges sociales à payer sur le montant refacturé.

Anticiper les difficultés et se protéger

Le recouvrement de créances clôture une relation avec un client. Bien poser ses fondements pour les anticiper permet de donner des arguments à un huissier ou un organisme de recouvrement, ainsi que de faire une pression sur le client, qui verra que son prestataire est sérieux et structuré dans ses démarches. Il aura le sentiment de faire appel à un vrai professionnel. Mal gérer ses encaissements pourra donner une mauvaise image auprès de ses clients, il est important de garder en tête que fixer les règles ne fait pas de tort à une relation professionnelle ; cela permet au contraire de poser des fondements solides.

Le particulier protégé par le Code de la consommation

Le particulier, lui, est protégé par le Code de la consommation et le prestataire ne peut lui imposer la charge des frais de recouvrement. Seul un titre exécutoire (jugement ou ordonnance rendue par un tribunal) peut obliger un débiteur à supporter ces frais.

L'article 12 de la loi Hamon du 17 mars 2014 protège le particulier en sanctionnant lourdement un professionnel du recouvrement qui réclame un montant supérieur à la dette en principal. Les sanctions prévues sont de deux ans d'emprisonnement et jusqu'à 300 000 € d'amende.

Il ne faut oublier, lorsque l'auto-entrepreneur a un client particulier, qu'il doit obligatoirement indiquer le **médiateur de la consommation**[1] auprès duquel le particulier pourra avoir recours en cas de difficultés avec son prestataire.

1. Voir chapitre 24, page 255.

Chapitre 28

Les solutions pour se développer

Embaucher un salarié

La possibilité est offerte à toutes entreprises ou sociétés d'embaucher des salariés. En tant qu'entreprise individuelle, l'auto-entrepreneur peut devenir employeur. Mais, car il y a un « mais », l'opération sera loin d'être intéressante : l'auto-entrepreneur ne pouvant rien déduire, il devra payer des charges sociales sur le chiffre d'affaires généré pour rémunérer le salarié et les charges sociales afférentes à son salaire...

Est-ce rentable d'avoir un salarié ?

L'un des points fondamentaux de la micro-entreprise, c'est son régime forfaitaire qui ne permet pas de déduire les charges réelles qu'engage l'auto-entrepreneur pour son activité.

Cependant, le législateur a tenu compte de ce fait et mis en place des **abattements** dont tiennent compte les administrations comme Pôle Emploi, la DGFIP (impôts) ou la CAF pour déterminer le revenu de l'auto-entrepreneur.

Le revenu de l'auto-entrepreneur se calcule donc à partir du chiffre d'affaires auquel est soustrait l'abattement.

Pour mémoire, l'abattement pour les professions libérales est de 34 %, pour un prestataire de services de 50 % et pour une activité de négoce de 71 %.

EXEMPLE

Calculer la rentabilité de la micro-entreprise avec un salarié

Le tableau suivant reprend deux exemples : une simulation au SMIC et une simulation avec un salaire médian.

Chaque ligne correspond aux cotisations sociales dans le cas d'une activité de prestation de service commerciale. L'ensemble de ces données permettent d'établir le taux de charges, en fonction d'un prix de vente horaire. Toutes les autres charges comme les assurances, les frais de déplacement, les frais d'abonnement Internet, etc., seront également à prendre en compte et à ajouter.

À partir de là, l'auto-entrepreneur peut déterminer à quel prix de vente horaire il ne perdra pas d'argent.

Pour les professions libérales (34 % d'abattement) : l'auto-entrepreneur n'aura pas intérêt à embaucher : pour un prix de vente de 70 € de l'heure, son taux de charge qui inclut le salaire et les cotisations sociales du salarié est de 37 %, soit supérieur à 34 %.

Pour les artisans et commerçants (activité de prestation de service) (50 % d'abattement) : la rentabilité est meilleure, dès 40 € de l'heure avec un taux de charges de 48 %, donc inférieur à 50 %.

Pour les commerçants (activité de vente de marchandises) (71 % d'abattement) : l'opération devient rentable dès 30 € de l'heure avec un taux de charges de 57 %, donc inférieure à 74 %.

Plus le taux horaire de l'auto-entrepreneur augmente, plus il peut espérer atteindre la rentabilité ; reste maintenant à être dans les prix du marché !

Ainsi, avec un salarié qui toucherait le SMIC, un tarif horaire de moins de 50 € ne sera pas rentable : il faudra dépasser les 100 € de l'heure pour une profession libérale, 80 € de l'heure pour un commerçant en prestation de service.

Payer les charges de l'employé

Pour prendre un salarié, même ponctuellement, l'auto-entrepreneur a le choix d'utiliser :

- un logiciel de paie ;
- le logiciel TESA de l'Urssaf.

Il pourra ainsi faire ses déclarations à l'Urssaf et aux différents organismes sociaux.

Aux charges sociales s'ajoutent, en fonction de la convention collective, une prévoyance et une complémentaire santé.

Prendre un salarié en tant qu'auto-entrepreneur c'est possible, mais pas conseillé. Il vaut mieux dans ce cas changer de régime social et passer au régime de la déclaration contrôlée/réel simplifié, ou en société.

Le statut de conjoint collaborateur

Au quotidien, il n'est pas rare qu'un entrepreneur individuel se fasse aider par son conjoint. Cette possibilité est encadrée par la loi, le bénévolat dans une entreprise commerciale étant illégal : on parle alors de travail dissimulé.

La définition du conjoint collaborateur

Est considérée comme conjoint la personne mariée ou liée par un pacte de solidarité (PACS) à l'auto-entrepreneur. Pour contribuer même ponctuellement à l'activité de l'entreprise, sur un salon ou un marché par exemple, le législateur a prévu deux statuts :

- le statut de conjoint collaborateur ;
- le statut de conjoint salarié (salarié avec un contrat de travail constitué d'un certain nombre d'heures par semaine).

Le statut de conjoint collaborateur

C'est la plus souple des deux options, celle qui nécessite peu de formalités administratives avec un faible coût. Elle est cumulable même si le conjoint a déjà une activité en dehors de l'entreprise et lui permet de bénéficier d'une protection sociale : il est affilié personnellement au régime général et verse des cotisations sociales.

Les cotisations du conjoint collaborateur

Les cotisations du conjoint collaborateur sont composées ainsi :

- au titre de la retraite de l'invalidité décès, cinq possibilités de cotisation ;
- pour les indemnités journalières maladie, la cotisation minimale à payer est de 140 € en 2021 ;

- pour l'assurance-maladie-maternité, les allocations familiales et la CSG-CRDS, il n'y a pas de cotisation ;
- une contribution forfaitaire pour la formation professionnelle continue.

• En cas de revenus faibles, une cotisation minimale doit au moins être payée pour la retraite de base et l'invalidité-décès soit 912 € en 2021. • Le conjoint collaborateur peut dans certaines conditions racheter des trimestres de retraite.	**BON À SAVOIR**

Droits à la retraite : cinq formules de cotisations

Il existe pour le conjoint collaborateur cinq formules pour cotiser au titre de la retraite et de l'invalidité-décès, en fonction de sa situation. Deux options sont intéressantes pour les auto-entrepreneurs : dans le cadre des cotisations pour les droits à la retraite du conjoint collaborateur, l'auto-entrepreneur aura intérêt à choisir soit l'option calculée sur la base d'un tiers du revenu du chef d'entreprise, soit celle calculée sur la base de la moitié du revenu du chef d'entreprise. Elles permettent de ne pas avoir une augmentation du taux de cotisation et donc de préserver la rentabilité de l'entreprise.

Il est important que le chiffre d'affaires réalisé permette également à l'auto-entrepreneur et son conjoint de valider chacun quatre trimestres de retraite.

Prendre des stagiaires

Toute entreprise ou association peut accueillir un stagiaire. C'est une possibilité offerte à l'auto-entrepreneur et trop souvent ignorée, qui pourtant peut permettre à l'indépendant d'avoir une aide dans le cadre de son activité et de se développer. Il faut penser, comme dans le cas d'un apprenti, à souscrire une assurance pour protéger son stagiaire.

Les stages sont encadrés par la loi et les règles sont les mêmes quelle que soit la taille de l'entreprise :

- Ils ne peuvent en aucun cas avoir pour objet l'exécution d'une tâche régulière correspondant à un travail permanent de l'entreprise.

- Le stage doit être obligatoirement intégré à un cursus scolaire ou universitaire.

Un stagiaire n'étant pas considéré comme un salarié, l'auto-entrepreneur n'a pas à effectuer de déclaration préalable à l'embauche (DPAE).

La convention de stage

Tout stage en entreprise, qui ne relève ni de la formation initiale des jeunes de moins de 16 ans ni de la formation professionnelle continue, doit obligatoirement faire l'objet d'une convention tripartite.

Le stage est intégré à un cursus pédagogique et l'auto-entrepreneur sera le tuteur du stagiaire qui sera suivi par un enseignant référent.

La durée du stage

Un stage ne peut pas dépasser six mois par année d'enseignement.

Si le stage est réalisé par périodes fractionnées au cours d'une année d'enseignement, sa durée est de 924 heures au maximum sur l'année.

Quel est le coût d'un stage ?

Si le stagiaire ne perçoit pas de salaire, une gratification obligatoire a été mise en place dès lors que le stage à une durée supérieure à deux mois, ce qui correspond à 44 jours à raison de sept heures par jour. Les jours peuvent être consécutifs au non, mais doivent avoir lieu au cours d'une même année scolaire ou universitaire.

Pour une durée supérieure à deux mois, le montant horaire de la gratification doit être au moins égal à 15 % du plafond horaire de la Sécurité sociale, soit 3,90 € en 2021.

Pour les stages dont la durée est inférieure à deux mois, une indemnité financière n'est pas obligatoire, mais possible, surtout si le stage s'est bien déroulé.

L'attestation de stage

À la fin du stage, l'organisme d'accueil doit remettre au stagiaire une attestation de stage.

Prendre des apprentis

L'auto-entrepreneur peut, comme toute entreprise, prendre un apprenti. Il s'agira de former un jeune de six mois à quatre ans au métier de l'auto-entrepreneur.

En prenant un apprenti, il est possible de bénéficier d'aides financières :

- une aide unique pour les employeurs d'apprentis ;
- une exonération de cotisations sociales (totale ou partielle selon la taille de l'entreprise ou la qualité d'artisan) ;
- des aides en cas d'embauche d'un travailleur handicapé.

Jusqu'au 31 décembre 2021, l'aide est de 5 000 euros maximum pour un apprenti de moins de 18 ans et de 8 000 euros maximum pour un apprenti majeur. Il convient de se renseigner chaque année sur les dispositifs en vigueur.

La rémunération de l'apprenti

La rémunération est un pourcentage du Smic qui évolue en fonction de l'âge et de l'ancienneté. Le site **alternance.emploi.gouv.fr** propose un outil pour simuler le coût pour l'entreprise, le salaire et les aides variant selon l'âge de l'alternant.

Année d'exécution du contrat	Apprenti de moins de 18 ans	Apprenti de 18 ans à 20 ans	Apprenti de 21 ans à 25 ans	Apprenti de 26 ans et plus
1re année	27 %	43 %	53 %	100 %
2e année	39 %	51 %	61 %	100 %
3e année	55 %	67 %	78 %	100 %

Pour les entreprises, l'aide couvre **ainsi** 100 % du salaire d'un apprenti de moins de 21 ans, 80 % du salaire d'un apprenti de 21 à 25 ans révolus et près de 45 % du salaire d'un apprenti de 26 ans et plus.

> En savoir plus : **travail-emploi.gouv.fr/formation-professionnelle/entreprise-et-alternance/aide-exceptionnelle-apprentissage**
>
> **BON À SAVOIR**

Comment recruter un apprenti ?

Avant de recruter un apprenti, l'auto-entrepreneur devra :

1. Trouver l'OPCO[1] (opérateur de compétence) qui prendra en charge tout ou partie du financement de la formation de son apprenti. Pour cela, il devra déterminer la convention collective liée à son code APE. Certains codes APE peuvent ne ressortir d'aucune convention collective, dans ce cas, c'est l'OPCO EP qui sera son interlocuteur.
2. Se faire connaître de l'OPCO et cotiser.
3. Se renseigner sur les coûts de l'apprentissage afin de déterminer le profil recherché : recruter une personne préparant un CAP ou une personne préparant un master n'a pas le même coût. Le gouvernement a mis en place de nombreux outils pour s'y retrouver sur le site **alternance.emploi.gouv.fr.**
4. Diffuser une offre d'emploi et trouver son apprenti *via* par exemple le site **alternance.emploi.gouv.fr.**
5. Établir les différents documents contractuels (Cerfa, le cas échéant un contrat de travail).
6. S'assurer que son assurance professionnelle couvre bien l'embauche d'un salarié.
7. Faire faire une visite médicale à son apprenti (coût à la charge de l'employeur).
8. Le cas échéant proposer une mutuelle à son apprenti.
9. Trouver son prestataire pour établir les bulletins de salaire (le service TESE proposé par l'Urssaf peut être une solution économique).

La rétrocession d'honoraires

Il est possible pour l'auto-entrepreneur de faire appel à la rétrocession d'honoraires, s'il sous-traite son activité. Mais attention, tout le monde ne peut pas y prétendre et les conditions sont strictes.

La rétrocession d'honoraires concerne donc uniquement les professions libérales qui relèvent des BNC et uniquement pour une autre profession libérale, dans le cadre de la mission qui a été confiée par le client.

1. Depuis le 1er avril 2019, 11 OPCO remplacent les anciens organismes paritaires collecteurs agréés (OCPA). Ils ont en charge de l'accompagnement de la formation professionnelle.

Il ne s'agit pas d'un contrat de sous-traitance (la mission est exécutée entièrement par un autre professionnel, dans le cadre d'un contrat de sous-traitance), ni d'un contrat de location (matériel, locaux, fichiers, etc.), mais d'une rémunération dans le cadre d'une exécution de la mission par un confrère ou une autre profession libérale.

PASSER DE LA MICRO-ENTREPRISE AU RÉGIME RÉEL : LES DÉMARCHES

Lorsque son activité se développe, l'auto-entrepreneur doit se poser la question du régime fiscal et social le plus adapté à sa situation et à ses projets : souhaite-t-il à terme embaucher ou continuer de travailler seul ? Ses charges ne sont-elles pas trop importantes par rapport à son chiffre d'affaires ? Son bénéfice réel est-il inférieur au bénéfice forfaitaire ?

La solution de changer de régime peut s'avérer judicieuse et ne doit pas être faite à la légère : cela s'anticipe et se programme.

S'il souhaite changer de régime, il pourra opter pour rester en entreprise individuelle, mais sous le régime de la déclaration contrôlée/réel simplifié, ou créer une société.

Ces deux formes de structure lui permettront de sous-traiter plus facilement ou d'embaucher.

La notion de bénéfice forfaitaire

Par **bénéfice forfaitaire,** on entend le chiffre d'affaires moins l'abattement fiscal correspondant à l'activité de l'auto-entrepreneur, soit :

- 34 % d'abattement pour une profession libérale (le bénéfice = 66 % du chiffre d'affaires) ;
- 50 % pour un prestataire de service commercial ou artisanal (le bénéfice = 50 % du chiffre d'affaires) ;
- 71 % pour un commerçant en négoce ou chambre d'hôte (le bénéfice = 29 % du chiffre d'affaires),

Si après analyse de ses résultats, l'auto-entrepreneur réalise que le **bénéfice réel** est inférieur au **bénéfice forfaitaire**, il est dans son intérêt de passer au régime réel.

QUEL RÉGIME RÉEL CHOISIR ? FOCUS

Pour les professions libérales, on parle de « régime de la déclaration contrôlée ».

Pour les artisans et commerçants, le régime réel sera celui du régime réel simplifié (RSI) des bénéfices industriels et commerciaux (BIC).

Les conséquences du changement de régime

En quittant le régime de la micro-entreprise, l'auto-entrepreneur perd automatiquement le bénéfice du régime micro-social et passe au régime général des travailleurs non salariés (TNS) : concrètement ses cotisations ne sont plus calculées chaque mois ou chaque trimestre, mais chaque année sur la base du bénéfice réel réalisé l'année précédente.

La première année suivant le passage au régime réel, ce sera le bénéfice forfaitaire d'auto-entrepreneur qui sera pris en compte pour le calcul de ces provisions trimestrielles.

Un fonctionnement que le législateur semble vouloir faire évoluer par la mise en place de l'auto-modulation des cotisations, actuellement en test, qui permettrait à l'entrepreneur de déclarer mensuellement ses revenus versés.

Qu'en est-il de la gestion de la TVA ?

Si le chiffre d'affaires de l'année précédente est inférieur au seuil de la franchise de TVA, le passage au régime réel n'entraînera pas la perte de la franchise en base de TVA. Si l'auto-entrepreneur en prestation de service n'a pas dépassé les 34 400 € de chiffre d'affaires et 85 800 € en achat revente, il pourra continuer à bénéficier de la franchise en base de TVA.

Les implications du passage au réel sur la comptabilité de l'entreprise

L'entrepreneur devra tenir une comptabilité et faire différentes déclarations chaque année. Ainsi, même si un auto-entrepreneur n'est pas dans l'obligation d'avoir un logiciel de facturation, prendre les bonnes habitudes dès le départ pourra s'avérer une bonne expérience lorsque l'entreprise grandira.

Il devra également adhérer à un centre ou une association de gestion agréée (CGA/AGA). Il n'est pas dans l'obligation de faire appel à un expert-comptable, ce choix lui appartient en fonction de ses connaissances : l'AGA ou le CGA valide ses comptes chaque année, et des formations sont souvent prévues pour le rendre autonome.

La différence entre le BNC et le BIC

BON À SAVOIR

L'entrepreneur devra dans le cas du BNC (profession libérale) tenir une comptabilité dite « de trésorerie » et effectuer une déclaration 2035 au mois d'avril de l'année suivante. Dans le cas du BIC (artisan, commerçant), il devra tenir une comptabilité dite « d'engagement » et faire chaque année un compte de résultat et un bilan.

Les démarches pour passer au régime réel

Il suffit de faire une simple déclaration sur papier libre, datée et signée par l'entrepreneur, qui sera ensuite à adresser à son service des impôts des entreprises. En revanche, le changement ne pouvant se faire qu'au 1er janvier de chaque année, il faudra donc bien anticiper.

Cependant, si en cours d'année l'auto-entrepreneur s'aperçoit que c'est dans son intérêt de changer de régime, il pourra fermer sa micro-entreprise et quelques jours plus tard ouvrir une entreprise individuelle au régime réel. En effet, le délai de carence entre la fermeture et la création d'une entreprise n'existe plus depuis 2016.

L'option est valable pour deux ans, c'est-à-dire qu'il ne sera pas possible de revenir au régime micro-fiscal l'année suivante, sauf à fermer et de nouveau créer une micro-entreprise.

La validité de l'option ainsi formulée sera reconduite tacitement tous les ans sans nouvelle démarche à effectuer par l'entreprise auprès de l'administration fiscale.

- Pour les artisans et commerçants relevant du micro-BIC : cette option doit être exercée avant le 1er février de la première année au titre de laquelle le contribuable souhaite bénéficier du régime réel.
- Pour les professions libérales relevant du micro-BNC : cette option doit être exercée avant le 1er mars de l'année au titre de laquelle le contribuable souhaite bénéficier du régime réel.

Une alternative : la création d'une EURL ou d'une SASU

EURL, c'est l'autre nom de la SARL unipersonnelle. L'entrepreneur conserve son statut social de TNS et doit alors cesser son activité d'entrepreneur individuel avant la création, sauf option pour le régime micro-social qui lui permet alors de cumuler EURL au micro-social et micro-entreprise[1]. Dans le premier cas (où l'entrepreneur n'opte pas pour le régime micro-social), il est obligé de cesser son activité d'auto-entrepreneur le temps de la création de la nouvelle société.

La SASU (société par actions simplifiée unipersonnelle) permet de changer de forme juridique et donc de passer au régime réel en cours d'année tout en poursuivant son activité. Dans une SASU, le statut du mandataire social est celui d'assimilé salarié ; ce statut est donc compatible avec celui de TNS et permet de cumuler à la fois micro-entreprise et la SASU.

Passer du régime réel à la micro-entreprise : les démarches

S'il est possible de passer de la micro-entreprise au régime réel, l'inverse est également vrai – que ce soit à la suite d'une baisse d'activité ou tout simplement parce que les charges de l'entreprise sont faibles et que le régime de la micro-entreprise s'avère plus intéressant.

Il suffit d'en faire la demande sur papier libre au service des impôts des entreprises (SIE) au plus tard le 31 décembre de l'année en cours pour application l'année suivante.

1. Voir chapitre 1, page 25.

Attention, pour bénéficier du régime micro-fiscal simplifié (c'est-à-dire un chiffre d'affaires plafonné), l'entrepreneur doit obligatoirement opter pour le régime micro-social simplifié avant le 31 décembre de l'année en cours pour une application au 1er janvier de l'année suivante.

Collaborer à plusieurs, les différentes solutions

L'auto-entrepreneur peut avoir besoin, dans le cadre d'une mission pour un client qui nécessite une expertise autre que la sienne, d'une réponse à un appel d'offres, voire tout simplement de son développement commercial, de travailler avec d'autres professionnels. Se pose alors la question de la facturation car, toujours selon la règle de base de la micro-entreprise, facturer l'ensemble d'une prestation à un seul donneur d'ordre pour ensuite être facturé à son tour par d'autres prestataires n'est pas avantageux pour l'auto-entrepreneur.

Dans ce cas, comment collaborer à plusieurs ?

Dans un premier temps, il convient de faire la différence **entre collaboration et association** : si l'on parle d'association entre professionnels il faudra se tourner vers la création d'une société comme une SARL ou une SAS.

La notion de collaboration entend de travailler ensemble dans un ou plusieurs buts communs à court, moyen ou long terme.

BON À SAVOIR

La sous-traitance est une solution pas ou peu rentable.

Il convient d'écarter la sous-traitance : pour un auto-entrepreneur sous-traiter tout ou partie de son travail revient à perdre de l'argent. La facture de son sous-traitant viendra grever de manière importante sa rentabilité.

Les solutions pour collaborer à plusieurs : le GME et le GIE

Le **groupement momentané d'entreprises** (GME) permet à plusieurs entreprises de collaborer de manière ponctuelle, une solution très prisée dans le domaine du bâtiment et qui est parfaitement adapté pour répondre à un appel d'offres. Quant au groupement d'intérêt économique (GIE), il permet de collaborer à plus long terme.

Le GME pour les auto-entrepreneurs dans le bâtiment

On le retrouve beaucoup dans les marchés de construction : il permet de s'unir de manière occasionnelle, tout simplement en signant une convention, chaque entreprise gardant son indépendance.

Le maître d'ouvrage a un seul interlocuteur nommé au sein du GME. Chaque entreprise, membre du groupement, est responsable de la réalisation d'un ou plusieurs lots et doit fournir au maître d'ouvrage son attestation d'assurance ainsi que tous les plans et documents techniques nécessaires.

Le montage est relativement complexe, mais peut s'appliquer aux auto-entrepreneurs du bâtiment collaborant sur un même chantier, par exemple.

Le GME n'a pas la personnalité morale et chaque entreprise membre dispose de la qualité de cotraitant.

• Comment constituer un GME ?

Les organismes professionnels du bâtiment comme la Fédération française du bâtiment et la Fédération nationale des travaux publics proposent des modèles de convention.

• Les modalités de règlement dans un GME

C'est sur ce point que le GME revêt tout son intérêt pour les auto-entrepreneurs puisque chaque entreprise peut percevoir son règlement.

Le GIE, groupement d'intérêt économique

Le **GIE**, situé à mi-chemin entre l'association et la société, permet à des entreprises indépendantes et déjà constituées de mettre en commun des moyens afin de favoriser leur développement.

- Plusieurs auto-entrepreneurs peuvent s'unir pour décrocher une commande importante, tout en présentant une seule facture.
- Lors de la rédaction des statuts du GIE, les auto-entrepreneurs créent les règles de fonctionnement qui en feront une structure souple et adaptée à leurs besoins.
- Les membres d'un GIE sont responsables et solidaires sur leurs biens propres des dettes contractées par le groupement. Une opération qu'il vaut mieux monter avec un ou plusieurs collaborateurs que l'auto-entrepreneur connaît bien.

Il faudra être vigilant à la répartition du chiffre d'affaires réalisé par le biais du GIE. En effet, l'activité des membres au sein du GIE doit être une activité complémentaire ; si elle correspond à la plus grande part ou à l'ensemble de l'activité de l'indépendant, le GIE est dans ce cas susceptible d'être requalifié en société de fait.

• La constitution d'un GIE

Le groupement d'intérêt économique doit être constitué de deux membres au minimum. Il n'y a pas de maximum et il peut être constitué de personnes physiques (entreprises individuelles par exemple) et/ou morales (sociétés).

Il faudra définir un ou plusieurs contrôleurs de gestion avec une mission de contrôle.

Le GIE doit être immatriculé au Registre du commerce et des sociétés (RCS) et la responsabilité de chacun est engagée.

Pour ce qui est du ressort de la fiscalité, le GIE n'est pas imposable ; en revanche, chacun de ses membres est imposé sur la partie des bénéfices réalisés par le GIE qui correspond à ses droits, au titre de l'impôt sur le revenu.

• Le fonctionnement d'un GIE

Une fois le GIE constitué, c'est lui qui contracte avec le client. Il passe ensuite commande auprès de chacun des membres qui le compose, puis chacun facture ses prestations au GIE.

Le portage salarial, une alternative pour collaborer à plusieurs

Il s'agit de l'une des solutions les plus simples, car la moins complexe en termes administratifs et juridiques : c'est la société de portage salarial qui porte les entrepreneurs et facture au client final.

Dans ce cas, cette opération est distincte de l'activité réalisée avec la micro-entreprise.

Le client final n'a qu'une seule facture et chaque prestataire est directement payé par l'entreprise de portage[1].

---

1. Voir chapitre 1, page 27.

L'association loi 1901

Créer une association pour collaborer à plusieurs est une solution qui peut également être envisagée. Elle permet de lancer facilement l'opération et peut se transformer en SARL ou SAS si l'activité prend de l'ampleur.

En revanche, chaque membre du bureau ne pourra facturer l'association ; il y a en effet des règles strictes concernant la rémunération des dirigeants d'une association, que ce soit sous forme de salaire ou d'honoraires.

La société

Une activité qui se développe, un besoin de réaliser des missions conjointement ? La société permet de réunir plusieurs personnes associées autour d'un même projet. Constituer et gérer une société a un coût, une opération qu'il vaut mieux réaliser avec l'aide d'un expert-comptable. Il existe plusieurs formes de société : SAS ou SARL. Si l'on peut créer une société avec un capital d'1 €, il est préférable pour les partenaires et fournisseurs éventuels d'afficher un capital plus important.

C'est l'une des solutions pour collaborer à plusieurs sur le long terme qui conviendra aux projets à fort potentiel.

La solution de la bonne entente

C'est l'une des solutions les plus simples qui repose sur une confiance réciproque entre entrepreneurs : les auto-entrepreneurs considèrent qu'ils sont associés et se répartissent les contrats de manière équitable. Ainsi chacun reste indépendant sans avoir de compte à rendre à l'autre.

Établir plusieurs factures avec plusieurs prestataires

On peut jouer cartes sur table avec le client final et lui expliquer que dans le cadre de la réalisation d'un site Internet, par exemple, il y a deux prestataires : le graphiste et le webmaster. Chacun facture ses honoraires et le client final aura ainsi deux factures.

Il suffit alors de bien présenter deux devis avec un document récapitulant le montant global.

BON À SAVOIR

Annexes

Le jargon de l'auto-entrepreneur

Fiscal : quand on parle de fiscal pour une entreprise, on parle de tout ce qui se rapporte à l'impôt, au fisc. Dans le cas de l'auto-entrepreneur, il est au régime fiscal de la micro-entreprise (le micro-fiscal). Les revenus professionnels sont soumis à l'impôt sur le revenu[1].

Le CFE : centre de formalité des entreprises pour s'immatriculer.

La CFE : cotisation foncière des entreprises, impôt que payent les entrepreneurs et sociétés.

Urssaf Caisse nationale : anciennement l'ACOSS, l'agence centrale des organismes de Sécurité sociale : il s'agit de la Caisse nationale du réseau des Urssaf, c'est elle qui coordonne les sites officiels. Elle a changé son nom en 2021.

La DGFIP : Direction générale des finances publiques.

Profession libérale non réglementée : activité qui n'est ni commerciale, ni artisanale, ni industrielle, ni agricole et ni une profession libérale « réglementée »

Profession libérale réglementée : profession libérale soumise à un contrôle de la part de l'État ou d'un ordre professionnel.

ACRE : aide à la création ou à la reprise d'une entreprise : exonération partielle de charges sociales lors du début d'activité.

ADIE : Association pour le droit à l'initiative économique.

AGESSA : Association pour la gestion de la Sécurité sociale des auteurs.

AERL : auto-entreprise à responsabilité limitée.

1. Voir chapitre 1, page 23.

APE : le code APE (activité principale exercée) permet d'identifier la branche d'activité principale de l'entreprise ou du travailleur indépendant.

ARE : allocation de retour à l'emploi.

ARCE : aide à la reprise ou à la création d'entreprise.

ASS : allocation de solidarité spécifique.

BIC : bénéfices industriels et commerciaux.

BNC : bénéfices non commerciaux.

CA : chiffre d'affaires

CCI : chambre de commerce et d'industrie.

CET : contribution économique territoriale, anciennement taxe professionnelle.

Cipav : Caisse interprofessionnelle de prévoyance et d'assurance-vieillesse.

CFP : contribution à la formation professionnelle.

CPSTI : Conseil de la protection sociale des indépendants.

CGSS : Caisse générale de la Sécurité sociale.

CGV : conditions générales de vente.

CMA : chambre des métiers et de l'artisanat.

CPF : compte personnel de formation.

CSG : contribution sociale généralisée.

CRDS : contribution au remboursement de la dette sociale.

DIRECCTE : direction régionale des entreprises, de la concurrence, de la consommation, du travail et de l'emploi.

EI : entreprise individuelle.

EIRL : entreprise individuelle à responsabilité limitée.

EURL : entreprise unipersonnelle à responsabilité limitée.

FNAE : fédération nationale des auto-entrepreneurs et micro-entrepreneurs.

INPI : Institut national de la propriété industrielle.

INSEE : Institut national de la statistique et des études économiques.

IR : impôt sur le revenu.

KBIS : extrait délivré par le greffe du tribunal de commerce.

MDA : Maison des artistes.

NACRE : nouvel accompagnement aux créateurs et repreneurs d'entreprises.

NAF : nomenclature des activités françaises.

NIC : numéro interne de classement.

RCS : Registre du commerce et des sociétés.

RM : Répertoire des métiers.

RNE : Registre national des entreprises tenu par l'INSEE.

SARL : société anonyme à responsabilité limitée.

SIREN : identifiant de neuf chiffres attribué par l'INSEE.

SIRET : identifiant composé de 14 chiffres attribué par l'INSEE à chaque entreprise ; il se compose du SIREN et du NIC (numéro interne de classement).

TI : travailleur indépendant.

TNS : travailleur non salarié.

TVA : taxe sur la valeur ajoutée.

Urssaf : Union de recouvrement des cotisations de Sécurité sociale et d'allocations familiales.

Les numéros utiles

Tous ces numéros sont gratuits.

Urssaf : 3698

Service d'information des impôts pour les professionnels : 0 806 000 225

Pôle emploi : 39 49

CAF : 32 30

Assurance-maladie : 36 46

Assurance-retraite : 39 60

Cnil : 01 53 73 22 22

Defenseur des droits : 09 69 39 00 00

Remerciements

Mille mercis à tous ceux qui ont permis la réalisation de cet ouvrage et qui m'ont apporté leur expertise pour approfondir certains sujets et en détricoter d'autres afin de proposer un contenu toujours plus riche et utile !

Grégoire Leclercq président de la FNAE, Gaëlle Germain, Laurent Hily, Ludovic Badeau, Nicolas Cordier, merci de votre aide ; Aurélie de la Pontais qui a si bien illustré la couverture de ce livre : Merci !

Tous mes remerciements à Anne Ullmo pour ce sous-titre si révélateur, à Jean-Philippe Naudon, médiateur national du CPSTI et à Renaud de Rosa, assistant projet à la Direction nationale des travailleurs indépendants, à Romain Acker, expert-comptable et administrateur de l'Urssaf caisse nationale. Merci à tous les créateurs que j'ai pu rencontrer ou accompagner ! Tous les prénoms cités dans cet ouvrage sont ceux d'auto-entrepreneurs dans des situations réelles.

À ma tante, je n'ai qu'un seul regret, ne pas avoir eu le temps de t'annoncer que j'allais poser mon nom sur un livre que j'aurai aimé que tu m'aides à relire. J'ai dû me contenter du Bescherelle que tu m'avais offert. Ouvrage, dont d'en haut, j'aime à penser que tu as suivi l'évolution et qui, je l'espère, contribuera à aider ses lecteurs à se lancer sereinement.

Dépôt légal : juin 2021 – N° éditeur : MAGSI20201223
Achevé d'imprimer en mai 2021 en France par Présence Graphique en France - Monts

PEFC 10-31-2677